U0053348

秘魯史

Peru

太陽的子民

何國世——著

三民書局

國家圖書館出版品預行編目資料

秘魯史：太陽的子民／何國世著.－－增訂二版一刷.
－－臺北市：三民，2019
面；　公分.－－(國別史叢書)
參考書目：面
ISBN 978－957－14－6600－2　　(平裝)
1.秘魯史

758.21　　　　　　　　　　　　　　　108003399

© 秘　魯　史
——太陽的子民

著 作 人	何國世
發 行 人	劉振強
著作財產權人	三民書局股份有限公司
發 行 所	三民書局股份有限公司
	地址　臺北市復興北路386號
	電話　(02)25006600
	郵撥帳號　0009998－5
門 市 部	(復北店) 臺北市復興北路386號
	(重南店) 臺北市重慶南路一段61號
出版日期	初版一刷　2006年1月
	增訂二版一刷　2019年4月
編　　號	S 750040

行政院新聞局登記證局版臺業字第○二○○號

有著作權‧不准侵害

ISBN　978－957－14－6600－2　　(平裝)

http://www.sanmin.com.tw　三民網路書店
※本書如有缺頁、破損或裝訂錯誤，請寄回本公司更換。

增訂二版序

　　秘魯史自 2006 年元月出版以來,迄今正好屆滿十三年。這十三年中,承蒙三民書局的厚愛,得以陸續完成《阿根廷史——探戈的故鄉》、《巴西史——森巴王國》、《委內瑞拉史——美洲革命的搖籃》、《巴拉圭史——南美心臟》 等書的出版以及 《墨西哥史——仙人掌王國》的再版。

　　十三年後此書再版,主要因應市場的需要,以及這十三年間秘魯局勢的深刻變化以及政黨的輪替。再者,筆者曾於 2017 年 9 月獲得學校補助赴秘魯拜訪企業廠商及大學,為學生尋求更多的實習及交換學生的機會。期間有機會與當地企業主、大學生及社會人士互動,除了傳遞臺灣文化的精髓,也把握機會盡情參訪秘魯的名勝古蹟,體驗多彩多姿的民情與風俗習慣以及為人稱道的秘魯美食。這次的經驗,讓筆者對秘魯的政治運作、經濟發展以及風俗民情有更進一步且深刻的體驗與感受。

　　再版中,除原有的章節,筆者增列第八章「2001 年至 2018 年秘魯發展的問題與前瞻」,描述秘魯自 2000 年藤森總統貪腐下臺,到 2018 年畢斯卡拉臨危受命接任總統,這段期間秘魯的政治、經濟以及社會的情勢,讓讀者能快速掌握秘魯的發展與脈動。

　　本書再版雖有個人實際經驗的觀點,但大多數論點都是參考

各種有關秘魯之書籍、期刊及網路資料。由於時間倉促,書中錯誤在所難免,尚祈讀者不吝賜正。

　　本書再版能順利完成要特別感謝內人曾素真及家人的全力支持。此外,特別感謝提供豐富且寶貴資料的靜宜大學蓋夏圖書館。

何國世

2019 年元月

於大肚山靜宜大學西班牙語文學系

自　序

　　如果沒有人想讀歷史，這就好像世界不斷重新開始，所有成功和失敗的經驗都消失了，人們也必須不停的嘗試所有的慘痛經驗。讀歷史除了讓我們記取教訓，還會讓我們敞開胸懷。基於這樣的歷史使命感，以及對於拉丁美洲歷史的熱愛，2003 年 7 月在完成並出版《墨西哥史──仙人掌王國》後，又應三民書局之邀，撰寫《祕魯史──太陽的子民》。這段期間巧逢負責系所行政工作，日子過得特別繁忙，只能利用課暇及忙完行政工作後的零星時間，蒐集、整理資料，也因此遲至 2005 年才完成祕魯史的撰寫。

　　雖然我國的外交重鎮在拉丁美洲，但坊間有關拉丁美洲及祕魯歷史等相關中文書籍極為欠缺，三民書局的國別史計畫涵括拉丁美洲各國，令人相當欣慰與敬佩。讀了本書的目次，聰明的讀者會從章節編排上，發現筆者並沒有特別著重描述祕魯史的某一個時期，更沒有將重點放在近代史，儘管近代史常被認為特別重要，也特別鮮活、真切。筆者認為，歷史就像一道長河，在這道歷史的洪流中，每一個時代的人過著屬於他們自己的生活，古往今來的任何時期應該都是沒有輕重之分。本書史事的敘述以政治、經濟為骨幹，俾使讀者能釐清歷史發展的脈絡。但筆者也非常注意社會現象、文化生活及學術教育等的描述。

　　本書共區分三篇、七章。在第一章中，綜論秘魯起源的神話
傳說、人民與宗教信仰、地理環境、自然資源與經貿現況、政治
體制，乃至於風俗習慣與飲食文化。第二章則描述前印加文明與
印加文明的興起、發展與沒落。早在西班牙入侵之前，印加及前
印加人即在秘魯建立了高度文明。在西班牙殖民統治的三百年間，
秘魯是西班牙在南美洲最重要的殖民地，也是白銀最重要的來源。
殖民時期，西班牙以秘魯為根據地，逐次征服了整個南美。因此，
征服與殖民掠奪就成為第三章論述的重點。第四章主要在闡述獨
立運動與獨立初期的秘魯。在殖民初期，秘魯總督區掌控整個南
美洲的政治、經濟與文化等事務，但真正受益的不過是一小撮來
自西班牙的半島人，也因此爆發了獨立革命。獨立後的秘魯仍長
期陷於混亂與不穩的局面，大地主、反動勢力和軍隊，是獨立最
初幾十年的主要統治力量，也是秘魯進步的主要障礙。在第五章
中，筆者敍述 1879 年太平洋戰爭的爆發、經過與影響；十九世紀
末到二十世紀初秘魯的政治、經濟情勢；萊吉亞的獨裁統治以及
後萊吉亞的秘魯局勢。第二次世界大戰後至 1980 年代初期，秘魯
在貝朗德及軍政府十二年統治的功過是非是第六章探究的重點。
最後一章主要闡述 1980 年代後期秘魯的政治與經濟轉型，以及
1990 年代藤森十年的緣起緣滅。

　　歷史的解釋是與時俱進的，考據的新發現、新時代面對的新
問題等等，不同時期，會有不同的看法。本書之作，多數論點與
描述大體上是參考各種有關秘魯的書籍、期刊及網路的資料。由
於時間倉促，書中錯誤在所難免，尚祈讀者不吝賜正。

　　本書能順利完成要特別感謝內人曾素真及家人的全力支持，黃秋蓉和王政雯小姐以及研究生張瑋婷和吳佳恩等人的大力協助。此外，特別感謝提供我寶貴資料的靜宜大學蓋夏圖書館。

何國世

2005 年 10 月

於臺中靜宜大學西班牙語文學系

秘魯史
太陽的子民

目 次 | *Contents*

第 1 篇

土地、人民與印第安文化

圖 1：秘魯地圖

第一章 | *Chapter 1*

秘魯的自然與人文

秘魯位於南美洲西北部，是美洲大陸上的古國。早在西班牙人於十六世紀初入侵以前，印第安人的克丘亞族 (Quechua) 與阿伊馬拉族 (Aymara)，就在今天的秘魯境內，建立了高度的印第安文化。1438 年，秘魯被印加帝國征服，成為印加帝國內的中心組成部分。在殖民統治的三百年期間，秘魯是西班牙在南美最重要的殖民地，西班牙文化對秘魯的影響相當深遠。

十九世紀初，拉丁美洲的獨立運動蓬勃發展。秘魯人民於 1814 年至 1815 年間，掀起反西班牙統治的解放運動。1821 年，聖馬丁 (José de San Martín) 將軍所領導的革命軍解放了利馬，並宣布秘魯獨立。以後，玻利華 (Simón Bolívar) 將軍的軍隊繼續與西班牙軍作戰，至 1826 年，秘魯全境得到解放，成立了獨立的共和國。

秘魯這個名稱，就其領土範圍而言，在三個不同時期，各有其不同的意涵。首先，在十六世紀以前，秘魯是印加帝國的中心。印加帝國的版圖，除秘魯外，還包括今天的厄瓜多、玻利維亞，

以及阿根廷和智利的一部分。這個地區，當時人們叫做「塔方蒂蘇尤」(Tahuantinsuyu)，也就是古印加帝國克丘亞語言中所謂「四個聯合在一起的地區」或「四方統一之國」之意。其首都為現今秘魯的庫斯科 (Cuzco)，意即克丘亞語「宇宙的中心」。

其次，十六世紀初，西班牙殖民者征服印加帝國之後，於 1542 年在利馬設置秘魯總督。從這個時期後，這個國家就一直叫做秘魯。它當時所管轄的範圍，幾乎包括西班牙在中南美洲南部和南美洲的全部殖民地。

最後，今天所稱的秘魯，是指十九世紀初獲得獨立後的秘魯共和國，範圍比以前小多了。至於秘魯這個名詞的來源，一種說法是依據印第安語，意為「糧倉」或「玉米桿」，因為當時印加王國的農作物主要為玉米。另外傳說，西班牙征服者皮薩羅 (Francisco Pizarro) 到達秘魯 (Perú) 海岸時擄獲一位印第安人，當皮薩羅問他這個地方是那裡，印第安人害怕，而雙方語言又不通，就回答自己名字叫 Berú，同時這裡有條河叫 Pelú，後來就逐漸訛傳成 Perú。還有一種傳說其來自一位當時印加酋長的名字，他曾領導印加人和西班牙入侵者作戰，後人為了紀念他，而以他的名字命名這個地方。

第一節　秘魯起源的神話傳說

根據相關的古老文物顯示，秘魯歷史可溯自二萬一千年前。古文明時代的秘魯居民來自亞洲的西伯利亞，越過白令海峽到達

北美的阿拉斯加，再經由加拿大、美國，歷經數代後，約在一萬二千年前抵達了今天的秘魯。

據民間傳說和史料記載，在古代秘魯人信奉的諸神中，太陽神印蒂 (Inti) 是至高無上的神靈。此外，根據印加神話傳說，的的喀喀湖是由太陽神的眼淚匯集而成的。相傳太陽神的兒子獨自在湖畔遊玩，被太陽神飼養的一群豹子吃掉了，太陽神痛失兒子，淚流滿湖。此後，太陽神在的的喀喀湖的太陽島上創造一男一女，就是祂的兒子曼科·卡帕克 (Manco Cápac)，和女兒瑪瑪·奧約 (Mama Ocllo)，並使他們結為夫妻，繁衍子孫，成為印加民族，而「印加」一詞，印第安語的原意即「太陽的子孫」。

遵照太陽神的旨意，曼科·卡帕克和瑪瑪·奧約率領印加族外出尋找建立部族的基地。他們帶著一根金杖一直往前走，當他們來到安地斯 (Los Andes) 山區中肥沃的谷地庫斯科時，金杖突然鑽到地下不見了，他們便在那裡定居下來。曼科·卡帕克教隨行男人學農事、捕魚和狩獵，瑪瑪·奧約教婦女們編織舟筏和織布，開始建立印加帝國，並以庫斯科為中心，逐漸向外擴張。庫斯科在印第安語中是「宇宙的中心」的意思。在庫斯科，印加人締造了輝煌的印加帝國，最高統治者稱「印加·卡帕克」，意思是「偉大的印加」。

另一相似傳說，印加人祖先乃是在遙遠的古代被造物主維拉科察神 (Viracocha)❶，也就是印加人口中的「太陽天父」派遣至

---

❶　維拉科察是古代印加人所信奉的神靈，在印加克丘亞語中意為「造物

人間，仙人下凡的使命是為了使人類獲得救贖。最後祂們攜帶金杖來到庫斯科山谷，金杖突然沒入土中，於是建立起庫斯科城。

毫無疑問的，印加人對太陽神的崇拜是一個謎一樣的神話。印加人熱愛黃金，是因為其有著金光閃耀的太陽色。此外，印加人也有著神祕的木乃伊崇拜❷，是由於將祖先，特別是印加王當作是太陽神的化身。正因為如此，印加人的後裔秘魯人對太陽有著深厚的感情。他們讚譽自己的祖國是「美麗的太陽之國」。每年6月的最後一週，他們都要到離太陽最近的城市——庫斯科，盛大慶祝傳統的民俗節日「太陽祭」。他們甚至把「太陽」(Sol) 定為國幣名稱。

第二節　地理與氣候

秘魯位於南美洲的西北部，西瀕太平洋，北與厄瓜多接壤，

者」。據印加神話傳說，維拉科察用泥土造人，教以各種語言，然後將他們散布在各地。在祂離開人間之前，曾到安地斯區巡查，遭到石擊，於是用天火來懲治人類，這就是後來的火山。另外，相傳維拉科察曾預言，印加人將會看到一個幽靈。他蓄長髮，騎一隻誰也不認識的動物。數年後預言應驗，西班牙人騎在馬上出現在他們面前，於是印第安人便將西班牙人視為維拉科察，而表示順從。

❷ 在印加人的信仰中，死去的人永遠不會離開活人的世界，他們只不過是轉化成另一種生存狀態活著，所以要製作成木乃伊，正是為了保持和延續對死者的崇敬。

東北毗鄰哥倫比亞，東部和南部分別與巴西、玻利維亞交界，南
連智利。面積為一百二十八多萬平方公里，在拉丁美洲現有的獨
立國家中居第四位。全境南北最長的直線距離為二千零八十公里，
東西最寬為一千二百五十八公里。安地斯山中段穿越南北，山地
占全國面積的一半。世界最長的亞馬遜河就發源於秘魯的高山上。

　　秘魯是拉丁美洲的文明古國之一。西部是一條狹長的黃色沙
漠地帶，中部是巍峨綿延的安地斯山脈，東部是洶湧澎湃的亞馬
遜河及其廣闊流域。整個國土以黃、藍、白三色為基本色調，相
當和諧地組合在一起。地理學家通常把秘魯分為沿海區，山區和
森林區三個景觀迥異的地理區域。

　　沿海區係太平洋沿岸的狹長地帶，長約一千九百公里，寬僅
三十至一百三十公里，占全國面積11%，但卻有全國約43%的人
口居住在此。整個沿海地區屬熱帶沙漠氣候，年平均溫度在攝氏
十五至二十五度之間。這一帶雖然緊靠太平洋，但雨量稀少，年
平均降雨量不足五十公釐，南部僅二十五公釐。地處沿海中部的
首都利馬，素有「無雨城」之稱。秘魯沿海地區也常出現特有的
「濃濕霧」。形成這種少雨多霧氣候的原因是沿海水域由南向北有
一股強大的「洪堡寒流」，洋流所經之海域水溫降低而不易蒸發成
雨，而且東側高聳的安地斯山有如巨大的屏風擋住來自大西洋富
含水分的信風。但因安地斯山麓多短小河流，形成眾多山谷綠洲，
加上人工灌溉，使這個區域成為全國最發達的區域，集中了全國
三分之一的耕地和7%以上的工商業。浩瀚的太平洋為沿海地區
帶來了漁業和航海之便。遼闊的沿海水域水產資源豐富，是拉丁

美洲三大漁場之一。

　　中部山區，巍峨的安地斯山脈縱貫南北，平均海拔四千公尺以上，有「秘魯的脊椎」之稱，占全國面積的31%，集中全國47%的人口，印第安人聚居於此。世界上流域最廣的亞馬遜河即發源於此。山間多高原盆地，印第安人藉以飼養駱馬、羊駝、豬、羊等家畜，使此區成為秘魯重要的畜牧業中心。秘魯安地斯山區也適合種植小麥、玉米、咖啡、馬鈴薯等農作物。

　　中部山區在與玻利維亞毗鄰的高原上，有一個世界上最高，終年可以通航的大淡水湖——的的喀喀湖，湖面海拔三千八百一十二公尺，全湖面積八千三百多平方公里，其中四千九百九十六平方公里在秘魯境內。整個中部山區，整體而言屬高山高原氣候，各地溫差大。山區對於秘魯經濟來說是相當重要的，它不僅提供國內所需大部分的糧食和畜產品，其地下也蘊藏著極其豐富的礦產資源。豐富的礦產資源為發展工業提供了有利的條件，而採礦業始終是秘魯工業經濟乃至國民經濟的基礎。

　　東部林區，是由亞馬遜河流域的熱帶原始森林組成的。地勢平緩，河網縱橫，占全國面積一半以上。屬熱帶雨林氣候，炎熱潮濕，雨量充沛，年平均降雨量在二千公釐以上。這裡還蘊藏豐富的石油。秘魯河流分屬太平洋和大西洋流域兩個水系。西部太平洋流域有六十條河流，均由東向西，短而湍急。東部大西洋流域屬亞馬遜河水系，多由南向北，水量充沛，流程綿長。此外，秘魯海岸線平直，全長二千二百五十四公里，沿海盛產鳥糞。

第三節　自然資源與經貿概況

　　秘魯的礦物資源相當豐富且種類繁多，是拉丁美洲國家中地下礦產最豐富的國家之一，也是世界上十二個大礦業國之一。秘魯礦業資源的特點是品種多，儲量大，主要有銅、鋅、鉛、銀、鉍和釩。其中，鉍、釩儲藏量居世界首位，銅占第三位，銀、鋅占第四位；此外，還有金、錳、鐵、煤等，許多種礦業資源尚待開發。亞馬遜河和東部其他河流域以及北部沿海發現石油。東部林區中部和南部有豐富的天然氣；豐富的水力及地熱資源也亟待開發。此外，鳥糞礦層是大自然賜給秘魯的另一豐富而獨特的財富。在獨立初期，鳥糞、白銀和硝石曾為秘魯主要的輸出品，也是財政收入重要來源。然而因長期以爆炸方式進行開採及聖嬰現象影響，造成鳥糞儲量急劇下降。近年來，秘魯政府採取修築防止鳥糞掉入海中的梯牆、劃定鳥糞開採區、限制開採量、禁止私人開採等措施，大力保護鳥糞資源。

　　與豐富的礦產資源相比，秘魯的土地資源相對貧乏，可耕地不到領土總面積的 30%。秘魯農業耕種歷史悠久，但農業生產一直很落後。歷來農業生產的增長遠遠跟不上人口成長的速度，發展緩慢。土地利用率以及農業勞動生產率低是其主要原因。秘魯政府為改變農業落後的面貌，擺脫糧食依賴進口的窘困，採取下列措施：(1)大力興修水利工程，擴大耕種面積，治理窪地和鹽地。(2)增加農業投資、培訓農民。(3)試驗和推廣農作物的優良品種，

改進耕作方法。

　　第二次世界大戰以前，秘魯歷屆政府有明確提出經濟發展策略。當時秘魯的經濟發展以出口初級產業為動力與基礎，某一時期以發展某一種或少數幾種農、礦業為主，如 1883 年為「鳥糞和硝石時期」。秘魯工業在拉美屬中等發展水準。主要工業部門是礦業和製造業，此外還有石油、鋼鐵、電力、魚類加工等。整體而言，秘魯工業發展有以下幾個問題：(1)工業部門構成畸形。主要供出口的採礦工業和有色冶金工業是整個工業的支柱，一直被列為重點項目，得到較充分的發展。其他基礎工業十分薄弱，輕工業部門殘缺不全。(2)工業分布不均衡。首都利馬及其附近集中了全國 7% 的製造業和 64% 的電力工業，且大型工業也都集中在利馬，這種現象不但沒有改善而且還繼續在加劇中。(3)缺乏一個較完整的工業體系及缺乏發達的機械製造工業基礎。如在石油加工工業地區缺少石油化學工業，在煉銅中不能生產銅製品等現象。

　　秘魯森林面積有八千四百五十萬公頃，在拉美僅次於巴西占第二位。大多分布在東部亞馬遜森林地區，一部分在安地斯山區。早期由於林區人口稀少，交通不便，政府對林業投資少，又缺乏其他經濟條件配合，因此大多數地方尚未開發。然而近年來，由於濫砍亂伐，林業資源遭到嚴重破壞。

　　秘魯有著良好的發展畜牧業的自然條件。牧場面積占總面積21.5%，主要分布在海拔四千公尺的中部和南部高原地帶，那裡有豐富的天然牧場。然而，秘魯的畜牧業並不發達，交通閉塞、不合理的畜產品加工部門、掠奪式的使用牧場和資金缺乏，都阻

礙了畜牧業的發展。主要牲
畜有牛、山羊、綿羊、豬，
以及有「秘魯民族的象徵」
之稱的駱馬及特有的羊駝。
畜產品除了毛類和皮革原料
能滿足國內需要並有多餘出
口外，其他如肉類、乳製品
等均不能滿足國內要求，需
從阿根廷、烏拉圭等國進口。

　　秘魯海岸線長達二千二
百五十四公里，水域寬闊，
又有洪堡寒流流經海域，因

圖 2：秘魯民族的象徵──駱馬

此海洋資源極其豐富，在 1960 年代曾是世界著名的漁產國之一，
主要魚類以製作魚粉的沙丁魚為主。1970 年代後因沿海洋流變
化，使秘魯沿海水域水溫、含鹽度和其他化學成分發生很大變化，
打破了此漁區的生態平衡，浮游生物大量死亡，沙丁魚幾乎絕跡，
捕魚量顯著下降。

　　秘魯植物資源非常繁多且頗具特色。沿海以旱生植物為特徵。
在中部山區，地形、地勢和氣候的差異造成了自然植物多樣化的
特徵。東部林區有各種未經砍伐的熱帶雨林。秘魯人以可治療瘧
疾的金雞納樹原產於該國而自豪，不僅把它繪在國徽圖案上，而
且將其定為國樹。此外，向日葵，即太陽花，是秘魯的國花。秘
魯人奉太陽花為國花，一是因秘魯原本就是向日葵的原產地，二

是因為秘魯人自認是「太陽的子孫」，印加人對太陽非常崇拜，在他們心目中，太陽是萬物之源，祂賦予人類無窮無盡的力量，因此，就把永遠朝向太陽的向日葵奉為國花。

　　秘魯對外資發展較快，但長期以來，由於世界市場工業產品價格上漲，原料價格下跌，秘魯和許多發展中國家一樣，在不平等的貿易中蒙上很大的損失。秘魯主要出口商品是礦產品和農產品。礦產原料有銅、鉛、鋅、銀、鐵等，農產品有棉花、蔗糖、咖啡。此外，魚粉也是重要出口商品。1978 年起石油也開始出口。進口商品主要是糧食、機器、原料等。主要貿易對象是美國、日本、德國、英國和拉美國家。雖然秘魯政府積極設法開闢新市場，但美國仍是秘魯第一貿易夥伴。

第四節　人民、宗教信仰與教育

　　秘魯人口有二千七百一十四萬人，城市人口占 70%。人口中印第安人占 41%，主要集中在高原地區；印歐混血占 36%，分布在海岸及高原地區；白種人占 19%，集中在海岸地區；另外還有 4% 的黑人和亞裔人口，也集中在海岸地區。

　　除古巴外，秘魯是拉丁美洲華裔人數較多的國家，在近數十年的歷任政府中，都有華裔的議員、將軍、政府部長，甚至總理與議會議長出現。在經濟上華人對秘魯農業的巨大貢獻就是帶來了優良穀種和先進的水稻種植技術，促進水稻的大量種植並直接改變了秘魯人的飲食習慣。今天，米飯變成秘魯人餐桌上的主食。

至於秘魯華僑的移民史應追溯到十六世紀中葉和十七世紀前半期，即明清之時，已有中國商人、工人、水手等到秘魯經商或做工。1849 年，首批華工抵達秘魯，開始了「契約華工」源源不斷東渡的歷史。

1993 年秘魯新憲法規定，西班牙語為官方語言，在克丘亞人、阿伊馬拉人和其他土著居民為主的地區，克丘亞語、阿伊馬拉語和其他土著語言也是當地官方語言。

在所有南美洲國家中，原住民文化與歐洲文化之間的嫌隙，就數秘魯最為嚴重，這股嫌隙延續到今天，孕育成為高原地區恐怖主義者的溫床和利馬的動亂根源。利馬和大多數拉丁美洲國家的首都一樣，過去二十多年來，安地斯山地區的印第安農民大量遷徙湧入，為原本擁擠的利馬帶來更多的問題和困擾。此外，秘魯也是一個種族歧異的國家，占大多數人口的印第安人，與統治的中上階級之間，幾乎沒有什麼共同點。居於少數的統治者卻是崇洋媚外，為西方文化馬首是瞻。在大部分人民都生活在赤貧的情況下，如今秘魯所要面臨的挑戰是：拋開殖民過去，解決國內的衝突紛爭，以及除去所有阻礙發展的經濟惡性循環，這將是一項非常艱鉅的任務。

1980 年代，秘魯發生經濟危機，國民生產總值年均下降 0.4%，國民平均所得年均下降 2.6%，1995 年經濟恢復成長，人民平均所得一度成長。但收入分配極度不均，貧富差距非常嚴重。此外，秘魯失業問題比較嚴重，自 1990 年代開始實行經濟改革以來，政府機構的精簡和國有企業的私有化，裁減了大批公職人員和工人，

使失業率上升。近二十年間，醫療服務有所改善，人民平均壽命逐步提高，目前秘魯人民平均壽命為七十歲。

　　秘魯憲法規定宗教信仰自由，但天主教的影響極大，全國有高達 95% 的人口信奉天主教，不過他們不是很嚴格的遵守戒律。白人及混血人種屬天主教徒，土著印第安人除信奉天主教外也信奉太陽神。目前秘魯的土著仍沿襲古代秘魯印第安人信仰多神論和泛神論的宗教，他們把自己土著信仰融合到天主教中，創造出一種令人著迷的混合宗教體系。根據印第安人的信仰，太陽、月亮、閃電和高山等自然現象都是膜拜的對象。每一個部落有一個自己的神靈，並為祂們建立廟宇。但是，所有秘魯地區的印第安人最重要的神祇是太陽神，每年 6 月 24 日，他們會在古都歡慶「太陽祭」。此外，西班牙的入侵為秘魯帶來新的宗教信仰。他們向土著傳播羅馬天主教，建立成千上萬的教堂，為每一個村民確立了守護神，舉行宗教節日。二十世紀新教的勢力在貧苦農民之間的影響逐漸擴大。

　　秘魯具有較好的教育傳統。印加帝國時期，在當時的首都庫斯科附近建有學校，對王室貴族子弟傳授印加文化知識。殖民時期，教育為教會壟斷，對象主要是白種人和富家子弟，內容注重宗教、文學和藝術。1551 年，根據西班牙國王和羅馬教皇的共同指令，在利馬成立南美最古老的高等藝術學校聖馬科斯大學 (Universidad de San Marcos)，後來在 1692 年成立庫斯科大學。獨立後，因為國內戰爭不斷，教育發展很慢。二十世紀，特別是第二次世界大戰後，隨著經濟崛起，教育事業也得到發展，實行義

圖 3：太陽祭——現在的秘魯人對太陽仍有著特殊的感情。他們稱自己的祖國為「太陽之國」，把「太陽」(Sol) 定為貨幣名稱，而沿襲數百年的太陽祭更是歷久不衰。

太陽祭於每年 6 月 24 日舉行，祭壇設在秘魯南部印加帝國古都庫斯科城北的薩克賽瓦曼 (Sacsayhuaman) 古堡。在曚曚的晨曦中，人民穿著節日盛裝，從四面八方湧向該城。中午過後，祭典儀式開始，人民向太陽神敬獻美酒，並點燃聖火，祭上當場屠宰的駱馬或羊駝，祈求來年五穀豐收，萬事如意。接著開始狂歡活動，滿山遍野的群眾圍繞著象徵印加古帝國四方的四堆聖火翩翩起舞，盡情歡樂。同時，不少城裡的藝文團體也趕來獻藝，直到太陽沉入安地斯群山中，歌舞方休；但是，節日的狂歡還要持續一週以上。

印第安人舉行如此盛大的太陽祭與古印加崇拜太陽神有關。根據民間傳說和史料記載，在古代秘魯信奉的諸神中，太陽是至高無上的神靈。他們之中流傳著：「別的民族崇拜各種不同的上帝，我們敬奉永恆的太陽。」此外，相傳在太古時代，印第安人過著狩獵和採集生活，由於他們辛勤的工作打動了太陽神，於是太陽神就賜給他們金犁和金色種子。他們利用金犁開墾大地，培育出金黃的玉米，哺育眾生。從此，印第安人把太陽神視為眾神之首，且為了離太陽近一點，把城市建在高山之頂，並在城市至高點豎記「栓日石」，企圖拴住太陽，渴望大地永遠處於太陽神的保護之下。

十二世紀，一個自稱是太陽子孫的印第安人部落，在太陽的兒子曼科‧

卡帕克率領下，向日初之山遠征，創建了印加帝國，並按照太陽神的旨意建立了庫斯科城。大約在十五世紀前，印加人開始每年為太陽舉行盛大的祭典。

務與免費基礎教育。秘魯十五歲以上人口的識字率是 88.7%。目前該國教育主要受不斷增長的人口困擾，政府不得不陸續增加預算，大約占財政支出的五分之一，以確保六歲到十五歲的兒童可以得到免費的教育。但是，在廣大農村地區，義務教育往往很難推行。另外，因班級規模過大，教學設備匱乏以及師資不足，一般兒童在公立學校中受到的教育水準普遍偏低，因此，大部分上層階級的家長把自己的孩子送到私立學校學習。秘魯現有大、中、小學六萬所。

第五節　政治、軍事體制與對外關係

秘魯在 1821 年制定第一部憲法，此後分別在 1856 年、1860 年、1920 年、1933 年、1979 年制定憲法。現行憲法是 1993 年制定。該憲法規定，秘魯是一個民主和主權獨立的共和國。實行行政、立法、司法三權分立制度。總統是國家元首、武裝部隊和國民警察的最高統帥。總統由全民直接選舉產生，獲半數以上票數即可當選，任期三年，可連選連任一屆。下設第一、第二副總統。2001 年 7 月 28 日選出托雷多 (Alejandro Toledo Manrique) 為新任總統。

秘魯的國會屬一院制，由一百二十名議員組成，任期五年。

副總統候選人可做議員候選人；只有在秘魯出生，而且是秘魯籍人，年滿二十五歲並享有選舉權的人才可當選議員。國會休會期間，由常務委員會主持工作。秘魯政黨林立，執政黨是「秘魯可能黨」(Perú Posible)，1994 年 9 月由托雷多創建，原名「可行的國家」(País Posible)，1999 年 2 月改為現名，托雷多擔任黨主席。最大反對黨為「秘魯阿普拉黨」(Partido Aprista Peruano)，又稱人民黨。1930 年由阿亞‧德拉托雷 (Victor Raúl Haya de la Torre) 創建，其他大黨還包括「秘魯團結黨」(Unión Por el Perú)、「人民行動黨」(Acción Popular) 等。此外，秘魯全國劃分為二十四省及卡亞俄 (Callao) 特別州。

秘魯軍隊是在十九世紀初獨立戰爭期間武裝起義基礎上建立的。1820 年 9 月，聖馬丁將軍率領解放軍在秘魯帕拉卡斯 (Paracas) 登陸，1821 年 9 月 7 日進入利馬。這支軍隊即是秘魯軍隊的前身，最初只有陸軍和海軍，後來因為法國和美國的協助建立陸軍航空兵和海軍航空兵，1950 年兩支航空兵合併成空軍。

秘魯憲法規定，總統為武裝力量統帥。國防委員會是最高國防決策機構，總統擔任主席；國防部是內閣中的一個部，是最高軍事行政機關。武裝力量聯合指揮部則為最高軍事指揮機構。秘魯實施義務兵役制，役期兩年；武裝力量現役部隊總兵力為十二萬五千人。歷年來，秘魯軍隊曾多次干預政治或發動政變，是影響國家安定的一個重要因素。

在對外關係方面，秘魯向來奉行獨立、自主、不結盟的外交政策，贊成在和平共處的基礎上建立國際政治、經濟新秩序。秘

魯也反對以武力解決國際爭端，並強調自決和不干涉原則。藤森(Alberto Fujimori) 總統於 1990 年執政後，將秘魯的外交重點轉向務實性的經貿外交，增進與拉美鄰國、美國、日本和西歐國家的經貿關係，並於 1998 年 11 月加入「亞太經濟合作組織」，加強與太平洋地區國家的合作。

秘魯與美國傳統邦誼深厚，而且美國是秘魯最重要的貿易夥伴。近年來，兩國加強掃毒工作，但美國對秘魯捲入毒品交易仍有根深蒂固的懷疑。至於西歐國家則是秘魯重要的貿易夥伴及資金來源國，前殖民宗主國西班牙與秘魯關係日益密切，西班牙占外國在秘魯直接投資的 47.4%。此外，在藤森執政後，日本在秘魯對外關係中的地位明顯上升。

秘魯與中國的關係深遠，早在十六世紀，就有在菲律賓經商的華僑遠渡重洋到秘魯定居。1874 年 6 月 26 日，清同治年間，兩國在天津簽署友好條約，決定正式建立外交關係，互設領事館。1949 年中華人民共和國成立後，秘魯仍繼續與在臺灣的中華民國政府維持外交關係。1971 年臺灣退出聯合國，秘魯隨即於 11 月 2 日與北京當局建交，是最早承認中共的拉美國家之一。近年來兩國貿易不斷發展，秘魯已成為中國大陸在拉美的第四大貿易夥伴。

第六節　風情與民俗習慣

一、豐富多彩的服飾與禮俗

　　秘魯人的服飾豐富多彩，在現代社交生活中，他們通常著西式服裝，而且在穿著上比較注重個性，平時著裝比較隨便。同在一個場合，若在場的秘魯人未脫掉上衣，其他人這樣做則是不禮貌的。農村居民穿毛織的短褲，天冷時外面披一件「彭丘」(poncho)。彭丘較大、較厚，是羊駝等動物毛織成的。婦女平時穿毛織的裙子，上身穿長繡花襯衫，慶祝節日時，婦女們都愛穿顏色十分鮮豔的裙子和襯衫。裙子的下襬都異常寬大，並印有紅色、紫色、黑色的橫格，上身的襯衣一般為紅色的，通常印有許多漂亮的對稱繡花幾何圖案。跳舞時愛雙手舉一條捲成長捲的毛織頭巾當作裝飾。無論是城市還是鄉村，普通的居民和印第安人都普遍喜歡彭丘。

圖4：安地斯山婦女穿著以羊駝毛織成的彭丘

克丘亞人不紋身，衣服主要是長袍和披風。長袍沒有袖子，很短。腳上穿的是用皮革或龍舌蘭藤編織的涼鞋。婦女的衣服有長袍（袍裡有個長口袋可從腋下一直套到腳上）、披巾、寬腰帶（可以繞肚子好幾圈）；不論男女，頭上都纏著布或金屬的飾帶，戴著羽毛頭飾。他們好戴項鍊、手鐲、墜子和戒指。

秘魯人談話時，雙方的距離很近，他們認為這樣是親近的表示。如果向你的身體做搜或抓的動作，表示我付錢的意思。他們也喜歡用飛吻的手勢讚美一樣東西。此外，秘魯人相見時，不分男與女都可握手，男性親朋好友間常互相擁抱，女性親朋好友間則互吻臉頰。他們不喜歡在剛見面時就進入嚴肅的話題，通常會先請你喝咖啡，當雙方互相有所了解後，對方會主動提起你所感興趣的話題。平時在交談中應避免談及有關政治的話題。

秘魯人具有強烈的民族自尊心，與他們打交道，最要緊的是尊重他們的民族感情。由於當地的商務習慣，他們常不守約會時間，對此要有寬容的態度加以尊重，並且自己還是應準時赴約。如果你準備宴請對方，通常應當同時邀請他的妻子。另外，應邀到秘魯人家中作客，晚半小時到達被認為是正常的，唯一要求絕對準時的事情是看鬥牛比賽。應邀作客可以帶一束鮮花、一盒巧克力或一瓶好酒，但應避開紫色。因為秘魯人視紫色為不祥，只有在舉行一些宗教儀式時才用這種顏色。

秘魯人熱情好客，在社交活動中，對外國人謙遜和藹，和睦相處，從不隱瞞自己的缺點。他們總是主動問候，握手致意。「先生」(señor) 和「夫人」(señora) 是秘魯人在公眾場合使用最多的

稱謂。熟悉的朋友相見，可以直呼對方的姓名。在正式場合需在稱呼前加行政或學術職稱。

二、婚姻與喪葬禮俗

居住在城鎮，信奉天主教的秘魯人，一般都到教堂中舉行婚禮，但在一般偏遠山區仍保留著傳統的婚俗。生活在秘魯亞馬遜叢林的印第安人，仍處在父系社會階段，男人的權力高於女人。在婚戀問題上，男人也比女人自由得多。如果一個男子看上了一個女子，不管這個女子同意與否，他都可以娶她為妻。相反，一個女子如果看上一個男子，如果男的不同意，她就毫無辦法。男子向女子求愛時，只要把他捕獲的獵物象徵性地送給她一點，就算是向女子求婚了。

秘魯的科尼沃人可以自由戀愛，但婚事必須徵得父母同意。結婚時，要請全體部落成員參加婚宴。婚禮最精采的一幕是男女老少都圍著即將結婚的一對未婚夫妻，載歌載舞，而把新郎新娘冷落在一旁，直到婚禮結束才散開。他們在婚禮上喜歡喝一種自己釀造的木薯酒，常常是全部落的人都喝得酩酊大醉才結束。科尼沃人對太陽和月亮非常崇拜。因此，在舉行婚禮時，新娘要面對一輪皓月，表白自己的貞節。有些地方喜歡近親結婚，以求親上加親。他們一般晚婚，男子年滿二十四歲，女子年滿二十歲才被允許舉行婚禮。

在印加時期，秘魯廣泛流傳的喪葬風俗是把死者最珍視的財產以及他最喜愛的美麗婦人作為殉葬品一起埋葬。他們相信靈魂

不朽，因此在印加建造宏偉的陵墓是很普通的事情，陵墓中常有死者和他的財產、女人以及侍從，還有大量的食物和酒、武器及裝飾品。有些婦女甚至因為恐懼墳墓中沒有她們的位置，而用頭髮上吊而死。一般來說印加人會很看重這些自願殉死的女人，從而在墳墓中提供給她更好的位置。

喪葬時，牧師深信這些犧牲品將為他們深愛的神或人服務。犧牲的人死前要喝很多用金質酒杯盛裝，由發酵玉米釀製的「奇恰」(Chicha) 酒，可能是作為止痛劑，這時候牧師就會唱起聖歌，歌頌他們犧牲服務的美德。然後，他們被牧師扼死，牧師把一個金背包放在他們背上，並把一個金質大水罐放在他們手裡。他們被埋葬在神殿附近他們所屬的墳墓中。這些人在印加人中有高度的榮譽，被尊為「聖徒」，並且人們深信他們正在天堂裡為他們的神服務。人類祭品被廣泛用於「統治者的生活中，皇家祭祀、季節變化、農業週期、對神的祭祀以及生和死的慶典」中。

在秘魯，印第安人的喪葬或部分或全部保留著傳統的喪葬做法。對安地斯山區的秘魯人來說，以坐姿掩埋屍體是一個習俗。在庫斯科附近，死者是坐在一個被充分裝飾過的凳子上埋葬的。在其他省分，死者可能被縫進一個新鮮的駱駝皮中，並保存在他親戚家的房子裡。頭目死後則在每年的某個特定時期被帶著遊行村莊，和屍體一起遊行的還有作為祭品的駱駝，甚至婦女和孩子。考古學家在馬丘比丘看到了巨大的雕刻石頭，這是舉行葬禮的地方。在埋葬前，屍體先放置在這裡，然後舉行儀式進行哀悼。附近還有一個私人用的小洞穴，死者的家屬可以在那裡待一段時間

以悼念逝世的家人。

馬克西姆巴拉人死後將屍體燻製成木乃伊，然後連同死者的武器、一種稱為「奇恰」的酒及一些香蕉一同埋在屋裡。卡帕納瓦人將屍體火化，然後把骨灰和食物攪在一起吃。帕諾人死後，將死者裝在敞口帶把的罐子裡埋在自家房子的底下。舉行葬禮時，跳宗教舞。

克丘亞人對死者的屍體很重視，始終要讓它完整無缺，而且葬禮特別隆重，有自己的聖歌和禱文。他們相信，靈魂在屍體周圍停留片刻之後，便會奔向自己應該去的地方，印加王的靈魂奔向太陽，貴族的靈魂奔向天空和天頂，另一些人的靈魂奔向人類世界；他們還相信，人的靈魂會在動物身上顯靈。

三、精彩的民間傳統節日與活動

秘魯與所有的文明古國一樣，傳統的民俗節日非常多，以其熱烈、奔放在拉丁美洲各國中別具風采和魅力。首先，秘魯印第安人也有朝拜天國的民俗。在古都庫斯科以東約八十公里的冰川上（海拔四千八百公尺）有塊岩石，相傳耶穌曾於 1780 年在這裡顯靈，並在這塊岩石上站立過。後來印第安人把它奉為「聖石」，並設祭壇。在「聖石」附近建造了一些聖祠和聖靈朝拜，稱作「朝拜天國」。每年朝拜活動在復活節前約九個星期的基督聖體節舉行，歷時數日，規模壯觀。朝拜活動開始的那天夜裡，各個村子的代表數百人，穿著厚厚的粗毛衣服，戴著編織面具，組成浩浩蕩蕩的朝聖隊伍，在寒風刺骨的月光下，向著聖地前進。他們自

信這不但是一次體力上和意志上的苦修磨練，也是一次贖罪的機會和超越世俗的心靈上的考驗。當祈禱結束後，朝聖者會背著很厚的一塊冰回家，因為他們深信從聖山石頭上取回的冰塊可以除病消災。

其次，位於秘魯和玻利維亞兩國交界處的的的喀喀湖，湖清水澈，湖面開闊。湖心四十一個島嶼的地貌呈棕、紫兩色，在碧綠湖水的對映下，顯得分外明麗多姿。湖中的「太陽島」和「月亮島」緊相依偎，恰似兄妹結伴在湖中浮游。這天然的景色給印第安人民提供了創作口頭文學的豐富泉源，種種動人的神話傳說便應景而生。傳頌最廣的是：太陽島是太陽神的長子曼科·卡帕克的誕生地，而月亮島則是他妹妹瑪瑪·奧約的誕生地。

在這些眾多的島嶼四周，生長著大片的香蒲草。烏羅人 (Uro) 是湖區最原始的居民，很少與外界往來，有自己獨特的生活和風俗習慣。舉世罕見的「漂浮島」是烏羅人在離島不遠的香蒲叢中巧妙建立起來的人工島，他們世世代代在這些島上生息繁衍。厚厚的香蒲草層層累積起來，浮力很大。烏羅人就以香蒲草在「漂浮島」建立一座座的尖頂草屋。這些草屋經常需要拆掉重建，因為漂浮島底層的香蒲受湖水浸泡漸漸霉爛，必須不斷從上面添加新的香蒲草。烏羅人以捕魚維生，每逢下湖捕魚前都要舉行隆重的祭湖儀式，當男人下湖後，婦女無論從事任何勞動都要面向香蒲船下湖的方向並且穿著最好的衣裙；捕魚歸來也要舉行繁瑣複雜的儀式，婦女站在岸旁，不斷齊聲呼喚，向湖神表達謝意。除了捕魚，烏羅人還用香蒲草編織日常用具和工藝品。

圖 5：烏羅人在的的喀喀湖以香蒲築成的漂浮島

　　再則，每年 10 月在秘魯印第安人聚居的山區城鎮都會舉行「印加里節」，以歌舞為主要形式。這個節日是為紀念庫斯科愛國青年印加里 (Incarri) 而設的民間文藝爭芳鬥豔的盛會。據說印加里是一位能歌善舞的印加青年，十六世紀初西班牙殖民者占領庫斯科後，這裡歡樂的歌聲不見了，印加里以各種表演方式，四處奔波喚起同胞對抗殖民者，西班牙殖民者害怕他這種舉動，於是下令嚴禁一切印加音樂和其他藝術形式的演出，並且殺害了印加里。後人為緬懷這位愛國青年，每年舉行紀念活動，後來逐漸形成一個民族節日。另外，在秘魯風光明媚的濱海城市特魯西約 (Trujillo)，每年 9 月最後一週會舉行南美的歌節——特魯西約春節。這是南太平洋最受歡迎的民間節日。節日期間，除化妝遊行、

手工藝品展覽、民間舞蹈演出、車隊遊行等眾多慶祝活動外，最富魅力的是來自南美洲各國歌唱家同臺比賽。

最後，賽馬和鬥牛更是秘魯人最喜愛的傳統娛樂項目，頗有民族特色。賽馬活動在秘魯歷史悠久，全國大小城市幾乎普遍設有賽馬場，賽馬場地的考究和騎士馬術的高明，在國際賽馬愛好者中有口皆碑。鬥牛也是秘魯人喜愛的一項娛樂活動。首都利馬是全國鬥牛的中心，每年 10 至 12 月是鬥牛的旺季。屆時，強手雲集，高潮迭起，吸引著大批觀眾。西班牙式的鬥牛是人同牛鬥，但秘魯鬥牛則別具一格，不全是人和牛鬥，而主要是老鷹和牛鬥。此外，跳舞是秘魯人很喜愛的一種活動，每年都舉行以舞蹈為主的全國性狂歡節。秘魯人也喜歡電影和戲劇。

第七節　豐富的飲食文化

秘魯因為有多元的生態環境、氣候以及融合東西傳統，所以其飲食不論質和量在拉丁美洲都享有盛名。長久以來，秘魯的飲食深受印第安人、西班牙殖民者、阿拉伯、日本、義大利以及中國飲食文化的影響，風味獨特，別具一格。

玉米與馬鈴薯是印加時期最重要的農產品。印加人、馬雅人及阿茲特克人一樣都將玉米視為神話的象徵，廣泛的將玉米刻在陶瓷上或運用在各種儀式中。秘魯印第安人是馬鈴薯的最早培育者和食用者，馬鈴薯至今仍是他們鍾愛的食物。在安地斯高山上的印第安人，利用夜間零下的低溫冷凍以及白天的豔陽將收成的

馬鈴薯脫水、曬乾以便長久保存。有獨創烹調技術的秘魯人民可
用馬鈴薯作主要原料製作出上百種風味各異的糕點和佳餚。在他
們款待賓客的餐桌上，總少不了幾道以煮、煎、燒、烤方法製作
的馬鈴薯風味菜。以太陽子孫而自豪的秘魯人，歷來視黃色為神
聖，所以多數食品都以黃色為主色，在選料上也多用黃馬鈴薯、
黃甘薯、黃南瓜、黃辣椒、玉米等食材。駱馬與羊駝是秘魯印第
安人肉類重要來源，而原生於南美洲的火雞是相當貴重的肉品；
另外，印第安人也吃狗肉。不過整體而言，秘魯的印第安人除了
特定的日子或節慶，平時很少吃肉。

　　除印第安人外，殖民近三百年的西班牙人對秘魯的飲食文化
也有深刻的影響。十六世紀初，西班牙殖民者將秘魯由一個農業
化的社會一夕間變成一個以採礦為主的社會，這嚴重打擊原本安
居樂業的農民生活，並造成社會的失衡以及秘魯內部大規模的移
民。但是，西班牙人引進輪子、灌溉系統、鐵、犁、耕牛等新的
耕作器具，結合當地印第安人已有的農業常識，對西班牙人從舊
大陸帶來的小麥、大麥等新作物在秘魯的推廣與發展有很大的幫
助。此外，西班牙人也帶來了豬、牛、馬、羊、雞、鴨等眾多新
的家畜、家禽以及牛奶與蛋的食用。另一方面，西班牙人也引進
蔥、蒜、茴香等多種香料，各種豆類以及白蘿蔔、胡蘿蔔、蘆筍、
萵苣、花椰菜等各式各樣的蔬菜。加上西班牙人在燉、煮及湯類
等烹調方式的貢獻，以上種種都讓秘魯的飲食更為豐富與多樣。

　　另外，阿拉伯人對秘魯的甜食影響很深；義大利人的影響是
引進大量麵食；日本人精緻可口的魚及海鮮料理在秘魯也深受稱

道；在秘魯中國餐館叫「吃飯」(chifa)，秘魯專用名詞的菜、豆腐、炒飯、餛飩、醬油等都為漢語譯音，以稻米為主食的中餐已成為秘魯人飲食的一部分。

秘魯菜餚大體分為兩大系統：以利馬為代表的沿海區菜餚以辣味為主，世稱「辣味菜」；以庫斯科為代表的山區菜餚以甜味見長，世稱「甜味菜」。

沿海地區的辣味菜，主料以魚、海鮮和馬鈴薯為主，佐料有蒜、辣椒、檸檬汁、洋蔥、橄欖油等。做法則多為涼拌、清蒸和燒烤。傳統的大眾化名菜「塞比切」(ceviche)，採用生魚片、墨魚絲加檸檬汁、橄欖油、洋蔥、食鹽和胡椒配製而成。由於調味品中的檸檬汁和洋蔥等有殺菌消毒作用，所以不會有腹痛之虞。與辣味菜搭配的主食有馬鈴薯燜米飯、玉米餅等。另外的風味名菜是「安蒂庫喬」(anticucho)，是把用辣味調料浸泡過的魚心或魚塊串，在旺火上燒烤。

山區甜味菜在秘魯食品菜餚中自成系統。風味名菜有：用牛肉、黃甘薯、胡蘿蔔燴成的「桑科恰多」(sancochado)；以馬鈴薯粉煎成的「丘紐」(chuño)；滋補美味的羊頭湯和用馬鈴薯熬湯加上肉、魚、海鮮、牛奶、乳酪、辣椒、番茄或其他更多的食材所燉製成的風味美食「丘佩」(chupe) 等。甜食小吃有甜包、嫩玉米甜餅、杏仁餅和栗子餅等。山區甜味菜多以牛、羊肉和馬鈴薯為主料，烹調則以燉、燴、煎為主。

秘魯人特別喜歡吃烤肉串，在一些大城市的街頭巷尾常可看到印第安婦人擺的烤肉串攤，當地人雖然有時也烤阿拉伯式的牛

羊肉，但更多的是烤牛心串。牛心串是秘魯人宴請賓客時常用的一道佳餚。

　　秘魯的印第安人不喝牛奶也不食用相關乳製品，同時他們不敢使用或食用野禽的蛋，因為印第安人認為，喝牛奶或吃蛋將造成物種的滅絕。但在西班牙入侵並引進可每日生蛋的蛋雞後，印第安人開始吃蛋；同樣地印第安人也才開始喝牛奶及其相關製品。

　　秘魯人有豪飲的習慣。國內傳統飲料是奇恰酒和畢斯科(pisco) 酒。早在印加時代，印第安人已掌握了釀製奇恰酒的方法。奇恰酒是以玉米作原料而釀製的烈性酒。近年來，秘魯人已發展到採用薯類、葡萄、甘蔗等為原料來釀造奇恰酒，以滿足國內外市場的需要。以葡萄為主要原料的畢斯科酒，是國際市場上的名牌產品。一般說來，山區印第安人愛喝奇恰酒，沿海城市居民喜歡畢斯科烈性酒或甜酒。

　　安地斯山區的秘魯印第安人有嚼食古柯葉的習慣，以減少飢餓感、口渴、疲勞甚至可預防高山症。他們也以嚼食古柯葉預卜戰爭、未來命運乃至與過世的親人通靈、對話。另外，他們也喝一種由巫師準備，用阿雅瓦沙(ayahuasa) 這種植物所釀造的飲料，據說有催眠的效果。

圖6：古柯葉自古以來一直是秘魯印第安人每日生活的必備品，古柯葉也可用來占卜。

第二章 | *Chapter 2*

神祕的秘魯古印第安文化

　　根據考古學家的推論，在非常古老的年代，有一些亞洲東北部的原始居民，可能越過當時還是陸地的白令海峽，遷徙至美洲大陸。在西元前 12000 年前或更早的時代，一部分印第安人由北而南，在秘魯尋找到土地肥沃、草木茂盛的高原而定居下來。

　　儘管對於美洲文明流傳著種種匪夷所思的傳說，譬如有些人相信那是外星人造訪地球的遺跡。然而，任何文化都有其發展的軌跡；以秘魯庫斯科為發祥地和搖籃的印加文化 (Inca)、馬雅文化 (Maya) 與阿茲特克文化 (Azteca) 一樣，建立在眾多安地斯地區的美洲古文明的基礎上。此外，印加文明在其成長的過程中，也不斷得到從征地輸入的其他文化的滋養，逐漸發展壯大。

　　歷史證明許多文明都有共同的傳統文化特徵，所以中央安地斯❶大部分的地區，也有長期性的共同特徵。在農作物方面與中

---

❶ 安地斯文明是指北起哥倫比亞、南至智利與阿根廷中部等地區的前西班牙期文化，其中除亞馬遜低地以外的秘魯和玻利維亞高原則又稱為

美洲一樣有玉米、豆類、南瓜；此外，高地出產馬鈴薯，靠近亞馬遜低地則出產地瓜。雖然有梯田、灌溉、施肥等原始農業，但農具非常簡單，只有碎土的木棍。

至於現在山區印第安人所咀嚼的檳榔是一種可禦飢寒的興奮劑，自古沿用至今。屬於駱駝科動物的駱馬和羊駝是安地斯特有的重要家畜。藝術品較特殊的主要有美洲虎、蛇及禿鷹等動物及其擬人的表現。社會慢慢形成貴族、平民、奴隸等三個階級；與農業生產沒有直接關係的神官及職工也漸趨向專業化。

第一節　前印加文明

早在印加帝國形成之前，克丘亞族、阿伊馬拉族和莫奇卡族 (Mochica) 等幾個部族很早就散居在安地斯高原，他們先後在這個地區建立了各種程度不同的文明。前印加的安地斯山古文明大致可以分為兩個階段：第一代的查文文化 (Chavín) 與第二代的蒂瓦納科文化 (Tihuanaco)。

一、查文文化

第一代的查文文化約出現於西元前 1000 年，是安地斯山地區最早的文明。因為是從秘魯北部安卡什省 (Ancash) 的查文村發現的，因此而得名。主要包括查文文化、帕拉卡斯文化、納斯卡文

中央安地斯地帶。

化 (Nazca)、莫奇卡文化等。

　　出現於山區的查文文化有中央安地斯文化之母的美稱。它是建立在以種植玉米、馬鈴薯等作物的農業經濟基礎之上。創造此文化的印第安人，用石塊砌成引水道，修建了精巧的地下水道網，使得農業蓬勃發展，糧食供應穩定，人口大增，社會也就愈來愈複雜，因此衍生出更具規模的政治組織以維持複雜的社會，並以宗教領導者——神官作為政治最高領導者，成為一種神權性的政治組織。

　　查文文化是個宗教色彩極濃的文化，舉凡建築、陶器、紡織品、金屬器具等都表現了獨特的神格化。它的主要表現是美洲虎、美洲山豹的擬人化。

　　查文式的陶器，大多是磨得很精緻的黑色或棕色的單一色調，平底、球形軀幹，上加燈形把手的開口壺是其主要特徵。在軀幹或開口部分常描繪獸神、箭頭狀的浮雕或雕刻花紋、鋸齒狀紋等特別圖案。

　　在查文文化的後期，秘魯的南海岸地區興起了帕拉卡斯文化。該文化存在於西元前 1000 年至西元 500 年左右，以畢斯科為中心。此文化在紡織工藝方面，成就不凡，其織物色彩絢麗，根據色調、色相的變化，衍生出一百九十多種色彩。在畢斯科出土的木乃伊服裝，色彩絢麗，圖案富有幾何圖案之美，做工精細，在紡織和刺繡上達到高度藝術性，具有「世界紡織品的奇蹟」美譽。

　　存在於西元前 300 年至西元 500 年的納斯卡文化是秘魯南海岸最燦爛的文化，其中最著名的是陶器。納斯卡陶器的底色以

磚紅或橙黃為主，上面再以紅、黃、褐、灰、紫、黑、白等十一種不同的色彩，描繪鳥獸、草木和神怪形象的圖案花紋，因為忠實地描出原有的色彩，所以能正確地識別動植物的種類。

納斯卡文化最具特色的是被譽為「世界第八奇景」的「地上畫」遺蹟。這樣的遺蹟，一定是在統一指揮下，由多數人合力完成的。所謂「地上畫」是除去沙漠的石頭後在地面挖溝，溝的型態有長曲線、直線、幾何圖形、動物、鳥等各種圖案，是一種很獨特的藝術，由於面積龐大，從飛機上才能看出各部分漂亮勻稱的圖形。

西元前 300 年至西元 500 年，莫奇卡文化發源於北部沿海區的河谷地區。莫奇卡的農民以簡單的農具耕作，灌溉已相當發達，並以鳥糞和魚作為肥料。作物有玉米、南瓜、菜豆、花生等各種豆類與瓜類。農作物中尤以玉米與宗教禮儀關係最為密切。金字塔上的神殿是全國崇拜的對象，民間則把美洲虎、鳥、蜥蜴、蛇

圖 7：被譽為「世界第八奇景」的納斯卡地上畫──蜂雀圖形

或植物當作神或具有超自然力量加以崇拜。美洲虎擬人的表現最多，是代表豐饒、正義戰勝邪惡的善神。達官顯貴死後有人陪葬，平民則以陶器及紡織品作為陪葬品。

考古發現，莫奇卡人已經會提煉金銀，也懂得用金銀與銅製造合金。此外，莫奇卡的陶器十分獨特，兼具器具與塑像的功能。陶器表面彩繪漁民、武士、僧侶的日常生活，表現了世俗生活的場景。莫奇卡的陶器上也繪有觸診內臟的醫生、兔唇、麻痺等病人的肖像，可見其醫術之發達。

二、蒂瓦納科文化

蒂瓦納科文化是前印加文化的第二代文化，和第一代文化一樣，此文化也是由多種文化組成。它以蒂瓦納科文化為代表，且包括奇穆文化 (Chimú) 和瓦里文化 (Huari)。

蒂瓦納科文化存在於西元 600 年至 1000 年 ，其影響範圍達到今天的玻利維亞高原、秘魯的北部高原和沿海地區、厄瓜多南部、智利北部和阿根廷西北部地區。這一文明的中心位於海拔四千公尺的安地斯高原之上，世界最高的淡水湖的的喀喀湖東南二十一公里處，以巨石建築為其特徵。其中，著名的「太陽門」是由長三‧七五公尺、寬三公尺，重達百噸以上的巨石雕成，中央鑿出一個門洞，門楣正中雕刻太陽神維拉科察神像，所以稱為「太陽門」，還有另一個原因，據說，每年 9 月 21 日秋分那天，黎明的第一道陽光必定從門中央射入。

瓦里文化極盛於五世紀，介於納斯卡文化漸趨式微，蒂瓦納

科文化勃興之際，位於秘魯中部海岸。與蒂瓦納科區內的石質建
築不同，瓦里文化遺址建築的材料是手工製作的，經太陽曬乾的
土坯磚。土牆上面繪有紅、黃、藍等顏色的華美圖案。

　　在克丘亞部族中的一支小部落——印加，完成征服整個安地
斯地區的大業，建立威震四方的印加帝國的同時，秘魯北方海岸
的奇穆文化也正迅速擴展。奇穆文化在西元 1100 年至 1500 年強
盛起來，以昌昌 (Chan-Chan) 為首都。昌昌占地十八平方公里，
是古安地斯地區最大的城市。城市以城牆包圍，內部分為十區。
各區之間，有的以高達九公尺的城牆為界，各區有宮殿、金字塔
的神殿、蓄水池、倉庫等公共建築物以及民房、工作室等。不論
是公共建築物或民房，都以大型日曬土磚或土壁建成，是目前世
界上保存下來最大的土城。宮殿或神殿的壁上以厚的浮雕描繪海
鳥、魚、動物等裝飾。街區之間的地方開闢為農用，建造了水渠，
進行灌溉。

圖 8：奇穆文化
用土塊砌成的昌
昌古城，是目前
世界上保存下來
最大的土城。

奇穆的陶器以磨光的黑陶為主，因不靠色彩取勝，在造型上特別下工夫，以表現動植物、農漁業、性生活、神話等為主題。紡織品也非常精美，和陶器一樣不重色彩而重圖案。

奇穆文化已形成了階級，貧富差距大，除貴族和平民外，有祭司、官吏、工匠等的分工。第一代國王於十四世紀初即位，但至 1470 年就被印加帝國所滅亡。

第二節　太陽之子──印加帝國

一、起源及歷史

在南美洲，印加文化發展最高。他們的疆域寬五百公里，長三千公里，包括今天的厄瓜多、秘魯、玻利維亞、智利的一部分及阿根廷西北部。印加人是安地斯高原克丘亞族的一支，說克丘亞語。他們的王稱為印加。西班牙征服者最初與這一支部族的人接觸時，錯誤的以他們王的稱號來稱呼這個部族，於是印加這個名字就被沿用下來。

克丘亞族、阿伊馬拉族和莫奇卡族等三個部族，很早就散居在安地斯高原。他們先後在這個地區建立了各種不同程度的文明。他們不但與馬雅人和阿茲特克人一樣，以玉米作為基本糧食，而且還種植馬鈴薯。在畜牧方面，他們最大的成就是馴服的駱馬。駱馬在印加人日常食、衣、住、行生活中，扮演了重要的角色。

關於這個地區的具體歷史演變，因為目前研究有限，所以並

不十分明確。大致上，從西元前 1000 年在北部高原地區出現了查文文化，而南部沿海地區出現了帕拉卡斯文化。西元前 300 年至500 年，在北部沿海地區出現了莫奇卡文化。西元 600 年至 1000年，在的的喀喀湖附近的高原地區則出現了蒂瓦納科文化。西元800 年時蒂瓦納科文化開始沒落，因此遷往瓦里。西元 1000 年時，瓦里也逐漸衰亡，分裂成庫斯科、阿伊馬拉及印加等小王國。在十一世紀至十五世紀，北部沿海地區的莫奇卡又強盛起來，出現

圖 9：印加帝國地圖

了奇穆文化，不過在十五世紀中葉就被印加所征服。

　　由瓦里所分裂出來的印加不斷擴張，在西元 1435 年至 1525 年間已征服大部分安地斯高原中部、附近谷地及鄰近高原部分，並建立了印加帝國，稱作「塔方蒂蘇尤」。印加文明就是在這一系列的文化基礎上建立起來的。

　　印加帝國的歷史並不長。相傳印加帝國的執政者有十三個國王，其中除第一代的曼科‧卡帕克是神話傳說中的人物，大約在西元 1200 年左右開國，其餘十二位都是確有其人的執政者。帕查庫提‧印加 (Pachacuti Inca)❷ 起較為重要，印加帝國的根基在他即位前不久才開始鞏固，所以事實上，印加帝國不僅是個新興國家，也是戰國亂世中突起擴張勢力的國家。

　　帕查庫提‧印加即位後，對內實行政治改革，使印加帝國勢力迅速膨脹，對外恩威並施，使附近部落歸順自己，疆域不斷擴大。1471 年，帕查庫提的兒子圖帕克‧印加 (Tupac Inca) 即位。這位年輕有為、雄心勃勃的國王到處征戰，占領土地愈來愈多。

---

❷ 印加帝國第九代國王，1438 年登上王位。在克丘亞語中，「帕查」意為土地或時間，「庫提」意為轉變，所以其名字本身就有「改變世界的人」的含意。他不僅在政治和宗教方面進行許多重大改革，並對外實行軍事征服，大大擴展印加帝國疆域。他又透過樹立新的神來限制印加貴族和大祭司的權力，以鞏固自己的統治地位。帕查庫提還改變了曆法和調查人口的制度，把太陽神殿變成全印加的神殿。他還親自設計了庫斯科城的規模。1438 年，帕查庫提率領印加人擊退昌卡 (Chanca) 的入侵，掃除印加帝國對外擴張的障礙。

到圖帕克的兒子瓦伊納・卡帕克 (Huayna Cápac) 執政，約西元
1525 年時，印加帝國發展到全盛時期，疆域已超過今天秘魯共和
國的面積，到達哥倫比亞和厄瓜多邊境，同時也與智利中部谷地
及阿根廷北部接壤。東西寬五百公里，南北長三千公里，面積八
十多萬平方公里，人口約六百萬，成為當時美洲最大的帝國，被
稱作「新世界的羅馬人」。

1527 年瓦伊納・卡帕克因天花去世，他的兩個兒子華斯卡
(Huáscar) 和阿塔瓦爾帕 (Atahualpa) 為爭奪王位而發生長達三年
的激烈內戰，最後由弟弟阿塔瓦爾帕獲勝，但已嚴重剝削印加帝
國的力量，造成西班牙征服者皮薩羅入侵秘魯的良機，1532 年印
加帝國終於被皮薩羅所滅亡。

二、政治與社會制度

印加人擅於組織，他們可說是一個標準的中央集權制。他們
的政府從中央到地方有一套完整的體制，並把整個印加帝國稱為
「塔方蒂蘇尤」。印加人把庫斯科看做是「宇宙的中心」，並以它
為中心把全國分成四大區，每個區叫做一個蘇尤 (Suyu)，蘇尤底
下分若干省。印加是帝國的國王，擁有至高無限的權力，同時被
稱為「太陽之子」，其職位是世襲的。

印加社會以亞由 (Ayllu) 為基礎。亞由的成員都屬於同一血統
的親屬，受同一氏族的保護，它是一個行政暨經濟共同體。亞由
的土地為部落共有制，按部族人數，每年分配耕地。分到的耕地
劃為三份，分別供部族、國家與宗教之用。供國家之用的收成，

儲藏在國家的倉庫，以供貴族、軍隊或服公共事業的勞役者使用。
孤兒、無依的老人都由國家供給食糧，可見印加帝國可說是社會
福祉國或社會主義的帝國。此外，地方上無法生產的生活必需品，
也由國家免費提供。

　　如前所述，印加人民的最低生活水準雖然受到保障，但人民
不能隨便更換職業或任意移居，可是卻有被徵召到遠方修道路、
建設神殿或採礦等義務。這種制度稱為「米塔」(Mita)❸，在西
班牙殖民時代這種舊制度被濫用，所以有許多印第安人被強徵充
當採礦的苦役。

　　當印加人征服一個地區後，會保留三分之一土地給被征服者，
三分之一給印加人，其餘三分之一留給印加王。被征服者的神也
會被吸收，但地位較低。為了防止被征服者反抗，印加人建立了
良好的交通網便於管理和控制。印加人對被征服者採同化政策，
但也讓被征服者保存地方傳統。印加人規定被征服者學習克丘亞
語，這種語言上的一致，有助於印加帝國的統一鞏固。

---

❸　根據米塔制，秘魯印第安人每年要向殖民當局提供成年男性居民總數
　　的 14%，從事強制性勞役。主要是採礦，也有一些修築道路或在種植
　　園工作。依規定，印第安人雖可領取微薄工資，但實際上被西班牙官
　　吏從中貪污了。這種勞動非常繁重，工作條件與環境也非常惡劣。勞
　　動時間高達十八至二十二小時，死亡是他們唯一的休息方式。因此死
　　亡率高達五分之四，這種制度造成美洲印第安人，特別是秘魯印第安
　　人銳減。雖然西班牙國王曾為此頒布一些禁止虐待印第安人的法令，
　　但似乎沒有達到效果。

　　印加帝國是由皇帝、高級官吏、神職人員等貴族階級與平民所構成的階級社會。平民大多為農民，此外還有專門的工匠，最低下的是奴工階級。印加王被視為太陽的子孫，有絕對的權力，後宮中有很多妃子，所生的子女都成為貴族。印加王是世襲，生前指定王位繼承人，但不一定是長子。印加的皇帝每天必更換新衣，前一天的衣裳必定燒毀，食器也常常使用新的，可見他們與常人過著不同的生活。印加也和埃及一樣都立姊妹為后。

　　印加王底下是屬於統治階級的世俗貴族和祭司。貴族不從事生產活動，但享有種種特權。此外，祭司也組成了另一特權階級，他們在各地的太陽神廟裡，執掌祭祀、占卜、祈禱、治病和傳授知識等大權。

圖 10：太陽祭上穿仿古印加服飾的太陽貞女

　　印加人會從社會最基礎的亞由中選擇一些年輕有為的人當貴族階級的僕人或神殿的守護人，或任命為民工的監督人。美貌的女子從小就被帶到庫斯科，進入貴族宮中，或住宿在修道院，嚴守貞潔，稱為瑪瑪古娜 (Mamacuna)，即「太陽貞女」❹之意。她們在寺院內耕

❹　古印加統治者把十歲的女孩分為兩部分，絕大部分留在村舍裡，以待出嫁；少數美貌、靈巧的少女則被選進官府，也有一部分發誓保持童

作、織布，並以玉米釀成一種叫奇恰的酒奉獻給神殿。

三、軍事與交通建設

　　以庫斯科為中心，通往全國各重要區域的綿密便捷的交通網，是印加帝國軍事征戰、發展經濟及行政體系的基礎。印加的道路攀山越嶺，跨河渡谷，有兩條主要道路貫穿全國。一條是高原道路，從今天的哥倫比亞起，貫穿厄瓜多、秘魯、玻利維亞，進入阿根廷，最後抵達印加帝國的南端，全長五千多公里。另一條是沿海大道，北起厄瓜多，縱貫沙漠，向南貫通秘魯沿海地帶，進入智利中部，全長四千多公里。兩條大道間有若干支線連接。直到目前為止印加帝國有紀錄的道路總長二萬三千一百三十九公里，但若加上某些偏遠地區，事實上總長可能超過四萬公里。

　　由於西班牙人來到美洲前，當地並沒有帶輪子的交通工具，也沒有牛、馬，為加強上下聯繫，在公路兩旁設有無數的驛站(tambos)❺，每個驛站都包括供軍需使用的寬敞倉庫和供官吏，

貞，供奉太陽神至死，她們被稱為「太陽貞女」。太陽貞女必須終生幽居，像修道院的修女，她們參加宗教儀式，供奉太陽神，為祭司貴族和宗教慶典編織服裝、飾品，製作玉米酒和祭品，不得有男歡女愛，否則處以死刑。據說，印加皇帝每年都要以酷刑處死一些不貞之女，以謝神靈。太陽貞女還須看守祭司們採集的「聖火」，如果因疏忽而造成火種熄滅，那就闖下天大的禍。這不僅是個人的禍事，而且關係到帝國的命運，將會給帝國帶來巨大的災難。

❺　驛站是印加帝國儲存糧食、武器與衣物的建築物，軍隊或旅客可在此

圖11：印加帝國首都庫斯科城的中心廣場從古至今都是當地居民的生活中心

尤其是信差住宿的房子。驛站周圍有屯田，供其自給。

　　對於訊息的傳遞，印加人也較其他部落先進。除了得力於其良好的交通網，類似中國古代驛站的設立，使得信差能快速傳遞訊息。每個信差接到消息後，就一刻不停的往下站傳遞，為了不耽誤時間，在鄰近下一個驛站時就吹起海螺號角，讓下一站的人做好準備。據記載，從利馬到庫斯科六百七十公里的路程，只需三天時間就可跑完，即使在今天用汽車也要一天一夜。從庫斯科到基多也只需八天就可到達。

　　印加帝國派專人保養、維修，以保證道路隨時暢通，同時也在關口和險要地方設立古堡、要塞以保護道路。印加人修築的道路，不論是長度或工程水準，都可說是當時世界上最大也最傑出的古代工程之一。

獲得糧食或武器的補給。此外，驛站也是信差傳遞訊息的接力站，兩座驛站之間的距離一般是八公里，適合一名郵遞員的體力。至於皇家驛站則是每二十公里設一處，供皇帝出遊使用。

　　印加帝國的軍隊數目龐大且組織嚴密。整支大軍的最高指揮權由個別富有作戰經驗的王室成員掌握，印加王也多次親自統帥。統領和副統領由貴族擔任，並以子繼父業方式代代相傳，他們雖沒有全軍指揮權，但帝國賦予他們免除賦稅的特權。至於隊長級職官，由普通百姓擔任，一經選定終生不得剝奪，且又享在戰爭期間免除賦稅的特權。印加士兵並非專職軍人。根據「米塔」勞役制度，十八到五十歲的成年男子都必須輪流參軍，服役期滿後就解甲歸田。兵源從強悍好戰的部族中徵兵的人數比例高於其他地區。為了確保士兵的戰鬥力，即便在和平時期，各地也都勤於軍事訓練，每月二至三次。

　　印加軍隊除了組織嚴謹，軍紀嚴明以保障兵士在戰場上命令、行動劃一外，也預設了一個機制來激勵整個軍隊的活力。一名出色的軍人，可以憑藉自己的能力平步青雲，從基層的軍事起步，晉升為參與全軍指揮的印加貴族。另外，印加軍紀嚴明，規定拋棄戰友、欺騙上級、背叛印加王者，必以死刑嚴懲不貸。他們也規定軍隊不得闖入印第安人的稻田或家裡，違背者，儘管沒造成多大傷害，也會處以死刑。

　　印加帝國向來以替天行道、推行太陽神信仰、教化蠻荒之名對外擴張，嚴苛的軍紀有粉飾的作用，讓它的征服行動變得理所當然。印加人習慣以長期包圍，斷絕對方糧食、飲水的方法，消磨對方的鬥志，以達到不戰而屈人之兵的效果，也就是以自己全軍遵守法紀、絕對服從的長處，戰勝對手的個人英雄主義。此外，印加軍隊向來以溫和平靜聞名，不隨便侵犯對手的生命、財產。

印加人認為這是符合自身經濟利益的作法,因為燒殺掠奪會讓日後接管造成不便,也白白造成損失。所以印加人都對戰敗者視為同胞般的尊重,並逐漸加以同化,使得印加版圖不斷擴張。印加帝國能經常戰勝對手,還有另一個重要原因。當時,在它比鄰的部落中,還沒有一個部族具備與它相當的軍備概念,那就是印加人在四通八達的道路旁廣設儲存糧食、衣物及武器的驛站。但印加人也絕對沒料想到,西班牙人入侵後,在窮乏困頓時,也正是利用了印加人驛站中的儲藏,恢復戰力而一舉消滅了印加帝國。

在百年征戰中,印加人之所以能克敵制勝,在於他們有強大的實力與高明的策略。首先,印加對外擴張的理由和目的始終如一,那就是推行太陽神信仰。出於信仰,戰士們必定具有高昂的鬥志,軍隊也一定具有頑強的戰鬥力。這或許也是歷史上一些宗教戰爭的共同特點。再者,印加軍隊堅持以禮服人,談判和解,以求和平解決,而且對被征服者秋毫無犯,希望以王者之風,勸化落後部族。

然而,印加軍隊之所以能堅持以禮服人,其實是有堅強的實力作後盾。首先,印加王憑藉著完善的交通體系,在很短時間內,從全國各地動員,集合一支龐大的軍隊。印加帝國在極盛時軍隊達二十萬人之眾,這個人數遠超過許多被征服部族人口的總和。其次,印加軍隊行動迅速,先發制人的閃電戰,常令對手倉皇應戰,連尋找盟友共同抵抗的時間都沒有。第三,印加軍隊擅長請君入甕的包圍戰術,也就是將敵人包圍後,進行持久戰、消耗戰。甚至在戰爭中,印加軍隊會憐憫對方婦幼,施以飯食,以致感動

對方全族歸順。

　　印加統治者對於被征服地區可能存在的戰爭隱憂，往往以強制性的措施防患於未然。如果被征服的是一個勇猛好戰的部族，這個部族中的一部分人或整個部族都會被迫遷徙到其他地區，甚至會派遣對印加王室恭順的部族來管理這些桀驁不馴的新的被征服者。

　　導致印加人不斷對外求戰，除了表象的想藉此推行太陽神的信仰，其實經濟才是導致戰爭的真正原因。而這又可歸因於印加帝國所採的王位繼承制度。每位新王繼位，他所得到的只是印加王的頭銜，並沒有繼承任何物質實利，因為老王過世後，他的一切將原封不動的保留下來。他的宮殿不留給繼任者繼續使用。面對這種情況，新的印加王為支付龐大的生活開支，只有尋找新的資源，也就是透過戰爭，占領新的、更廣的土地。這種繼承方式，使得軍事征服不斷發生，也造成帝國經濟的不斷惡化。隨著王族集團人數猛增，國家負擔的額外消費愈來愈大，需要新國王投入更大的物力和精力，遂使每一位印加王的一生不得不奔忙於征服戰爭，以將鄰近他族的領土變成自己的耕地。

　　總之，印加國王面臨的是一個愈來愈複雜的帝國。特殊的繼承制迫使當權者必須以開拓疆土的方式，尋求新的收入來源。但這又落入了一個無法克服的惡性循環，因為新的征戰勢必加重經濟壓力，而這筆開銷又不得不透過更多的征戰獲取才能補償。

四、科學與藝術

　　科學方面，印加人和其他古代美洲文明一樣，有許多貢獻。雖然和所有印第安人一樣不知道鐵的使用，但已能用各種方法加工金屬。

　　他們繼承前印加傳統，醫術非常進步，已能進行解剖和使用麻醉劑。印加人也懂得使用今天醫學界才用的奎寧、古柯鹼等藥用植物。

　　印加在技術表現最優異的可說是建築。合於規格標準的道路四通八達，山地的印加鋪石大道至今仍在使用。建築材料大致維持山區使用石頭，海岸地區則使用土磚的原則。至於印加人如何將重達百噸的巨石堆砌成雄偉的宮殿或神殿，至今依然令人嘖嘖稱奇。

　　農業用的農具非常缺乏，但印加人利用安地斯山山坡開發梯田，並建設大規模灌溉工程，當時所建的那些灌溉水渠，有的至今仍在使用。

　　在天文和數學方面，印加人雖比馬雅和阿茲特克人略遜一籌，但是其曆法已脫離馬雅人的抽象觀念，合成十二個月，另外也採用更實用的十進位法。

　　印加人信奉多神教，把日月星辰都視為神靈，更把天文學和宗教信仰巧妙地聯繫在一起。印加人對於年的概念有兩種：太陽年和太陰年，分別得自對太陽運行和月相變化的觀察。太陽年和印加農業作息的程序密切相關。舊的一年在每年 12 月的冬至日結

圖 12：庫斯科城外保存完好的印加梯田及印加古灌溉渠

束。冬至過後，雨季即將到來，耕種季節即將開始。據觀察，印加人得出的太陽年是三百六十五又四分之一天，這無疑是相當精確的。另外，月亮陰晴圓缺的變化曾引起很多民族的強烈興趣，印加人也不例外。根據對月相的觀察，他們制定月份，每次天上出現一彎新月，一個新的月份也同時開始。一年十二個月，每個月都有專門名詞。

在文字方面，印加人不知象形文字，只知道結繩記事，這顯然與其所創造的輝煌歷史不太相稱。這種結繩記事叫做「基普」(Quipu)。基普是印加人用羊駝毛或駱馬毛編結成的彩色繩子。一根橫粗的主繩上垂直地繫上許多根細繩，並在垂著的細繩上距主

繩不同的距離處打結。結頭的形狀和數量表示數目。距主繩最遠
的結是個位，然後是十位、百位、千位，數目愈大愈接近主繩。
印加人不知道零的概念，所以在基普上沒有表示。不同顏色的繩
表示不同的事物。據專家們研究，褐色表示馬鈴薯，白色代表銀，
黃色代表金，黑色代表時間，紅色代表士兵。印加人借助繩的顏
色、結的形狀、大小和位置，來記載各種重要事件和自然現象，
但主要是用來對人口、種子、年收成等事物進行統計。印加人以
這種辦法，透過驛站，迅速而詳盡地把關乎國計的訊息上達首都。

　　印加的藝術與前印加時期相比，顯然低落很多，但以實用為
主。陶器以尖底、細頸、兩個把手的壺及以駱馬的頭為把手的盤
子等為主。印加人喜歡大型的陶器作品。陶器色彩多，並且大多
密集地描繪幾何圖案化的昆蟲、小的動植物等，因排列整齊且規
格化，反而讓人有一種缺乏生命力與創造力的感覺。印加雖是一
個安定的社會福利國家，但也是不能發揮個人創意及滿足自由行
動的專制社會，這與印加藝術的停滯可能有很大的關係。

圖 13：印加人不
知象形文字，使
用基普結繩記
事。

　　印加人是金屬工藝的能工巧匠。他們使用含錫量不同的青銅
和金鑄造斧、鐮、刀、外科手術刀等。而精美的首飾、器皿及宗
教用品則是用金銀作成的。此外，印加人的紡織技術十分複雜、
細緻。他們已掌握了水平、垂直、後退三種手工織布機，且用棉
花或羊駝毛織布。他們織出的棉、毛織品圖案豐富，色彩華麗，
有各種各樣的動植物圖案和幾何圖形。印加人的印染術也很高明，
可以染出一百九十多種不同色彩的線。

　　印加人建築表現相當不錯，主要表現在建築的技巧和穩固，
不重視外觀的美麗，也就是缺乏裝飾。印加人不知道使用柱子、
拱門及拱頂，也不會使用水泥。不過，庫斯科及馬丘比丘 (Machu
Picchu) 卻都相當雄偉、壯觀及耐震，但外觀卻很樸實。

圖 14：雄偉、壯觀、耐震的印加遺蹟馬丘比丘

五、經濟與貿易

土地是印加經濟繁榮的基礎,個人是沒有私人土地的。田地一則屬於教士作為崇拜太陽神之用,另外則屬於印加人作為維持皇族和政府運作,或是屬於部族和村社來分配給各家庭。土地在個人間不能買賣,但在人數變動時,仍會作適時的調整。

印加社會對農業耕種規範了一定的秩序:村社的人民首先耕作皇族的土地,然後耕作村社中鰥寡、孤獨、癱瘓者的土地,最後才耕種村社所擁有的土地。士兵家眷的土地也與此相似,在村莊中被歸於寡婦之列,由眾人代為耕種。耕作時由村社長老率領,彼此相互幫助,很像 1950 或 1960 年代臺灣農村鄰里間相互幫工的型態❻。此外,土地上所生產的作物,全部歸入公共倉庫再重行分配。

隨著農業、畜牧業的發展,印加民間產生了「大地之母」的信仰。而印加的大地之母「帕查瑪瑪」(Pachamama),至今仍被很多印第安部落信奉。此外,在印加文化的影響下,印加帝國境內普遍信仰的太陽神也被視為是農業文明的共有神明形象。印加人認為太陽神透過祂的光芒,使得祂的妻子「帕查瑪瑪」孕育果實。被太陽照耀的大地變得肥沃、富饒,獲得豐收的能力。印加人耕

---

❻ 印加帝國把鄰里互助當成一項法律,稱為「兄弟互助法」,規定同村村民間友愛互助,互相幫忙完成耕種、收穫,或無法獨立完成的建築等活動。這種互相幫助、互相支持的模式,使得每個人都能夠愉快的完成繁重的工作。

種的全部過程，處處與宗教密不可分。

　　印加王在每年播種前，以太陽神之子的身分，舉行神聖的首耕儀式。他用一把金質木橛挖開土地，然後親手播下種子，代表民眾向太陽神父親祈求往後一年全國所有的農業活動都能得到護佑。此外，印加人馴養了駱馬、羊駝，但還不懂得使用耕畜，農耕活動完全靠人力完成。而且安地斯高原也非萬頃良田，在砂石地中，只有當地特產的木橛才能發揮最大功效。這種木橛很像傳說中印加第一代國王曼科‧卡帕克所持的金手杖，也因此印加人對這項工具特別依戀。

　　秘魯印第安人早在西元前 4000 多年就開始種植玉米、南瓜、菜豆等。西元前 3000 年學會種植棉花。到印加帝國時期，農業已獲得相當發展，栽培的農作物多達四十多種，包括馬鈴薯、玉米、南瓜等，其中有許多作物是當時別的地區所沒有的。印加人在安地斯山的河谷和山坡地，闢建梯田以防止水土流失。此外，印加人也修建了精巧複雜的灌溉系統，加上知道使用鳥糞作肥料，所以農業蓬勃發展，馬鈴薯和玉米的產量尤為豐富。

　　眾所皆知，印加以盛產黃金聞名。但是，奇怪的是，在這個黃金國度，竟然沒有物品交換的媒介——貨幣。印加社會中，既不存在發達的商業，也沒有商人和商店。之所以商業落後、貨幣缺乏，許多學者將之歸咎於印加實行「計畫經濟」。印加的手工業，等級高者全部集中在首都庫斯科，他們並非完全屈從於政治的調遣，而是在印加社會中，只有貴族才能擁有奢侈品和享受品。一般百姓由國家保障溫飽的生活，似乎也無需與基本生存無關的

奢侈用品。在這種情況下，工匠們生產的高級用品直接上繳國家，宮廷則發放食品，供養工匠，也因此便無需貨幣仲介。此外，印加社會對金銀的態度顯得與眾不同。印加人並不把金銀看作是財產或珍寶，人們對金銀的喜好，更多是出於對裝飾品的熱衷。所以印加人用大量的金銀來裝飾王宮、太陽神廟和貞女宮等。

　　儘管整個印加社會在「計畫經濟」作用下按需分配，運行良好，使得商業行為顯得多餘，但是在印加社會中，對平常百姓而言，物物交換也是獲得自己需要或喜愛東西的重要方式。山區居

圖15：飾有人形的印加金製祭刀

民將其特產，如毛皮、畜肉、金銀及各種用具、器皿等，定期地與沿海地區居民所出產的蔬果、棉花、鳥糞等進行物品交換，是印加社會中最為重要的「貿易」，類似今天的市集。為了順應交易的需求，在交換中就很自然的產生類似貨幣的媒介。因此，人們把鹽巴、辣椒、毛皮、礦石和金屬製品，當作交換的等值物。然而，印加的以物易物交換和貿易還是相當落後，因為沒有全國統一的度量衡。商業活動的真正興起，是在西班牙殖民統治時代的事。至於對外貿易，研究者推測，古印加人與商業發達的阿茲特克人之間可能存在海路貿易。但是，

印加與別國的貿易只是處於開始階段。

六、宗教、生活與風俗習慣

　　像所有印第安人一樣，印加人信仰多神教。他們認為神靈無所不在。在太陽神、月神、地神、雷神、雨神等諸神中，印加人特別崇拜太陽神印蒂，自稱是太陽的兒女。在庫斯科和全國各地都建造了巨大的太陽神廟，在廟中供奉著裝飾金色的太陽神像，庫斯科的太陽神廟是最大的祭拜中心。此外，印加族的祖先被認為起源於太陽，印加王更是太陽的子孫。

　　據說，太陽神把金犁和種子賜給了人們，為了感謝太陽神的恩賜，印加人除了修建朝拜的廟宇外，還經年累月的舉行太陽祭。秘魯的印第安人在每年 6 月 24 日於庫斯科城舉行盛大的太陽祭。因為印加帝國曆法精確，新年是從 6 月 21 日也就是南半球的冬至開始。後來人們就把 6 月 24 日作為祭祀太陽的日子，稱為太陽祭。在這一天，太陽的子孫們以莊嚴隆重的儀式來揮別舊歲，迎接新一年的來臨。為了使太陽神廟的聖火不滅，印加王特別派遣大量的祭司和太陽貞女加以護持，也因此一直保持祈禱、獻祭等名目繁多的宗教儀式。

　　印加人也把雷神看成重要的神。雷神能降雨，常被描繪成手持投石器和狼牙棒的武士。月亮神是太陽神之妻。星神則是保護羊駝及其他動物的神靈。另外，印加人也沿襲前印加時期崇拜圖騰的習俗，常用各種動植物名稱來命名自己的部落或氏族。印加人也崇拜玉米神、馬鈴薯神與氏族祖先。

　　在印加人的信仰中，死去的人永遠不會離開活人的世界，他
只不過是轉化成另一種狀態活著，所以印加人製作木乃伊，正是
為了保持和延續對死者的崇敬。穿著盛裝、佩帶首飾，旁邊放有
日常用品和食物的木乃伊，大都埋葬在用岩石鑿成的墳墓中。印
加人對統治者的木乃伊崇拜，表現得最為虔誠。印加每逢盛大節
慶時，他們就將這些木乃伊抬出來遊行。作戰時，他們也攜帶木
乃伊出征，他們相信這些木乃伊有超乎自然的神力，可以保佑他
們，讓他們逢凶化吉，取得戰爭的勝利。印第安人還認為，如果
祖先的遺骸——木乃伊，一旦被毀壞，活著的人就失去擁有土地
的權利，而在安地斯山嚴酷、惡劣的環境中，失去土地也意味著
死亡。此外，在古印加人信念中，如果祖先動怒的話，活人就註
定會生病、倒楣，甚至死亡。他們深信，死人控制著大自然的力
量，從而決定活人的生死。

　　無生命的人控制著活人的命運，木乃伊的權勢也就是活著的
人的權勢。古印加人把對木乃伊、祖先和太陽神的崇拜融合在一
起，也因此創造了人類文化史上這種獨一無二的奇特現象。

　　為了讓人口不斷成長，殺嬰及通姦在印加社會須受嚴厲的懲
罰；婚姻是一種義務，娼妓幾乎不存在。印加青年男女發生戀情
受到血統及地域的雙重限制。印加社會不同階級之間的通婚只對
男性優惠，也就是貴族男性可以娶普通百姓的女兒。女子高攀被
人羨慕，但如果下嫁，就自動降了階級，為人所不齒。另外，所
有印加人必須在自己所屬社區內選擇配偶，婚姻對象局限於家族、
親屬內部，不允許不同省分、村社間相互通婚。再者，婚姻還必

須符合年齡上的要求，即女方達十八到二十歲，男方年滿二十四歲，表示該擔負家庭責任的時候到了。最後，還要徵得父母同意。印加帝國規定，不經父母承認的婚姻無效。

　　印加人的婚禮，每隔一年或兩年，在一個特定的日子，在全國各地同時舉行，由印加王親自主持，有人戲稱這是世界上規模最大的集體結婚。印加人將妻子視作是印加王的恩賜，將婚姻看作是國王的恩寵和自己的榮耀，再次印證印加推行的家父長制已深植人心。總之，在印加社會中，婚禮似乎只能順著父母的意思，子女毫無個人自由的選擇。印加人有試婚的習俗，如果共同生活一段時間發現不合，男女雙方可各自回到父母家裡，如果已有小孩，則小孩跟媽媽。對印加人而言，婚姻是一種義務，因此若有人沒有女朋友，官方會幫他選派一位。在印加社會也有買妻的現象；通姦須處死刑。一夫多妻只盛行於印加王及其他高官之間。

　　印加婦女須自己接生，而且生產後不久即須做家事；生雙胞胎或畸形兒被視為不祥。而且，婦女墮胎是一件不幸的事，若想再孕必須先經巫師解咒。此外，紡紗及家事是婦女的主要工作，她們也必須陪著先生出征。所有的印加婦女都受法律保障，丈夫不能對她們施暴或辱罵。

　　印加嬰兒剛一出世，不管出生時天氣有多麼寒冷，都必須用一盆冷冰冰的水洗澡。往後，冷水澡是嬰兒每天早晨睡醒後的第一門「功課」。印加父母認為，給孩子洗冷水澡是為使孩子體格強壯，能抵禦嚴寒。而且印加父母更看中的是，冷水澡能培養下一代吃苦耐勞。

　　在印加社會餵食小孩一天不超過三次。印加人認為這是取法於自然，動物就是按一定的時辰給幼獸哺乳，而不是沒節制的整天餵食。他們還認為如果小孩一旦習慣叼著奶吃，就容易上吐下瀉，長大後更會變成好吃貪嘴的傢伙。所以除掉規定的三個時間，即使孩子哇哇大哭，母親也不會以餵奶的方式安撫他。此外，大部分的時間印加小孩都單獨在搖籃裡，甚至在餵奶時，印加婦女也從不會將小孩抱在懷裡。印加人認為這是讓孩子在吃奶的同時也練習為生存而主動進食，更能讓孩子早點學習自立，同時也讓父母有更多時間為生計打拼。嬰兒滿兩周歲，生活有大的變化。首先，從這天起，母親不再給孩子餵奶，沒有以飯食逐漸取代奶水的過渡措施，而是突然斷奶，改吃飯菜食品。其次，也在這一天為小孩子進行剃頭，印加人認為這是讓小孩「改頭換面」，從此具備文明人的形象。

　　在日常生活方面，印加貴族日食三餐，一般民眾只有早午餐。婦女通常背對著先生用餐，且在餐畢前不准喝東西。他們通常兩天沐浴一次，不過避免在上、下弦月的日子，因為他們認為在這些日子沐浴，易遭疾病附身。

　　印加的法律對貴族比一般大眾寬容。死刑是常見的處罰。另外，有時也會將罪犯與猛獸關在一起。孩子犯罪，父親同受處罰，但是父母犯罪，罪不及子女。不小心燒毀房子必須負責重建。偷窺須接受懲罰，但若因三餐不濟偷東西，官員須提供罪犯食物。

　　印加人視大耳朵為美麗、高貴，印加貴族的醒目標誌是他們幾乎人人有一副令人觸目驚心的大耳。這樣的大耳朵並不是得自

天然，完全是人工雕飾，意志努力的結果。印加貴族男子在成年
禮儀式上，用金子做的針在耳朵上穿一個很大的孔，佩帶巨大的
金耳環，久而久之便成為大耳朵。此外，印加人認為剪髮是文明
人的標誌，只有野蠻人才鬚髮蓬亂。

　　總之，在西班牙殖民者到達美洲之前，印第安人已建立起自
己獨特的文化。這個文化與舊大陸各古代文化有些不同。首先，
舊大陸的古代文化都發源於大河流域，但是美洲新大陸文化的發
源地卻是在盆地，如阿茲特克文化發源於墨西哥盆地，南美的印
加文化起源於庫斯科盆地。其次，舊大陸居民的主食是麥類和水
稻，而印第安人主要依靠玉米，所以又稱「玉米文化」。再者，印
第安人雖然不知道使用馬、鐵、犁和車輛，但今天人類生活的許
多物品，如馬鈴薯、玉米、番茄、菸草、可可、火雞、羊駝和家
畜、家禽等，都是由印第安人首先培植、提供而後傳到歐洲及世
界各地，豐富了人類的物質和經濟生活，為人類文化帶來很大的
貢獻。

征服、殖民與獨立

太陽帝國的衰亡與西班牙的殖民統治

　　遠在五世紀和八世紀，印第安人的克丘亞族和阿伊馬拉族等，就在今天的秘魯境內，建立了相當高度的印第安文化。他們培植了玉米、馬鈴薯、南瓜等農作物，也馴養了駱馬和羊駝，這些不但有助於他們建立強大的帝國，也對整個人類的物質文明有很大的貢獻。

　　1438 年，印加帝國征服了秘魯，並將其建為印加帝國的中心。十六世紀上半葉，西班牙征服者皮薩羅開始入侵秘魯。1531 年至 1535 年，皮薩羅統治大部分秘魯，成為西班牙在美洲最富庶的一個殖民地。

　　秘魯曾是西班牙在南美洲最重要的殖民統治基地。首府利馬建立於 1535 年，是富有西班牙特色及繁華的殖民地城市。十八世紀以前，從利馬所發出的命令，可以指揮除巴西以外的整個南美洲。在經濟方面，秘魯是西班牙殖民者早期開採金、銀的中心，很受西班牙王室的重視。不過，當西班牙於 1718 年與 1776 年在南美洲分別成立了新格拉納達 (Nueva Granada) 與拉不拉他 (Río de la Plata) ❶兩個新總督區後，秘魯總督的管轄範圍大為縮小；再者，因西班牙對殖民地商業法的改變，使歐洲運往美洲的貨物，不再由利馬轉運；另外，這時秘魯的金、銀又相對減產，因此秘魯的重要性就逐漸減低了。

　　十九世紀初，拉丁美洲的獨立運動蓬勃發展。秘魯人民於1814年至1815年間，掀起了反西班牙統治的獨立運動。1821年，聖馬丁將軍帶領的革命軍隊，解放利馬，並宣布秘魯獨立。但遲至1853年，西班牙才被迫承認秘魯為獨立國。

第一節　皮薩羅征服秘魯與太陽帝國的滅亡

　　印加帝國滅亡前的南美大陸，西班牙的勢力早已隨哥倫布的地理發現而迅速滲入。因此，繼征服墨西哥之後，西班牙殖民者掠奪西半球的另一大步驟，就是1531年至1533年，對南美洲大陸印加帝國的征服。輝煌的印加文明在達到帝國的鼎盛時期後不

---

❶　西班牙在征服美洲印第安人後，首先於1535年成立新西班牙總督區 (Virreinato de Nueva España)，管轄現今的墨西哥、中美洲及加勒比海地區；之後於1542年設立秘魯總督區 (Virreinato del Perú)，在將近兩個世紀內，整個巴拿馬地峽及西班牙在南美洲的全部殖民地，除委內瑞拉隸屬新西班牙總督區外，都歸其管轄。後來因南美洲殖民地事務日益繁複，西班牙王室於1718年在波哥大 (Bogotá) 成立新格拉納達總督區，管轄哥倫比亞、委內瑞拉及厄瓜多。1776年又設置了拉不拉他總督區，管轄玻利維亞、烏拉圭、巴拉圭和阿根廷等地。

到一個世紀，就面臨了急轉直下的沒落窘境，最後覆滅在西班牙
征服者的手裡。

　　1513 年，西班牙人巴爾沃亞 (Nuñez de Balboa)，穿越巴拿馬
地峽，發現了被他稱為「大南海」的太平洋。1519 年，西班牙人
攻占了美洲三大文明之一的阿茲特克文明的首府特諾奇提特蘭城
(Tenochtitlán)，建立了墨西哥。阿茲特克的滅亡，似乎也預示了
印加的前景。同年，西班牙在太平洋岸邊建立了巴拿馬城，並同
時完成了一條貫通巴拿馬地峽的道路。西班牙征服者就以此城為
基地，開始對南美大陸大張旗鼓的擴張。皮薩羅就是在這場冒險
中出人頭地。

一、皮薩羅征服秘魯

　　由於接受了科爾特斯 (Hernán Cortés) 的經驗傳授和忠告，皮
薩羅征服印加帝國的過程，幾乎是科爾特斯征服墨西哥的翻版。
皮薩羅曾隨巴爾沃亞穿越巴拿馬地峽，成為第一批親眼見到「大
南海」的一員，並在這次經驗中，從印第安人口中聽說了印加帝
國富饒的情形。1522 年，西班牙殖民者安達戈亞 (Pascual de
Andagoya) 航行到今天秘魯的聖米格爾灣 (Golfo de San Miguel)，
登陸後雖因健康關係，未能進一步考察，但帶回印加帝國的確切
消息。此外，科爾特斯完成征服墨西哥的壯舉，激發了皮薩羅的
雄心壯志，年近半百的他對征服隱匿在安地斯山中的黃金之國嚮
往不已。此後，他便與身世相近的阿爾馬格羅 (Diego de Almagro)
及巴拿馬副主教盧克 (Hernández de Luque)，三人共同籌劃南進大

計。皮薩羅和阿爾馬格羅領軍前行，盧克則提供所需經費。

　　1524 年，在巴拿馬督軍佩德拉里亞斯 (Pedrarías) 的特許下，皮薩羅一行一百多人從巴拿馬出發對秘魯進行第一次的探險活動，由於遠征選取的季節不利航行，加上遇到暴風雨及好戰部族，使得皮薩羅不得不從哥倫比亞的聖胡安河 (Río San Juan)，率著殘兵敗將倉皇逃回巴拿馬。兩年後，他們又糾集了一百六十名西班牙士兵出發，到達印加帝國邊緣地帶的基多等地，但遭到印第安人的頑強抵抗，皮薩羅留下駐守，阿爾馬格羅返回求援。新任巴拿馬督軍羅斯里奧斯 (Pedro de Los Ríos) 不信任他們兩個， 遂命令皮薩羅放棄繼續冒險的計畫，撤兵回巴拿馬。皮薩羅抗命不從，用劍在沙灘上劃了一條線，要士兵們作出抉擇，最後只有十三人跨越這條線，繼續追隨他。他們後來被稱為「十三勇士」，這次的遠征也因此而著名。

　　1527 年， 遠征軍繼續南行， 從印加帝國邊境城市通貝斯 (Túmbez) 登陸，他們獲得了許多紡織品和金銀飾物，還教一位印第安青年西班牙語，成為皮薩羅的通譯，這在後來西班牙人征服印加帝國的過程中，發揮了很大的作用。由於此行的收穫讓皮薩羅信心大增，因此在 1529 年初決定回西班牙，直接向國王卡洛斯求援。

　　1529 年夏天，西班牙國王與皮薩羅簽訂協議，允許他組織一支較大的遠征隊，並給他一紙委任狀。皮薩羅身兼秘魯省的行政長官、總司令等多種官職，幾乎可代表國王行使一切權力。阿爾馬格羅與盧克分別被任命為通貝斯要塞指揮官及主教職務。雖然

有這些有利的條件，但招募兵士還是遇到了困難。因為當時西班
牙人民樂於前往已征服的墨西哥，而不是前途未卜的秘魯。1531
年，皮薩羅和他四個異母兄弟返回巴拿馬，勉強糾集一百八十人
的遠征隊往通貝斯出發。

　　到達通貝斯後，皮薩羅得知印加帝國剛結束了一場王位爭奪
的內鬨，最後雖由阿塔瓦爾帕奪取王位，但也嚴重削弱印加帝國
的勢力。皮薩羅意識到對自己有利的時機已經到來，在 1532 年秋
天，他率領一百零二名步兵和六十二名騎兵，翻越險峻的安地斯
山，進入印加北部重鎮卡哈馬卡 (Caxamarca)，當時阿塔瓦爾帕和
一支四萬人的印加軍隊正駐紮此地。一方面，因沉醉在王位爭奪

勝利所帶來的喜悅，同時，阿
塔瓦爾帕自恃軍隊強大，因此
對皮薩羅一行人的到來，不但
沒有進行任何軍事戒備，也沒
有採取任何敵對行動。皮薩羅
派人提出會見請求，阿塔瓦爾
帕欣然同意，完全沒有警覺到
這可能是一場鴻門宴。

　　皮薩羅事先已構想好，打
算模仿科爾特斯征服墨西哥
阿茲特克的方式：俘虜君王，
挾制印加帝國。阿塔瓦爾帕出
於誠意，帶著五千名解除武裝

圖 16：歸順天主教的印加王──阿
塔瓦爾帕

的士兵來到卡哈馬卡廣場，他毫不知情進入皮薩羅設下的埋伏圈套。雙方見面後，神父巴爾維德 (Fray Vicente de Valverde) 向他說教，勸他皈依天主教，效忠西班牙國王。阿塔瓦爾帕聽後平靜地表示：「我只尊敬太陽神和我的祖先。」當見招降失敗，皮薩羅一聲令下，埋伏的西班牙軍隊蜂湧而出，凶殘殺戮手無寸鐵的印加人。由於印加士兵人數眾多，皮薩羅見一時無法取勝，便生擒活捉印加王，因為在印加帝國中，印加王不僅是人間帝王，還是太陽神的兒子，人們不僅尊敬他，還崇拜他。一旦落入敵人之手，不僅挫敗了印加人的意志，而且因宗教作用，引發了巨大恐慌。因此，當看見印加王被擒，印加軍隊亂了方寸，很多人放棄抵抗，湧向廣場出口，混亂中造成慘重傷亡。駐紮在卡哈馬卡近郊的印加軍隊也因群龍無首，迅速瓦解。

皮薩羅生擒印加王後，他向印加王承諾，只要他將六公尺長，五公尺寬，三公尺高的囚禁室裝滿金銀珠寶，就可以釋放他。但勒索的願望滿足後，皮薩羅背信棄義，藉口阿塔瓦爾帕謀殺兄弟、迷信、密謀反對西班牙人等莫須有罪名，把他絞死。出於印加人的信仰，只有保全屍體才能靈魂不死，為免火刑，阿塔瓦爾帕臨刑前，皈依了天主教。

處置了印加王之後，皮薩羅的軍隊於 1533 年 11 月，占領了印加首都庫斯科。此後，西班牙人的勢力繼續擴張，相繼征服了厄瓜多、智利、哥倫比亞等地。到十六世紀中葉，除了巴西以外，整個中南美洲的大多數土地都成為西班牙的領地。這就是西班牙人征服、消滅印加帝國的情形。

圖 17：皮薩羅 (1475–1541) 是征服印加帝國的主要人物。他是一個出生卑微的私生子，為人所輕賤的養豬倌，目不識丁的文盲，原本可能默默無聞的度過平庸的一生，卻出人意料的中年發跡，並以摧毀古老文明——印加帝國，而名垂史冊。1509 年，他隨奧赫達 (Alonso de Ojeda) 的遠征隊，前往巴拿馬地峽，除外衣和刀外，身邊一無所有。1513 年，他隨巴爾沃亞參加橫越巴拿馬地峽的探險。由於多次建立戰功，他在巴拿馬地峽獲得一個種植園。不過，一向貪婪成性、富有冒險精神的皮薩羅，並不因此而滿足。

1524 年，在巴拿馬督軍佩德拉里亞斯的特許下，皮薩羅、阿爾馬格羅和神父盧克，形成所謂的「三劍客」，合夥帶領一百二十二個西班牙人和印第安人，展開對祕魯的第一次探險行動。因遇到大風暴，只到達哥倫比亞太平洋沿岸。1526 年，他們又重組了一百六十人的探險隊進行第二次遠征，在厄瓜多登陸，遭到印第安人的頑強抵抗。於是阿爾馬格羅返回巴拿馬求援，但巴拿馬督軍已換人，扣留了阿爾馬格羅，並派人召回皮薩羅。皮薩羅下定決心與督軍決裂，但最後同行中只有十三人決定追隨他，這就是所謂的「十三勇士」。

1529 年，皮薩羅返回西班牙求取更大的奧援，終於獲得國王卡洛斯一世 (Carlos I) 的指令，組成一個較大的遠征隊。但由於當時的西班牙人都夢想去已征服的墨西哥，而不願到一個渾沌未明的祕魯去冒險，所以招募工作進行得很不順利。

1531 年，包括一百八十人、二十七匹馬的遠征隊，由巴拿馬向祕魯出

發。因正值印加帝國內亂，皮薩羅認為機不可失，派出軍隊，於 1533
年占領印加首都庫斯科城，1535 年，秘魯全境差不多都被征服。

貪婪的皮薩羅及其追隨者，在瓜分由印加人民處所劫來的大量金銀時，
因分贓不均而引起激烈的內鬨。這場侵略者間的野蠻衝突，持續數年，
結果包括阿爾馬格羅、皮薩羅的四個兄弟與皮薩羅本人在內的大部分
首領，都被殺死或囚禁，下場悽慘。西班牙王室和教會，也在這明爭
暗鬥的過程中，在秘魯建立起殖民統治。

二、印加帝國滅亡的原因與徵兆

　　一個擁有數十萬軍隊的龐大帝國竟然在一夕間屈服於一支不
足二百人的西班牙軍隊！當然，這其中有許多因素。首先，西班
牙人對黃金的著迷、貪婪，是皮薩羅及其隨行者在遭受多次挫折
後，仍始終保持旺盛鬥志的最大支柱。另外，西班牙征服者從歐
洲帶來的天花和瘟疫，也出人意料地助了征服者一臂之力。毫無
抗體的印第安人難以抵抗這種來自舊大陸的病毒，成批倒地死亡，
有助於西班牙征服者以小搏大，且造成在近百年征戰不斷勝利的
印加帝國，無法改寫的一頁痛史。

　　印加和阿茲特克帝國一樣，不可思議地潰敗於人數很少的歐
洲入侵者。有人把歐洲人的勝利歸功於西方文明在武器和技術方
面的先進，但因長途跋涉攜帶不易，西方人的武器優勢其實不是
十分明顯。因此，在一定的程度上可以說，印加人並不是戰敗於
對手，而是自己的土崩瓦解。但究竟是什麼因素產生了難以估算
的作用，使印加人在面對西班牙人時潰不成軍呢？

　　首先，印第安的宗教神祕主義發揮了重要的作用。印加和阿茲特克，以至整個美洲，在西班牙人到來的時候，不約而同流傳著相似的神話傳說，認為印第安人世界即將滅亡，會被神奇的外來民族吞併。而且印加人也流傳著一個傳說，偉大的君王維拉科察離開時曾預言，印加帝國在繁榮一段時間後，會有一批前所未見的人來到印加國土，他們會廢止太陽神信仰，並奪取印加帝國。因此，當長得像維拉科察預言的鬍鬚滿面、身著長袍垂及腳面的西班牙征服者到來時，印加人很宿命的認為帝國末日到了，而沒有對西班牙人做太多的抵抗。另外，帝國最後幾年，發生了多次地震及雷擊神殿等一系列異乎尋常的奇異事件，動搖了人們對這種習以為常的自然現象的承受力，而深信印加帝國即將遭受毀滅的悲慘命運。

　　其次，印加帝國的滅亡，在很大的程度上是源自於內部的動亂。當西班牙征服者皮薩羅得知印加發生王位爭奪時，他即敏銳地察覺，一個不可多得的機會來了。正如古老的寓言所說：「鷸蚌相爭，漁翁得利」。而印加王位之爭，相當程度是肇始於印加「分化繼承制」的繼位制度。印加王一旦去世，他的物質用品從不留給新任國王，新印加王得到的只是王位，他必須靠征服外族，增加土地和稅收養活自己。分化繼承制的弊端不僅無法避免，而且愈來愈惡化。不勞而食的貴族人數愈來愈多，帝國消費愈來愈大。因此，新的印加王只能投入更大的物力和精力，發動新的征服戰爭。但事實上，印加帝國受地形限制已經無法繼續擴展。土地爭端及逐漸激化的經濟矛盾，導致了「兄弟鬩牆」，武力解決的最終

爆發，也讓皮薩羅有機可趁。此外，印加帝國是靠不斷地征服才
得以建立，某些崇尚自由、不服統治的部族認為西班牙人的到來，
是擺脫印加統治的一個天賜良機。這些部族的倒戈使得皮薩羅所
擁有的協從力量足以和與其對抗的部分印加軍隊，進行勢均力敵
的較量。印加帝國在這種內部力量的撕扯下，終於徹底瓦解。

最後，印加帝國子民順從、恭敬的性格，使他們向來習慣於
服從與聽命。而且，出於信仰，他們對「太陽之子」印加王無比
的尊敬和崇拜。這些因素雖有利於讓他們迅速地統一在印加王麾
下，奮不顧身地猛烈攻擊入侵者。然而，也正是這些因素，使西
班牙人有機可趁。因為印加人只是忠實地追隨著印加王，無論國
家形勢發生了什麼變化，他們依然墨守成規，不懂得越過印加王，
追求民族解放、國家獨立等更根本的目的。

總之，維持了百年的印加帝國，最後到了內外交困的境地，
腹背受敵，四面楚歌。太陽帝國的滅亡在這種情勢下成為必然。
畢竟，它已走到日薄西山的時刻。

第二節　三百年的殖民血淚史

自從皮薩羅處死印加王阿塔瓦爾帕，並於 1533 年 11 月占領
了印加人的古都庫斯科，以及隨後西班牙國王於 1542 年在秘魯設
立美洲第二個總督區——秘魯總督區，到 1826 年秘魯全境獲得解
放，成立獨立的共和國，近三百年間，是西班牙殖民統治期。

西班牙在秘魯的殖民統治，主要目的是儘可能地搜括廣大印

加帝國的財富送回西班牙。他們在秘魯建立農奴制，實行專門勞役的米塔制，對印第安人進行漫無限制的榨取，以致印第安人死亡很多。從征服一開始，殖民者即採取非常野蠻的燒殺掠奪的方式，攫取他們認為一切有價值的東西。但是，這種直接掠奪的方式，並不能滿足西班牙征服者與統治者的貪慾。因此，為了進一步搜括秘魯及其他拉丁美洲人民和資源，西班牙殖民者建立了一套完整的政治、經濟、軍事、文化和宗教的統治機構，實行長達三百年的殖民統治。

一、印加人的抗爭與消滅

西班牙在秘魯殖民初期，為了建立和維持對印加人民的統治，並緩和印加人民的敵對情緒， 皮薩羅尋找年輕的曼卡‧卡帕克(Mamca Cápac) 繼承王位。1535 年，曼卡脫離西班牙的掌控，起義並包圍庫斯科達半年之久。後來因為西班牙殖民者的收買及軍隊補給上的困難，曼卡無法攻下庫斯科而撤退到山中。幾年後，曼卡也被西班牙人殺害。 曼卡死後， 他的後裔圖帕克‧阿馬魯(Tupac Amaru) 繼任起義領袖，他在山區建立了獨立的新印加國，力圖驅逐西班牙侵略者，以恢復印加政權，一直到 1572 年才被西班牙殖民者所征服、殺害。以後安地斯山高原地區印第安人起義領袖為了紀念這次起義，常用印加的官銜和圖帕克‧阿馬魯的名字，作為爭取解放獨立的象徵。圖帕克‧阿馬魯死後，印加人民有組織的抵抗便告一段落。此後，在十七、十八世紀，印第安人還爆發了一些起義，特別是 1780 年至 1781 年由圖帕克‧阿馬魯

圖 18 ：歷史上最後一位抵抗西班牙
的印加王——圖帕克・阿馬魯，於
1572 年被西班牙人擒獲並慘遭殺害。

二世所領導的起義，曾發展到六萬人，解放了好幾個省的印第安
人，廢除了勞役制，並著手包圍利馬。雖然，所有的起義都宣告
失敗，但卻大大動搖西班牙殖民統治的基礎。

　　西班牙征服、消滅印加帝國，產生重要且深遠的影響。首先，
最明顯的是稱作「塔方蒂蘇尤」印加帝國的消失。一開始，為取
得征服的正當性，西班牙征服者直指印加最後的國王阿塔瓦爾帕
是非法的，推翻阿塔瓦爾帕就是替天行道、消滅獨裁者。大約在
1570 年時 ，所有安地斯的印第安權力機構都被西班牙人視為非
法。但是為了管理印第安人，西班牙殖民者仍沿襲原印加帝國的
地方行政制——酋長制，任用新的酋長 (cacique) 治理地方事務，
並讓他們有與西班牙人通婚和免除勞役貢賦等權利。雖然西班牙
的征服行動並沒有瓦解印加族的種族結構，但是西班牙的殖民體

制卻對印加族的整體性有相當的影響，亦即改變了對印加人口的管理及對資源的取得。儘管如此，在西班牙近三百年的統治殖民中，印加人仍頑強的抗爭，希望在融入西班牙殖民組織的同時能維持他們原有的社會結構。

其次，西班牙的征服造成從十六世紀初期起，秘魯印第安人口銳減的嚴重危機。據估計，1530 年時在今天的秘魯有約九百萬的印第安人，但到了 1620 年，不到一百年的時間，人口劇減為六十萬人。西班牙的征服戰爭雖造成印第安人的死亡，但最主要的原因還是西班牙征服者從 1520 年代起，由巴拿馬帶來的天花及痲疹等傳染病。在十六世紀，秘魯總督區就流行十八種傳染疾病。這種因傳染病導致的人口銳減一直到十七世紀中葉才較為舒緩，且在十八世紀初才有較明顯的人口成長現象。

印加王死後，西班牙人於 1535 年建立了利馬城，且成為 1542 年成立的秘魯總督區的首府。西班牙人也依照委託監護制 (Encomienda)❷，將印第安人分配給委託監護人 (Encomendero)，

---

❷　委託監護制是西班牙殖民者最早強加在印第安人身上的剝削制度。這種制度是西班牙國王將某地區一定數量的印第安人委託給地主監護。監護人有保護印第安人並使其皈依天主教的義務，同時有向印第安人徵稅及徵調耕種田地的權力。印第安人名義上為自由人，並獲分配一塊貧瘠的土地。印第安公社內部事務，由印第安酋長掌管。但是印第安人不能離開自己的居留地，必須在委託監護地內永久居住。委託監護制在 1720 年被取消後，原有委託監護地內的印第安人並沒有得到土地。相反地，原有的委託監護人變成了大莊園主或大地主。印第安人

每個委託監護地擁有一定數量的人口，並成為殖民初期城市權力的基礎，且是負責教化印第安人皈依天主教的中心。此後，因為神父拉斯卡薩斯 (Bartolomé de Las Casas) 的控訴，西班牙王室於1542 年頒布「新法」(Leyes Nuevas) 限制委託監護人的權力，此舉引發這些人士的不滿與強力反彈，並在皮薩羅兄弟的帶領下於1545 年進行叛變，活動持續到 1548 年才被秘魯檢審庭 (Audiencia) 主席拉加斯卡 (Pedro de La Gasca) 所平定。叛亂失利後，委託監護人權力大為削弱，轉型為皇室支薪的官職，在整個殖民地權力結構中退居第二位。1569 年，西班牙王室任命托烈多 (Francisco de Toledo)❸為新總督，在他四處訪查後，確立了西班牙在秘魯總督區殖民的行政組織的基石，也確定總督代表國王徵

為了使用小塊土地，必須向大地主付出勞力或實物作為代價。有些人甚至不得不到大農場做短工，成為雇農。殖民者也常利用預付工資或在其商店賒購貨物的辦法，使印第安人永遠無法還清貸款，世世代代成為他們的債務奴隸。

❸ 1569 年到任的秘魯新總督托烈多，1514 年出生於西班牙的托雷省。他生性嚴謹、小心，且具有強烈的責任感，並為秘魯總督區的規模打下深厚的基礎。上任後，他花費五年的功夫，由了解每個區域的一支團隊陪同，走遍整個秘魯轄區，以求更精準掌握轄區內的人口數，建立更好的稅收制度。之後，他根據此行所見所聞，確立行政組織之架構，並詳細明訂有關民眾、勞動及行政法令，以便使其發展能配合西班牙王室所頒布的規定。值得一提的是，托烈多也相當重視印第安長者的建議，因此這些法令相當程度考量了傳統的習俗。經過十二年的穩定統治後，他於 1581 年卸下總督職務。

稅及管理南美廣大的殖民地。在不到五十年內，秘魯總督區成為
西班牙殖民帝國非常重要且不可或缺的一部分。

二、政治制度

　　十五世紀西歐封建制度逐漸衰亡，君主制日益發展。西班牙
國王根據本身的利益、本國的政治及美洲殖民地的實際情況，建
立具有特色的殖民地統治制度。

　　十六世紀到十八世紀末，西班牙還是一個專制、封建和重商
主義的國家，因此對美洲的殖民政策和統治方式也沿襲了這些形
式。在征服和拓展初期，西班牙王室對殖民地巨大的財富和重要
意義還不甚了解，因此不願從國庫撥款進行征服及殖民活動；加
上缺乏殖民統治經驗，所以對殖民地征服者的干涉不多，征服者
可以享受很大的自主權。

　　此後，隨著殖民地不斷地擴張，殖民地政策、經濟、社會不
斷地發展，西班牙王室對殖民地統治的方式和政策也不斷更新。
為了防止征服者因權力過大而脫離掌控，西班牙王室制定了一系
列的訓令和法令，恩威並用，逐步削減征服者的權力，以加強、
鞏固王室在殖民地的統治地位。

　　西班牙的殖民統治機構是一個由上而下，非常龐大的官僚行
政體系。從王室到殖民地的每個基層區域，都設有相對應的行政
組織和管理人員。它是隨著時間與形勢逐步建構而成。這種統治
機構分為兩套行政組織，在西班牙本土設立「印度等地事務委員
會」(Consejo de Indias)；在殖民地則採總督制。為了鞏固王室對

殖民地的統治，印度等地事務委員會先後頒布了一系列法令。但因總部設在西班牙，無法對遠隔重洋的各殖民地直接管控，所以設立總督代表國王統治。因此，總督人選都是王室最親信、最忠實的大貴族。他們也是各自轄區的最高統治者，權力很大，不僅負責行政、財務稅收工作，而且有立法權、宗教事務指導權和軍隊指揮權。

西班牙於 1542 年成立秘魯總督區後，第一任總督由魯涅斯·貝拉 (Blasco Núñez Vela) 出任。繼任者為拉斯卡薩斯，他在 1548 年打敗了皮薩羅兄弟的反叛軍。之後，他造訪各地，實地人口普查並藉以推估總督區每年可徵收的稅金。他同時初步建立地方官僚體系，以避免再度出現像委託監護人等雄據一方、不聽使喚的地方霸主。

但是真正替西班牙王室於殖民初期在秘魯建立行政基石的是 1569 年到任的新總督托烈多。他到任後深感王室稅收日益減少，因此決定實地造訪各地，以求更精準掌握轄區內的人口數，建立更好的稅收制度。托烈多在任內不但取消皈依天主教的印第安人村莊，而且提出礦區米塔制，迫使印第安人在轄區內的波托西 (Potosí) 協助開採銀礦。此舉雖引發印第安人的叛亂，但因托烈多重組總督府，並賦予該組織更大的權力和效能，所以很快地平息叛亂，並處決叛亂首領——印加後代子孫圖帕克·阿馬魯。不過，托烈多的改革並沒有持續很久，到了十九世紀初，因為西班牙來的移民者日益增多，且他們不需繳稅，所以導致秘魯總督區的稅收不斷減少。這種情況一直到 1680 年，新總督到任才採取相關的

措施。他規定除了印第安人外，西班牙人及印歐混血的梅斯蒂索人 (Mestizo) 也須納稅，此舉雖然擴大稅基，但也加深人民的不滿。

　　雖然有人認為秘魯殖民地在十九世紀前是個平和的時代，但卻不盡如此。在這段時間，托烈多所設計的公共行政體系受到相當的耗損。稅收減少的程度甚至大於印第安人減少的數目。而且各級政府都利用各種方式規避或減少繳稅。這種情勢一直到十八世紀，西班牙改朝換代，由波旁王朝當政才進行一系列的改革，有效提高王室稅收，但對平民百姓的影響比預期還大。因此，自從這些制度實施後，就不斷出現人民的抱怨、不滿。所以在十八世紀中葉就陸續引發一些叛亂，這些叛亂甚至被認為是十九世紀初秘魯獨立的前奏曲。

　　此外，為了防止殖民地發生尾大不掉的現象，西班牙王室採取了一系列的監督措施。在總督區內設有由王室直接指揮，殖民地最高司法機構的檢審庭以監督、制衡總督。此外，王室也常派欽差大臣或巡防官巡視殖民地，聽取殖民地各階層對總督和官吏的申訴，並蒐集相關資料。

　　為了方便治理，在總督轄區內又劃分為較小的行政單位。印第安人居多的區域設置郡守 (Corregidores)，歐洲移民較多的區域由市長 (Alcaldes mayores) 治理，邊疆地區設置省，由督辦 (Gobernadores) 鎮守。這三者都由總督指派，少數由王室直接任命。雖然王室對他們的限制和規定很多，但實際上他們權力很大，可以任意徵稅、強收貢物，強迫印第安人勞動等。

　　一般而言，市鎮轄區是最基層的行政單位，設有市政議會

(Cabildo)，其成員大都是土生的白人——克里奧約人 (Criollos)。它是一個具有一定程度的地方自治體，有權組織民團武裝、徵收賦稅、發布法令等。而更為重要的是，如果國王的諭旨不符市鎮的實際情況，市政議會可以不執行，這給予市鎮相當的自主權。這種在政治上「尊而不從」的歷史現象，也成為十九世紀初拉丁美洲獨立意識萌芽的溫床。不過，這個組織因排除混血人種、印第安人和黑人的參與，只由少數有權勢者壟斷，所以徒有民主形式而已。

　　1700 年，西班牙由波旁王朝當政，在美洲殖民地實施中央集權，變革政治統治機構。此外，波旁王朝也向美洲領地派遣正規軍。為了協助正規軍維持地方治安和抵抗其他殖民列強的入侵，也在各地區組民兵團。

　　雖然西班牙在秘魯殖民地有層層節制的官僚行政系統，但因官官相護，非常貪污和腐敗。殖民地的法令、制度和規定，都是從殖民者狹隘的階級利益出發，目的就是在保證王室的絕對統治和西班牙地主資產階級的利益。政府的職務被認為是提高社會地位和發財致富的捷徑，因此大小官吏都可以販賣，大小官員都貪污成風。

　　賣官、貪污的風氣高漲，加上中央集權與地方自治矛盾不斷增加，因而導致十八世紀末、十九世紀初西班牙美洲殖民地人民獨立意識迅速增強，爭取獨立、自由的民主運動蓬勃發展。

三、經濟統治制度

西班牙在征服美洲後，接著就對殖民地的各種經濟事務採取限制和壓抑的政策，使之從屬於宗主國的利益。在這種政策下，只有那些能為宗主國統治者牟利的事務，才允許發展，否則就被嚴格限制。因此，在三百年的殖民統治時期，除了貴金屬、礦業和某些農作物外，經濟發展十分遲緩。

近代秘魯的經濟結構基本上形成於殖民時期，在很大的程度上是中世紀的遺產。從殖民初期，西班牙人將歐、亞、非洲的作物和牲畜引進秘魯，而且也移植了歐洲中世紀的經濟制度。

1.農牧業的發展

西班牙人在征服美洲後，將伊比利半島的牛、馬、騾等牲畜及犁等農具、工具及輪作制、使用動物糞肥和灌溉制引進秘魯，大大地提高農業產能。秘魯初期農產品以供應礦區生活需求為主。農業種植除玉米、馬鈴薯、棉花、可可、番茄等拉丁美洲傳統作物外，還從歐洲及其他地區引進小麥、稻米、甘蔗、咖啡、橄欖及丁香、胡椒、大蒜、洋蔥等各種香料作物。在畜牧業方面，可食用的牲畜、家禽，大部分是從歐洲直接引進秘魯。另外，西班牙人也將捕魚技術傳入秘魯及其他美洲地區，並沿用至今。

在農牧方面，西班牙殖民者也將其本土盛行的大莊園制 (Hacienda)❹移植到秘魯及其他美洲地區，按照各地區特殊的地

---

❹　西班牙王室為了壟絡、安撫和酬謝早期的征服者和殖民者，也為了繼

理、氣候及環境，形成各具特色的農產專業區。像古巴等安地列斯群島以種植甘蔗、菸草為其特色；秘魯的農業以生產供應礦區日常生活所需為主，並未形成以出口為導向的農業專業區。在秘魯，大莊園制大部分是土地賞賜的結果，爾後大莊園逐漸演變形成村鎮與城市核心。

在秘魯與大莊園並存的有古印第安人傳統的村社公有土地制。此外，市鎮土地所有制，事實上也是承襲古印第安人文明的遺風，各市鎮擁有大面積公用土地，由市政議會決定如何使用。

從文化層面來看，大莊園制和委託監護制是促使秘魯農村地區歐洲化的重要方式。委託監護制負責傳播天主教的思想與信仰，讓印第安人迅速皈依新宗教。而大莊園制則成為農村地區傳播歐洲文化的核心，它們在建立、分布歐式新城鎮，傳播歐洲文化習俗等方面，產生不容忽視的作用。

西班牙政府根據本身的利益及殖民地各地區的實際情況，從十六世紀末採取三種不同的農業政策和措施。首先，嚴格限制種植、生產一切和宗主國利益相衝突的農作物；其次，對於殖民地人民生活所需而西班牙又無法充分供應的農產品，像小麥、大麥

續依靠和透過這些人統治殖民地人民，曾仿照西班牙本土施行的封建土地制度，把從印第安人手中奪取的大批土地，任意分給大貴族、大主教、軍事冒險家等王室親信或曾為王室效力的人。在每一次分配土地的過程中，王室也取得大量錢財，並為自己保留大量土地。這種制度是目前秘魯及拉丁美洲各國普遍存在大地主及土地集中在少數人手中的歷史根源。

和稻米等，則准許在保證只供應地區市場需要的限度內發展；最後，對於能在西班牙和國際市場上銷售並為王室和地主資產階級牟取暴利的蔗糖、棉花、可可和菸草等熱帶和亞熱帶作物，則大力發展。

總之，西班牙為符合本身利益而造成某些作物種植的畸形發展，使大多數拉美國家一開始就走上單一作物的途徑。到二十世紀中葉，這種單一產品制仍是造成多數拉美國家不能擺脫帝國主義羈絆，發展獨立民族經濟的重要原因之一。

2.礦業發展

西班牙殖民者基於重商主義的立場，首先掠奪美洲大陸金、銀等貴金屬以及寶石，它是西班牙征服及殖民美洲的主要目的。但殖民地金礦的開採並不順利，採礦的重點是銀礦。1531 年，西班牙殖民者首先在墨西哥的米喬阿肯 (Michoacán) 地區發現銀礦。1550 年前後又在墨西哥其他地區發現銀礦。這一時期內，墨西哥提供了全世界用銀總量的三分之一，不過後來西班牙殖民者於 1545 年在上秘魯，即今天玻利維亞波托西地區，發現了比墨西哥更大的銀礦區。自此，秘魯一直是主要的銀出口國。

秘魯的銀礦開採承襲了歐洲中世紀的技術。早期以開採露天礦脈和淺層礦脈為主。深層的礦脈開採完全使用自然坑道，礦石由工人用袋子裝好，背著或拖到地面。1563 年在秘魯瓦卡貝利卡 (Huancavelica) 發現了水銀礦，因此以混汞法提煉白銀。新方法的使用，使得秘魯白銀產量不斷增加，在十七世紀中葉，其產量甚至超過墨西哥。後來因漫無止境的開採而導致水銀礦枯竭，波托

西也因此喪失白銀霸權的地位。十八世紀，秘魯的白銀生產再度明顯回升，主要產區在中央安地斯山的北端。之後發現塞羅得巴斯科 (Cerro de Pasco) 礦區，此礦區於十九世紀初的產能直逼波托西。

當時採礦是透過米塔制進行。西班牙人借用前印加帝國的米塔制和阿茲特克帝國的「科阿特基特爾」(Coatequitl)，依此制，凡十八到五十歲的男性土著都有義務被輪流徵調到礦山採礦，每期勞動六個月或一年。

3. 工商業發展

在殖民時期，西班牙為保護其本土工業的利益，只把殖民地當作原料供應地和工業產品的銷售市場，而且還獨占這個市場，因此殖民地的工業發展遠比農業與礦業來得薄弱和緩慢。此外，王室授予西班牙商人向殖民地提供歐洲貨物的壟斷權，並藉此得到巨額收入，所以更不希望殖民地工業有任何發展。他們尤其不希望因此而使殖民地民族資產階級和工人階級日益擴大，進而威脅到西班牙的殖民統治。在殖民地的工業中，比較普遍的是紡織業。在被歐洲殖民者征服前，印第安人的紡織業已相當發達。秘魯印加人知道把棉花織成布，把駱馬毛織成毛織品。

殖民地的商業和工業一樣，受到西班牙宗主國嚴格的限制與壟斷。西班牙王室規定，殖民地只限於和宗主國進行貿易，不能和任何外國往來；甚至殖民地各區間的貿易，也受到嚴格的限制。外國船隻只有得到西班牙政府許可，才能在殖民地靠岸，否則一經發現，全部貨物及船隻一併沒收。

1503 年，西班牙在塞維亞創設了商業局 (Casa de Contratación)，

管理宗主國和殖民地之間的貿易和移民事宜。所有開往殖民地或由殖民地返回西班牙的船隻、貨品、乘客及船員都需經過商業局的嚴格審核和檢查。商業局除制定頒布有關殖民地的貿易條例和法規外，還負責徵收關稅。商業局存在了兩個半世紀，於 1780 年取消。

十八世紀歐洲與新大陸間貿易往來明顯增加。中葉以後，因波旁王朝改革，使得貿易更加自由化。貿易自由化促使西班牙對美洲的出口增加，不過在 1790 年，秘魯對西班牙的貿易順差，超過一百萬披索（殖民時代貨幣單位為披索）。

4.宗教、教育與文化統治

哥倫布於 1492 年發現美洲後，天主教勢力就大舉進入新大陸。為了鞏固對殖民地的統治，西班牙殖民者憑藉其統治力量，在羅馬教皇的大力支持下，把天主教強加在印第安人身上，影響遍及政治、經濟、文化及生活各方面，並將拉丁美洲逐漸變成了天主教的天下。

從殖民一開始，宗教信仰就伴隨著西班牙武力征服而在美洲殖民地獲得廣泛而迅速的傳播。在這過程中，天主教憑恃劍與十字架，很快的在宗教領域占據了統治地位，但是它並沒有達到徹底消滅土著宗教的目的。在經過初期兩種文化、兩種宗教的衝突後，印第安人透過各種方式保存了其宗教的某些成分。另外，天主教傳教士為了迅速廣泛地傳播天主教及皈依活動，在保持天主教的基本原則不變下，將土著宗教的殘餘部分融入天主教內，因而產生了美洲兩種宗教間的調和與融合現象。

在征服初期，西班牙征服者拆毀了秘魯印第安人的神廟，搗毀其宗教偶像，並將土著人的文化和宗教遺產洗劫一空，或是付之一炬，這引起了印第安人最初自發的抵抗。秘魯初期福音的傳播是由教士們在村落的修道院進行，後來為了更有組織的傳教，羅馬教皇訓令應由主教所掌管的教區取代原先村落修道院，負責傳播天主教福音。

1583 年，利馬主教會議後，天主教命令禁止使用並燒毀先前各教會用來傳教的雙語手冊，並於隔年由在秘魯印行的第一本書《天主教教義》(*Doctrina Cristiana*) 取代。這本書是由阿柯斯達 (José de Acosta) 神父編著，以西班牙語、克丘亞語及阿伊馬拉語發行。此外，在十七世紀初，於利馬大主教區進行大規模的滅絕偶像崇拜行動，其主要目的就是要進一步剷除安地斯山區土著的宗教信仰。雖然如此，許多跡象顯示，從十七世紀開始，印加已成土著心中的救世主，祂的復活在安地斯山社會的轉變過程中，扮演相當重要的角色。印加是人民的希望，且在當時的安地斯山神話中，其重要性和耶穌基督及西班牙國王並駕齊驅。因此，在西班牙殖民時期，印加成為安地斯山土著認同的象徵。在十八世紀，包括圖帕克・阿馬魯等多次的印第安人起義，也都以印加為他們認同的標誌。

整體而言，天主教會對拉丁美洲社會實施嚴格的控制。在所有城市和村落中，教堂依慣例要建立在當地的中心廣場上，而且是當地最美好的建築物。殖民地的人民，一出生就要受教會洗禮，以後無論是受教育、結婚，一直到死亡，都要受教會的管轄。另

外，教會也掌握拉丁美洲的文化教育事業。所有由外地傳到拉丁
美洲的書籍，事前都需經過教會嚴格的審查。

　在殖民時期，教會對印第安人的暴行層出不窮，並不比世俗
統治者遜色。他們拆掉印第安人的神廟、神像，焚燒印第安人的
手稿。不少神職人員甚至認為印第安人是「沒有靈魂的動物，像
野獸般不能領會天主教」。1569 年，西班牙國王菲力普二世命令
建立宗教裁判所。利馬和墨西哥城，先後於 1570 年和 1571 年成
立宗教裁判所，打擊宗教異議人士，箝制人民思想。

　秘魯近、現代文化和教育是殖民時期文化教育的延續和發展，
而殖民時期文化教育又是中世紀歐洲傳統的翻版。事實上，和歐
洲情況相仿，天主教利用政教合一的勢力，壟斷了美洲殖民地的

圖 19：阿雷基帕附近的西班牙殖民時期教堂

教育。因此，美洲殖民地的教育、文化就一直陷於非常閉塞的局面。另外，為了防止殖民地人民的反抗，西班牙統治者對印第安人、黑人和各種混血人種採行愚民政策，所以他們幾乎個個是文盲，就是土生白人的知識也少得可憐。

美洲殖民地的教育完全為天主教所控制。當時教育的目的在於使印第安人西班牙化，同時培養傳教士，到土著人口中傳教、佈道。當時的知識教育分城市和農村兩個地區。城市教育為學校教育，由教會負責；農村教育由傳教士負責。但是教化印第安人的學校並沒有堅持很久，到十六世紀後半時已名存實亡了。此後，西班牙人把辦學校的重點放在城市。秘魯的第一所大學是十六世紀中葉成立的聖馬科斯大學。整體而言，西屬美洲教育並不發達，直到殖民時期結束，總共才設立十二所大學。

在文化方面，西屬美洲不但教育落後，而且對書刊的發行與流通也嚴格控制。凡是與天主教教義不符或不利於西班牙國王統治美洲的書籍，一概不得運往美洲。在殖民時期，西班牙雖然透過宗教裁判所對殖民地的書店、圖書館、大學及私人藏書，不斷地進行搜查，並規定保有禁書，財產要沒收，人要法辦，書要公開燒毀。但是宗主國和殖民地思想前衛的人士，仍然想盡辦法規避政府和教會的檢查，運來一些他們所需要的書籍。十八世紀後半期，檢查工作逐漸鬆弛，因此英、法兩國啟蒙運動思想家的作品，能在殖民地中較廣泛的流傳，甚至還促成後來的獨立戰爭。

此外，美洲的發現、征服與殖民，也為文學和藝術創作提供了更廣大的新天地。無論在詩歌、散文、戲劇、小說、繪畫、雕

刻、建築和音樂等方面，殖民地人民都有相當出色的成就，也表現了特殊的風格。印第安人本來就有豐富的藝術傳統，雖然受到殖民主義者的重大摧殘，卻沒有完全中斷。他們還一直保持阿茲特克、馬雅和印加文化的傳統。

四、社會概況

1.西語美洲社會整體概況

　　整體而言，十五世紀末、十六世紀初，西班牙殖民者移民到美洲後，為了有效占有土地，以及自然與人力資源，因此很快地建立殖民據點，集中居住。這殖民據點就是市鎮的雛形，後來這些新市鎮逐漸發展成地區和地方性的政治、經濟、宗教及文化中心。

　　殖民者在建立西班牙人市鎮的同時，也建立了印第安人的市鎮，以便有效地控制和徵調土著勞力及有利於誘導土著皈依天主教。一般而言，西班牙人的市鎮是個比較穩定、不斷發展壯大的社會實體；而印第安人市鎮則由於瘟疫的流行和過度勞累，造成土著人口急劇減少，因此是一個動盪、不斷衰落、解體的群體。

　　因為印第安人大量死亡，印第安人市鎮土地大面積荒蕪，陸續被享有委託監護制的殖民者霸占、併吞，產生了新型的大莊園地產制度，也因而逐漸形成「城市－農村」新社會模式的確立。

　　在人口種族構成方面，早期征服美洲的團隊幾乎清一色以男性為主，後來隨著統治的穩固，西班牙單身女性逐漸到來，但仍是少數。因為缺乏女性，所以許多征服者便和印第安婦女結婚，其後代在美洲大陸形成另一新興且主要的梅斯蒂索人種。根據統

計，1789 年西班牙美洲殖民地人口為一千四百零九萬一千人，分別居住在大城市和農村，大致分為五個人種集團：印第安人、白人、梅斯蒂索人、黑白混血的穆拉托人 (Mulato) 和黑人。

　　土著印第安人是美洲古文明的延續，大都生活在農村，主要在大莊園從事農業生產活動。十七世紀下半葉，隨著農牧的發展和生活的安定，土著人口逐步回升，到十八世紀末、十九世紀初占了西班牙美洲殖民地總人口數一半左右，為第一大人種集團。白人包括本土西班牙人和克里奧約人。西班牙人來自歐洲，多半是國王派遣到殖民地的官員。克里奧約人則是在美洲出生的西班牙人後裔，通稱土生白人。西班牙人掌控政治、教會及軍事的高級職務；克里奧約人則擔任較低階層職務或從事經濟活動。由於被排除擔任重要職位，克里奧約人漸生不滿情緒，最後甚至成為西語美洲獨立的主要力量。黑人來自非洲，被販賣到美洲為奴，主要在種植園勞動。

　　印第安土著、白人、黑人，加上少數亞洲人之間的通婚，誕生了混血人種。土著和白人混血的後代稱梅斯蒂索人；穆拉托人則是黑白混血；桑博人 (Zambo) 是土著與黑人的混血後代。其中人數較多的是梅斯蒂索人和穆拉托人。前者大多生活在城市，從事商業和手工藝活動；後者多半生活在農村，從事農牧生產活動。

　　西班牙美洲殖民地區領土遼闊，各地區人口種族構成有所差異，大致分成三個不同區域：(1)安地列斯群島和大西洋沿岸地區，土著幾乎全部消失，主要以黑人、黑白混血與白人為主；(2)新西班牙和秘魯總督區，屬古代印第安土著集中地，新人口構成以混

血人種和印第安人為主。據統計，1796 年，秘魯總督區人口約一千四百萬，其中白人占 12%、梅斯蒂索人 23%、印第安人 57%、穆拉托和自由黑人 4%、黑奴占 4%；⑶古代土著人口稀少的阿根廷、巴拉圭、智利中部、委內瑞拉、哥斯大黎加等，以白人和梅斯蒂索人為主。人口種族構成的差異，深遠地影響各地區政治、經濟及社會的發展。

殖民地的社會階級也帶有濃厚的種族色彩。大莊園主、大種植園主、大牧場主、大商人和礦業主等組成上層社會階級，他們主要是白人及克里奧約人，另有極少數的梅斯蒂索人。殖民地官員大多由白人擔任，握有行政、司法大權。社會下層階級是由廣大的勞動群眾組成，他們從事農牧、礦業生產活動，絕大部分是印第安人、梅斯蒂索人和黑人。處在社會最底層的是奴隸。

2.秘魯社會概況

西班牙人征服、殖民秘魯對當地印第安土著家族組織衝擊很大。在西班牙人到達之前，這裡的土著有著緊密、龐大的家族關係。親戚關係相當程度主導了個人的社會人際關係，就如 Inca Garcilaso de la Vega 所說，人之所以貧窮是因缺乏親戚，一個親戚眾多的家族，因有更多的勞力可相互支應，所以能擁有較多的財富。因此，大家族在安地斯地區的社會組織及經濟活動方面占有特別重要的地位。印加王本身即和不同部族的婦女聯姻，以便正式建立與各部族間的相互支應及再分配的關係。在當時，這是建立經濟、政治關係的軸心。龐大的宗教關係可以讓掌權者或個人有更多獲得人力資源的機會。

　　隨著西班牙入侵而引進的西方家庭組織模式，使得印第安人的宗親關係日漸式微。因為西班牙殖民者將印加王與同部族婦女聯姻，誤認為是與其親姊妹結婚的亂倫行為而加以禁止。在 1560 年代，秘魯總督托烈多在將印第安人集中於村社時，甚至規劃每個家庭有自己的獨立門戶，以避免他們在安地斯山區土著家庭所看到的雜居現象。這使得印第安土著的大家族制，被迫改變成西班牙式的小家庭制。此外，1550 年利馬宗教會議規定，印第安人的命名採西班牙的模式，即男性冠父姓，女性冠母姓，這也對印第安社會產生深遠的影響。

　　在這種情勢下，印第安人被迫透過乾親關係 (Compadrazgo) 以獲取先前透過龐大宗親關係所得到的政治、經濟利益。乾親關係是指透過宗教儀式建立的一種社稷的親戚關係，它是另一種在秘魯社會中根深蒂固的中世紀習俗，甚至到二十世紀還盛行這種關係。這種關係是建立在兩個成人間，且具有立竿見影效果的一種社會關係鈕帶。乾親關係既便利於新學徒進入行會，也有利於封建意義上騎士制度的發軔。總之，乾親關係是社會經濟活動所要求的一種家庭關係的擴張。

　　隨著行會消失後，乾親關係從脫離原先的宗教意義而演變成世俗行為。如此一來，由於結親的機會增多，人們不僅能在同一社會地位上，且能與較高社會階層建立一種較緊密的社會關係，現代已發展出名目繁多的「保護人」。出現形形色色的保護人，說明現代社會中人與人之間錯綜複雜的利害關係，甚至是一個人事業成敗的重要環節。

　　擁抱代表友誼或政治結盟的肢體語言，透過第一批探險者和征服者，在中世紀由西班牙傳入美洲。從殖民地時代起，擁抱就開始變為民俗，後來又變成秘魯人最富特色的問候形式。

　　在西班牙入侵前，安地斯社會較強調散居而非群居，但當時西班牙殖民者認為城市生活是文明社會非常重要的元素之一。另一方面，殖民者希望快速向印第安人傳教、徵稅，且就近運用這大量的人力資源，因此迫使印第安人從散居的村落，集中住到具有城市規模的村社。另外，在印第安社會中任何的衝突都由當事人雙方本身的部族或氏族來解決。但西班牙入侵後，規定任何爭執需由代表公權力的法官依法審判，因此造成許多執政官員抱怨印第安人是個喜好訴訟的部族。這似乎是西班牙人刻意遺忘，是他們取消了印第安人內部原本擁有解決爭端的良好機制。這種機制很像國內現行的各鄉鎮協調會。

　　西班牙在殖民秘魯期間，除了歐洲移民外，也有少數的亞洲移民及大部分來自幾內亞與安哥拉的非洲移民，也都對秘魯造成一定程度的影響。在秘魯，從1570年代大量引進奴隸。據估計，1640年時已達三萬人。起初，執政者認為這批奴隸可以取代十六世紀急速銳減的印第安土著，但是很快地，他們發覺這是不可能的。

　　總之，西班牙人對秘魯近三百年的殖民，構成秘魯人相當複雜的情感。長期以來，在秘魯，西班牙文化、印第安文化，加上大量引進非洲黑奴帶來的非洲黑人文化，不斷的發生衝擊、衝突、妥協和融合，學者把這種現象稱為「文化碰撞的悲喜劇」。

　　對於秘魯的梅斯蒂索人而言，他們內心有一個相當矛盾且難

以接受的事實：他們的祖先既是征服者，又是被征服者。他們既有印第安的種族特性，為秘魯古代燦爛印加文明而自豪，但他們講西班牙語，信奉天主教，常把西班牙看作是自己的母國。

獨立運動與獨立初期 的秘魯

第一節　秘魯共和國的誕生

　　拉丁美洲的獨立運動是 1790 年在海地開始的。至 1810 年，獨立戰爭的火焰蔓延到整個拉丁美洲大陸。這一系列的獨立革命不是一次偶然的事件，而是拉丁美洲人民經過長期的醞釀形成的。其革命的主要目的在於推翻西班牙和葡萄牙的殖民統治，完成民族獨立的任務。再者，拉丁美洲革命就其性質而言，是緊接美國和法國革命之後一連串資產階級革命的一部分，但因具體條件不同，和美、法的革命不完全一樣。美、法的革命是由資產階級領導，具有明顯資產階級革命的性質。但在拉丁美洲，因受西、葡的封建專制統治，工業不發達，資產階級勢力軟弱，真正的工人階級還沒出現。土生白人克里奧約人是地主階層中的分離主義者，在革命中扮演重要角色。但是拉丁美洲的這場革命並不徹底，它沒有從根本上動搖封建土地所有制。各國獨立後，西班牙和葡萄

牙的殖民地統治雖已結束，但英、美等新殖民主義者卻接踵而來。此外，拉丁美洲革命，就其所涉及的地區、人口和時間而言，都比美、法等國的革命廣泛得多，時間前後持續四十年之久。就人口而言，被革命波及的達二千多萬人。

　　儘管秘魯乃至整個拉丁美洲的獨立運動有種種局限性和不徹底性，但這場革命仍取得了不可抹殺的成就。首先，經過這場獨立革命，拉美國家先後摧毀西、葡、法等國的殖民統治，實現了民族獨立；絕大多數國家取消了君主制，確立了共和政體；許多拉美國家在獨立運動期間或獨立後，取消了宗教裁判所，限制了教會特權，有的國家還實現了政教分離；取消了貴族爵位和某些封建特權，取消了部分農民的封建徭役，有些國家貧苦農民還分得了土地；不少國家全部或局部地廢除了奴隸制度；在經濟上，取消了貿易壟斷，實行自由貿易；一些國家開始模仿資本主義式的農場經營方法，農業資本主義的因素開始增長。總而言之，獨立運動為拉美資本主義的發展提供有利的條件。

一、獨立的背景與原因

　　秘魯曾經是西班牙在南美殖民統治的中心，十八世紀以前，由利馬發出的命令可以指揮西班牙在南美，南到拉不拉他，北到新格拉納達的全部殖民地。

　　西班牙在秘魯長達三百年的統治，主要目的是儘可能地搜括廣大印加帝國的財富，運回西班牙本國。而且，在殖民統治時期，享受秘魯經濟文化利益的，並不是廣大的秘魯人民，而是西班牙

王室與西班牙在秘魯的一小撮統治者。此外，西班牙殖民統治者在秘魯實行封建農奴制，實行專門勞役的「米塔」制，對印第安人進行漫無限制地壓榨，以致印第安人死亡很多。對於西班牙人的殘酷統治，秘魯印第安人曾發動無數次的起義。

　　十九世紀初，殖民地制度下的種種壓迫是秘魯甚至整個拉丁美洲獨立革命運動的基本原因。對於個人自由的爭取和反抗西班牙帝國控制，美國獨立所爭取的民權，法國革命所獲得的自由、平等、博愛的思想，加上美、法成功地推翻了君權的事實，都一幕幕地看在美洲克里奧約青年眼裡，並埋下革命的種子。另外，那些外來的強大力量，自由主義的哲學家、走私商人、旅行家和外國人帶來了許多啟蒙時代的書籍或其他宣傳品，給已經不滿的克里奧約人帶來了更多的不滿。這些外在的因素也直接或間接促成秘魯的獨立運動。

　　另外，殖民時期，西班牙對秘魯經濟上的控制與壟斷更是造成秘魯人民反抗的最主要因素。西班牙政府嚴格規定，殖民地只能和宗主國而不能和其他國家地區直接貿易。因此，秘魯的貿易必須經由西班牙才可以運往其他國家，而且必須付 15% 至 17% 的稅；而外國貨物也只有經西班牙才能運送到秘魯，且必須付 36.5% 的關稅。雖然在十八世紀中葉以後，西班牙國王卡洛斯三世曾將貿易上的限制減少，殖民地嘗到了商業自由的味道，但這種種經濟和貿易上的限制不但使秘魯人對西班牙的愛減少了，也造成他們普遍的不滿而群起反抗。

　　再者，殖民制度本身對克里奧約人、梅斯蒂索人和印第安人

的歧視，也是主要的因素。此外，西班牙殖民者建立宗教裁判所
以控制殖民地人民的思想、剷除異己，也是獨立運動的重要因素。
儘管如此，若不是拿破崙在 1808 年入侵西班牙，罷黜卡洛斯四世
及費南多七世 (Fernando VII) 造成王室權力真空 ，憑藉著拉丁民
族愛國和忠君的天性，西班牙帝國對拉丁美洲的殖民與控制仍不
至於到瓦解的地步。

二、獨立的過程與結果

　　由於西班牙王室在秘魯集中了比拉丁美洲其他地區更多的殖
民軍，秘魯成為當時西班牙殖民者最反動、最頑固的堡壘；因此，
秘魯人民歷次革命運動，也就遭到更大的阻礙而導致失敗，也使
得秘魯的獨立運動比其他拉美國家變得更為冗長。

　　1810 年至 1814 年，在拉丁美洲革命的初起階段，秘魯的革
命者曾先後發動過幾次分散的起義，但都遭到殖民當局的鎮壓。
接二連三的失敗使革命力量元氣大傷；各地革命力量之間缺乏團
結和聯合，也讓他們原來就脆弱的力量更加削弱。此後，秘魯的
革命者再也無力發動新的起義，只好等待其他地區革命者的援助。
由於秘魯敵強我弱的嚴峻形勢，也由於它缺乏自我解放的能力，
援救秘魯就成了一項極為艱鉅的任務。

1.聖馬丁的貢獻

　　聖馬丁在解放智利後又著手進行秘魯獨立的組織工作。1820
年，他率領軍隊從智利的瓦爾帕萊依索 (Valparaiso) 出發，在利馬
南部的帕拉卡斯登陸，真正開啟了秘魯的獨立運動。革命軍愈向

利馬前進，秘魯的解放運動也愈形開展。1821 年 7 月，當聖馬丁的遠征軍進攻時，西班牙駐利馬總督主動放棄利馬，撤退到東部山區，以保存實力。與敵人強大的力量形成對比的是，秘魯國內的革命勢力非常薄弱。當時秘魯一百五十萬的人口中，一半以上是沒有覺悟的印第安人，土生白人人數很少，且能征善戰的山地梅斯蒂索人被保王思想所控制，成為西班牙殖民軍隊的中堅力量。聖馬丁進入利馬城後告訴秘魯人說：「我所希望的，乃是這個國家應該由秘魯人來管理自己。當秘魯人建立了適當的政府，我即認為我的責任盡到了，而且立刻離開他們」。7 月 28 日，利馬人民成立委員會，宣布秘魯獨立，並授與聖馬丁秘魯共和國「保護者」(El Protector) 的稱號。

　　利馬雖然宣告解放，但秘魯的獨立事業並未完成。盤據在東部山區的西班牙殖民軍仍在伺機行動，而且原來協助聖馬丁的英國海軍軍官柯克南 (Lord Cochrane) 此時卻不聽指揮，自行把許多船隻和水手撤回智利，斷絕了聖馬丁與智利之間的聯繫。這時玻利華的軍隊已解放了厄瓜多，　聖馬丁設法與玻利華取得聯繫 。1822 年 7 月 25 日，聖馬丁到達瓜亞基爾。於是，南美大陸的兩位革命領袖終於在這一天見面了。

圖20：聖馬丁將軍於1778年2月出生於烏拉圭河畔的亞佩尤(Yapeyú)，是一個土生白人，年長玻利華五歲。從十一歲起，在西班牙軍隊中服務二十二年。由於在軍隊服務期間多次受勳，晉級為少校。美洲革命爆發後，他毅然辭去西班牙軍職，於1812年3月9日隻身乘船，由西班牙返回阿根廷投入革命行列。阿根廷與智利解放後，聖馬丁又著手進行秘魯獨立的組織工作。1821年7月28日終於解放秘魯。

從外表看，聖馬丁高大、健壯，四肢勻稱，肌肉強健，總是昂首挺胸。但實際上，過早開始的征戰生涯已經毀了他的健康，風濕病、痛風病、呼吸道感染和胃潰瘍，多種疾病在同時折磨著他。聖馬丁將軍通曉戰略戰術，作戰經驗豐富，了解西班牙軍隊。應該說，作為軍事指揮官，聖馬丁比玻利華更嚴謹、更專業、更正規、更訓練有素。但聖馬丁也有自己的弱點。他基本上是一個職業軍人，對於處理政治事務不擅長，也不太感興趣。他在政治上傾向實行君主立憲制，因此在占領利馬後，他著手重建貴族社會。這些做法，迎合了秘魯上流社會的口味，卻失去下層群眾和愛國人士的支持。此外，在軍事上，占領利馬後，他也犯了嚴重錯誤。他沒有趁勝追擊西班牙殖民軍，使得敵人的兵力完好無損地撤退到山區，在山區恢復了力量，而聖馬丁自己的部隊反而在無所事事和惡劣的環境中消磨了鬥志；另外，多病的身體這個弱點也妨礙聖馬丁繼續發揮作用。病痛使他身體愈來愈虛弱，精神不安，情緒倦怠。他愈來愈感到自己力不從心。

在瓜亞基爾(Guayaquil)和玻利華會面後，他自認比不上玻利華，最後

交出軍權，退出政治舞臺。這是明智的抉擇，因為他的政治觀點是保守的，他缺乏政治才能，他的病弱之軀已難膺重任，最重要的是，他缺乏實力，他的權力基礎不穩。無論在阿根廷、智利，還是在秘魯，他都得不到足夠的支持。

聖馬丁的晚年是貧窮而又孤寂的。從 1824 年起，他長期旅居歐洲，陪伴他的只有他的獨生女兒。1850 年 8 月 17 日，七十二歲的聖馬丁病逝於法國布洛涅 (Boulogne) 海濱，那時，玻利華已離開人世二十年。

2.雙雄會

1822 年 7 月 25 日聖馬丁與玻利華兩位英雄在瓜亞基爾會面，雙手緊緊握在一起，這就是史上著名的「雙雄會」。第二天，兩人祕密會談，沒有任何人參加，也沒有留下任何紀錄。由於雙方意見分歧，並沒有達成協議。7 月 27 日晚上，聖馬丁悄然離開瓜亞基爾，回到利馬。9 月 20 日，在秘魯第一屆國會會議上突然宣布辭職隱退，並隨即離開利馬，返回智利與阿根廷。對於聖馬丁和玻利華在瓜亞基爾的會晤情況及其隱退的真正原因，至今還沒有真正查明。有人認為，兩人應該是討論在秘魯應該建立的政府形式、秘魯與北方之間的疆界以及軍事指揮關係等問題。有人斷定，聖馬丁對玻利華和這次會面十分失望；同時，他又感到已從軍三十二年，鞍馬勞頓，疾病纏身，已無法與年輕力壯、雄心勃勃的玻利華相比。在心灰意冷下，決定辭職交權，帶著年幼的女兒遠赴歐洲，安度晚年。但也有人認為，雖然他與玻利華在許多問題上意見分歧，但他害怕一旦發生爭執，就會讓西班牙殖民者有機可趁。而且聖馬丁也了解，只有調動哥倫比亞的全部力量才能戰

勝在秘魯的西班牙軍隊，而這一點只有玻利華有威望，有能力辦到。事實是，玻利華是必不可少的，而聖馬丁卻不是。因此，為了顧全大局，以及南美大陸所有人民的幸福，聖馬丁交出軍權，退出政治舞臺。這在聖馬丁的一些書信中可以清楚得知：「秘魯同時容納不下玻利華和我進來吧」，這似乎說明了一山不容二虎，也表現出聖馬丁之所以隱退是因為玻利華容不下他。但也有人直言，這不過說明聖馬丁做出符合當時實際情況的正確抉擇，證明聖馬丁是一個識時務的俊傑，顧全大局的典範，而這些對解放者玻利華並沒有什麼損害。雖然我們還不知道，聖馬丁究竟為什麼自願退出舞臺，1826 年在秘魯的西班牙殖民軍終於向玻利華投降，秘魯獲得真正的解放。我們相信，這正是聖馬丁希望看到的。

聖馬丁退隱以後，玻利華即組織部隊，隨時準備出發去援助秘魯。他積極向秘魯革命政府推薦自己的作戰計畫，並呼籲智利和阿根廷政府繼續從南方提供支援。但是秘魯人拒絕援助，他們甚至退回玻利華派去援助他們的一支哥倫比亞部隊。時機還未成熟，玻利華必須等待。秘魯人不信任外國軍隊，他們希望靠自己的力量贏得獨立。但是，他們很快就發現這樣做是錯誤的。這時秘魯革命軍內部混亂，西班牙殖民軍趁機回師利馬，革命軍輕易就失掉了這座首府城市。秘魯革命政府先後四次派出代表團，向玻利華求援。玻利華隨即派蘇克雷 (Antonio José de Sucre) 將軍率六千大軍前往，而他自己等哥倫比亞議會批准後，也立刻前往秘魯。

3.玻利華與秘魯的獨立

1823 年 9 月 2 日，經過一年的等待之後，玻利華終於抵達利

馬。從這天起，他將開始實現自己多年的宿願：消滅秘魯的西班牙殖民者，攻克西班牙在南美的最後殖民地秘魯，奪取南美解放事業的最後勝利。不過，這時秘魯分裂成兩個地區，南部是對外作戰地區，北部是內戰地區。而且最重要的是人民對革命不理解、不支持。秘魯人民過去一直是在和平的環境中生活，因此他們把任何負擔都看成是苛捐雜稅，而且認為這是一個外國人強加在他們身上的，目的是要養活一批外國軍隊。面對困難的局面，玻利華鬥志高昂地投入工作。這時秘魯議會也授與他最高軍事指揮權。玻利華一方面在利馬建造倉庫、兵工廠，設立野戰醫院，組建、訓練一支由秘魯人民組成的正規部隊。另一方面，他也向已經解放的阿根廷、哥倫比亞、智利、墨西哥等國請求援助。因為他認為消滅秘魯的西班牙人並不是秘魯本身的事，而是關係到各新生共和國命運的共同事業。

秘魯是一個多山的國家，其地形南北狹長，自西向東分成三個景況迥異的條狀地帶。革命軍與西班牙殖民軍將在山區展開決戰。秘魯戰爭的關鍵在山區，誰占領了山區，誰就取得了主動權，也就能贏得勝利。當時玻利華所占領的只有北部沿海地帶，山區在西班牙殖民軍手中。在那裡，他們退可守，進可攻，而且山區保守的印第安人民為他們提供了充足的兵援。玻利華自從擔任秘魯的獨裁官 (Dictador) 後就加緊準備進行山戰，他同時頒布給印第安人分配土地和取消酋長制的法令，以爭取印第安人對革命軍的支持。經過四個多月的密集工作，各項戰役準備就緒。這時情報顯示，1823 年 4 月，在神聖同盟支持下，法國波旁王朝的軍隊

再次入侵西班牙，幫助費南多七世鎮壓西班牙第二次資產階級革命，恢復封建專制統治。西班牙國內情勢再度驟變的消息傳來，使得駐秘魯的軍隊也分裂成支持與反對君主專制兩派。敵人內鬨，同時山區的雨季結束，革命軍進軍的時機成熟了。

4.關鍵的胡寧和阿亞庫喬戰役

1824 年 8 月，玻利華所率領的革命軍在胡寧 (Junín) 一役，與一萬九千名西班牙殖民軍展開白刃戰，革命軍以微小的代價贏得一次重大勝利。西班牙殖民軍撤退至庫斯科，損失達三分之一。這次勝利打擊殖民軍的氣焰，振奮了革命軍的士氣，並重新打開進入利馬的門戶。胡寧戰役勝利後，在玻利華指揮部隊重新解放利馬的同時，蘇克雷率領主力繼續在山區與敵人周旋。12 月 9 日，兩支大軍終於在阿亞庫喬 (Ayacucho) 對峙。殖民軍的兵力有九千三百人，而革命軍只有不到六千人。當時雙方都清楚，這將是最後一戰。結果，蘇克雷所率領的革命軍大敗西班牙殖民軍，俘虜了秘魯總督、四個元帥、十個將軍和二千多名士兵。阿亞庫喬一役，這支西班牙留在南美洲最後一支主力部隊的戰敗，宣示西班牙在南美洲殖民統治的壽終正寢，而革命軍的勝利，則標示著南美獨立戰爭的最後結束。此後，還有一些分散、零星的戰鬥，但大規模的戰鬥已經沒有了。

戰爭結束了，玻利華即時召集秘魯議會開會，交回議會授與他的無限權力。他沒有辜負議會的託付，在不到一年的時間裡就為秘魯贏得獨立。秘魯議會請求玻利華繼續行使最高權力一年，並授與他終身總統的榮譽和「秘魯國父與救星的稱號」，並決定給

玻利華和軍隊各一百萬鑄造玻利維亞諾 (Boliviano) ❶ 的特別獎
金。玻利華接受了權力，並任命了一個執政委員會，以便當他不
在時，能代他行使權力。但是，他退回了獎金。此外，雖然秘魯
人民給玻利華很高的禮遇，但他並沒有沉溺、陶醉在勝利和榮譽
中。在利馬，他只停留四個月。1825 年 4 月 11 日，他前往秘魯
南方各省和上秘魯巡視，以親自了解秘魯的實際情況，為它的和
平建設作規劃。1826 年 1 月 23 日，西班牙駐在卡亞俄港口堡壘
中的殘軍，向玻利華投降。從此，秘魯全境獲得獨立，西班牙在
南美大陸的勢力全部被摧毀，三百年的殖民統治宣告壽終正寢。

　　秘魯獨立戰爭雖然結束了，但是以前被戰爭掩蓋、限制的種
種內部矛盾，都一起呈現出來。這時，秘魯人想自己掌握自己的

---

❶　自獨立以來，秘魯的貨幣幾經變更。1821 年至 1863 年流通的唯一貨幣
　　是鑄造玻利維亞諾。1863 年至 1900 年銀幣索爾取代鑄幣玻利維亞諾。
　　1900 年發行秘魯金鎊，取代作為貨幣單位的銀幣索爾，索爾成為輔幣。
　　1931 年頒布有關法令，確定貨幣單位為非鑄造的金索爾，含金量為
　　0.421264 克，相當於 0.279998 美元。發行的紙幣面值有 5、10、50、
　　100、200 和 500 索爾六種，硬幣有 1、5、10 索爾三種，硬幣輔幣有
　　1、2、5、10、20、25 和 50 分等七種。1932 年政府廢除了索爾的含金
　　量。貨幣索爾一直沿用到 1985 年，其間歷經無數次貶值，1984 年 11
　　月底已貶到 4,824 索爾等於 1 美元。1985 年 2 月 1 日起，政府通過中
　　央儲備銀行發行新貨幣因蒂，面值等於 1,000 索爾，原來的貨幣索爾仍
　　繼續通用。1980 年代後期發生惡性通貨膨脹，因蒂的比價屢屢狂跌。
　　1991 年 7 月 1 日，藤森政府發行新貨幣新索爾取代　（1 新索爾等於
　　100,000 因蒂）。

命運，他們的民族主義在增強。他們怨恨玻利華把瓜亞基爾併入哥倫比亞，怨恨玻利華允許上秘魯獨立為玻利維亞，甚至對於玻利華這位委內瑞拉人成為秘魯的解放者也開始不滿，一種反玻利華、反哥倫比亞的情緒、勢力、陰謀正在秘魯全國醞釀。國與國之間、地區與地區之間，矛盾在發展、加深。各國、各地區內部不同階級之間，不同勢力之間的矛盾、鬥爭也日益激化。

圖21：玻利華，1783年生於卡拉卡斯，是委內瑞拉一個富有地主的兒子，年輕時大部分時間住在鄉村的莊園。後因導師羅德里格斯 (Simón Rodríguez) 的影響，接受了資產階級的啟蒙教育，成為當時流行的資產階級獨立、自由、平等思想的擁護者。十六歲時，他去歐洲留學。二十一歲時遊歷法國、奧地利和義大利，深受法國大革命所鼓舞。他一方面景仰拿破崙的豐功偉業，一方面卻鄙視拿破崙個人的野心，並引以為戒，立志以解放殖民地為己任。

1807年，玻利華認為拉丁美洲獨立的時機已經成熟，於是由歐洲返回卡拉卡斯加入米蘭達 (Francisco de Miranda) 的革命軍，並奉命出使海外爭取國際援助。米蘭達挫敗後，玻利華繼續奮鬥，1811年7月委內瑞拉終於宣布獨立為共和國，他出任最高執政，並被授予「解放者」(Libertador) 的稱號。1819年玻利華率軍突襲波哥大，統一南美洲北部，實現他夢寐以求的新格瑞納達和委內瑞拉的聯合，成立大哥倫比

亞共和國，他被選為第一任總統兼統帥。緊接著，玻利華於 1822 年解放厄瓜多、1825 年解放玻利維亞、1826 年解放秘魯。其中，玻利華對於秘魯的獨立貢獻最大。在聖馬丁退隱後，玻利華經過多時的籌劃與苦戰，終於在 1826 年解放了秘魯。

玻利華實現了歷史上極少數人得以完成的夢想。他終結了西班牙在南美的統治，解放了大半個美洲大陸。大哥倫比亞稱他總統，秘魯叫他國父與救星。1825 年，上秘魯獨立，名為玻利華，後來改成玻利維亞，並授予他終身職總統。如果當時他急流勇退，像他經常說的，他的後半輩子應該會受到世人的尊崇與敬愛。只是，權力和榮耀的需求慾難以戒除，而且他夢想建立一個涵蓋南美洲所有西語系共和國聯邦。但是，他發覺營造和平比打勝仗更困難，也終於導致他的晚年處境淒涼。不但苦心建立的大哥倫比亞共和國解體，其他國家也分崩離析。加上為了革命事業，他散盡家產，晚年差不多身無分文。而且，他的身體更加衰弱，拖著脆弱的身子前進哥倫比亞，希望假道前往歐洲。1830 年 12 月 17 日，這位南美洲的解放者因肺結核結束短暫的四十七載歲月，走入歷史。

雖然，玻利華視自己的一生是失敗一場，他所努力爭取的一切，全都消失在眼前。然而，歷史對他的評價截然不同。他對當代的洞悉力比同時代的任何人都深刻，他是一個了解自己國家道德需求的幻想家，他也是一個為達目標，果斷的行動者。整體而言，玻利華對拉丁美洲的影響很大，委內瑞拉人稱他為「祖國之父」。為了爭取拉丁美洲的自由和獨立，他付出畢生的心血和精力，因而拉丁美洲人民給予他「解放者」 的崇高稱號。古巴著名的革命家暨文學家馬蒂 (José Martí) 曾說：「從一代到一代，只要拉丁美洲存在一天，玻利華這個名字的回聲就會在我們中間最英勇、最誠實的人們的心中響下去」。

第二節　獨立初期的秘魯

　　秘魯的獨立，整體而言，和其他西語美洲國家的獨立革命一樣，是屬於資產階級革命的範疇，但也具有秘魯的民族特點：首先，雖然印第安人與梅斯蒂索人，曾積極參加了獨立革命戰爭，砸碎了西班牙殖民統治的枷鎖，但是巨大的社會不平等枷鎖還沉重地束縛在廣大人民身上，革命的果實，完全由克里奧約的封建地主所竊取，梅斯蒂索人及印第安人毫無所得。秘魯的印第安人生活在和黑人奴隸一樣悲慘的處境中，種族、階級的壓迫仍然相當殘酷。為此，玻利華頒布了「關於印第安人權利的法令」，規定任何人不得要求印第安人提供無償勞動；廢除各種剝削印第安人的勞役制度。其次，獨立戰爭後，在拉美各國，天主教會勢力受到很大的削弱，而且在十九世紀中葉，政教分離成為整個西語美洲國家的一個中心政治問題，特別是在秘魯等國，秘魯在 1851 年廢除教會特權。最後，軍隊在獨立後扮演了非常重要的角色。反動統治集團為了爭權奪利，常常以軍隊為後盾，軍隊將領也與政客集團相勾結而干預政治。獨立後絕大多數總統都是將軍。總之，大地主、反動政客集團和軍隊，是獨立後最初幾十年的主要統治力量，也是秘魯改革與進步的主要障礙。

　　此外，秘魯獨立後雖然制定了憲法，成立共和國，憲法規定行政首腦的職權，行政、立法和司法三權分立；有限地廢除對貿易的種種限制；規定發展公共教育以及宣布在法律之前人人平等

等。但是，秘魯的獨立在許多方面是有名無實的。掌權的上層人物在精神上與原宗主國相連，在文化上依賴法國，而在經濟上屈從於英國。秘魯在獨立後相當長的時間內，社會動亂，內戰頻仍，自由派和保守派，聯邦派和中央集權派之間爭鬥不已。

一、紛擾的政治局面

秘魯從 1824 年打敗最後一支西班牙殖民軍宣布獨立，至 1836 年成立秘魯－玻利維亞聯邦，可以說是第一共和時期。這段時期，秘魯局勢非常的不穩定，而且幾乎處於無政府狀態。第一個共和政府是由聖馬丁所建立，但因國會的強勢、獨斷，使得聖馬丁想建立一個強有力的中央政府的理想落空。聖馬丁政府只能控制目前秘魯中部沿海地區，並以此為基礎進行秘魯的後續革命。同時，西班牙殖民軍撤退到庫斯科，實力又逐漸壯大。1823 年 2 月因革命軍征戰失敗，以聖塔·克魯斯 (Andrés de Santa Cruz) 為首的一群軍人，要求國會罷黜執政委員，任命一位最高領袖，這件軍人與國會之間的衝突事件，就是秘魯共和史上的第一次政變。另外，秘魯和其他大多數拉美國家一樣，獨立初期也存在著自由派與保守派的爭鬥。保守派主張中央集權，自由派則主張趨近自由思想的議會政治。從獨立迄今，整個秘魯歷史充滿這兩派的對立局面。

1824 年 8 月 6 日和 12 月 9 日，玻利華所領導的革命軍，在胡寧與阿亞庫喬戰役中大敗西班牙殖民軍，確立了秘魯的獨立。玻利華在秘魯執政期間，也命其大將蘇克雷促成上秘魯的獨立，

也就是今天的玻利維亞共和國。玻利維亞的建立引發相當多的爭議，也使得秘魯和玻利維亞的邊界問題一直延續到二十世紀。1827 年玻利華被迫離開秘魯，由聖塔‧克魯斯執政，但是同年，國會卻任命萊馬爾 (José de La Mar) 為總統。

1.軍人專政

　　1820 年代至 1830 年代，拉美大部分國家的憲法都在不同程度上受西班牙加地斯 (Cádiz) 憲法❷的影響。1823 年和 1828 年的秘魯憲法也受其影響。這一時期拉美國家憲法的特點是行政機構受議會支配，權力有限、由多人組成。另一方面，絕大多數國家多採用中央集權，而且都採總統制政體。總統既是國家元首又是政府首腦，總統權力高度集中。總統不是由議會選舉，而是定期由選民普選產生。雖然憲法規定要舉行普選，但由於大部分憲法規定選民必須識字、擁有一定財產，因此，實際上有眾多文盲、窮人和印第安人被排除在外。

　　此外，與大多數拉丁美洲國家考迪羅 (Caudillo)❸獨裁者的情

---

❷　1808 年拿破崙派軍隊占領西班牙，5 月 2 日西班牙人民起義，1811 年
　　趕走拿破崙軍隊後得民族獨立。1812 年在加地斯通過第一部憲法，規
　　定西班牙為君主立憲國家，國家最高權力屬於國民；議會實行一院制，
　　國王無權解散議會，內閣對議會負責；廢除宗教裁判所、教會什一稅
　　和某些貴族特權，這部憲法反映了 1808 年革命的成果。

❸　「考迪羅」制是拉美大多數國家在 1820 年代獨立以後至二十世紀前期
　　盛行的一種以暴力奪取政權、維持統治的獨裁制度。「考迪羅」一詞在
　　西班牙語為「首領」的意思，指拉美各國取得全國或某一地區政權的

況一樣，這個時期在秘魯奪取政權的將軍們，為了掩飾不法與欺騙人民，上臺時也照例頒布一套新的憲法。秘魯在獨立後短短二十年內，先後於 1821 年、1823 年頒布憲法。但是，這些憲法形同具文。

秘魯的獨立運動沒有給人民帶來真正的自由，獨立後的秘魯共和國並未茁壯成長。雖然西班牙殖民者被趕走了，但是，代之而起的卻是掌握軍政大權的將軍們。由於資產階級的力量較小，克里奧約地主的勢力也不夠強大，印第安和混血人種等又被排除於政治活動之外；再者，由於獨立初期，秘魯明顯缺乏文人社會、政治階層、選舉的習慣以及殘存的貴族與商人面臨危機；此外，一些文人政府也經常認為，軍人是可以幫他們達到意圖與目的的工具，凡此種種，造就軍人成為掌握權力的關鍵角色。因此，獨立戰爭中獲勝的那些軍人，就成了秘魯共和國政治結構的基礎，軍隊也在政治上發揮很重要的影響力，並由這些軍隊的元帥和將軍掌握統治權。因為成為一位軍人不但具有深遠的影響力，也是

軍事獨裁者以及依靠軍隊支持的獨裁統治者。考迪羅制度是造成拉美政治經濟長期落後的主要因素之一。十九世紀中葉，第一代考迪羅逐漸消失，另一批軍官和地主首領透過「選舉」或政變等方式登上政治舞臺，成為新的考迪羅。拉美各國產生考迪羅主義 (caudillismo) 的主要原因是：西班牙長期統治所造成的經濟落後和強大的地方分離主義勢力；拉美獨立後繼續盛行的大莊園制和大種植園制，土地高度集中，大地主為自身的利益而爭權奪利；代表保守勢力的強大教會的存在；歐洲列強的滲透和干涉等。

提升社會地位的快速管道,所以,秘魯獨立初期有許多富有階級出身的人士立志從軍。

此外,秘魯獨立初期的這些將領,基本上是代表大地主的利益,他們都是在獨立運動過程中被逐步提升起來的。獨立戰爭期間,他們多半曾在西班牙軍隊中服務。1820 年至 1821 年間,他們也參加過聖馬丁的革命軍隊伍。聖塔・克魯斯、萊馬爾、嘉馬拉 (Agustín Gamarra)、卡斯提亞 (Ramón Castilla) 等人,都屬於這一類人物。他們都是職業軍人,喜歡打仗和進行政變,他們也酷愛貪婪和個人獨裁。僅僅在 1829 年至 1845 年的十六年間,秘魯就曾更換十二個總統。十九世紀著名的科學家達爾文曾於 1835 年表示:「南美沒有一個國家獨立以來,像秘魯一樣遭受如此深無政府混亂的痛苦」。而且,在殖民統治時期曾號稱南美最繁榮的利馬城,這時也殘破不堪,遠遠落後於之後才興起的布宜諾斯艾利斯等城市。

值得注意的是,秘魯獨立後形成的軍事官僚體系,基本上承襲了殖民時期行政官僚的獨斷思想。因此,在某些範疇,他們不容許意見分歧;他們經常對一些政治上的異議分子,扣上「叛國賊」的罪名。這種例子從秘魯獨立迄今,仍然層出不窮。此外,促成秘魯獨立的這支軍隊並沒有轉化成職業軍人。一直到玻利華在秘魯執政期間,才將原來的聖彼得耶穌會學校,改建成第一所軍事學校。另一方面,獨立初期的無政府情勢,使得軍人的階級可經由叛變或戰爭取得,甚至承認地方角頭的官階。

2.從無政府狀態到秘魯－玻利維亞聯邦

　　相對於智利在獨立後國內政治穩定，秘魯因為獨立運動的延宕，以及國政由參與獨立運動的將領所把持，因此造成國內動盪不安，也造成國家體制的危機。自從玻利華離開秘魯並由萊馬爾擔任總統後，秘魯就處於無政府的混亂局面。這種局勢一直到1836年成立秘魯－玻利維亞聯邦，甚至遲至卡斯提亞擔任總統才獲得改善。

　　秘魯無政府時期所面臨的問題之一即是邊界糾紛。由於原來隸屬秘魯總督區的瓜亞基爾，因玻利華的堅持併入大哥倫比亞共和國，而且，當1827年玻利華離開秘魯時，此處邊界不明確，也引起諸多衝突。一年後，發生一場軍事衝突，最後雙方於1829年簽訂拉雷爾－瓜爾 (Larrea-Gual) 解決邊界糾紛。1830年，大哥倫比亞共和國解體，厄瓜多獨立，確立瓜亞基爾正式脫離秘魯，成為厄瓜多的領土。1830年後，厄瓜多向秘魯提出一連串索回失土的訴求，強調通貝斯、哈恩 (Jaén)、馬伊納斯 (Maynas) 是厄瓜多的領土。但是秘魯受到當時拉美各國普遍接受的「占領地為領土之原則」(el principio del uti possidetis)，堅持上述地方是他們的領土。

　　秘魯－玻利維亞聯邦 (1836–1839) 的形成是一種歷史的必然。早在殖民時代，秘魯與現今的玻利維亞都屬於秘魯總督區，而且後來逐漸將這兩個地方分別稱為「下秘魯」(el Bajo Perú) 與「上秘魯」(el Alto Perú)。獨立後，因為「上秘魯」重心轉向拉不拉他總督區，而且其貿易也轉以拉不拉他河為出口，雙方的差異日益加深。此外，包括聖塔·克魯斯和嘉馬拉等為秘魯獨立而

戰的將領們，也對於秘魯和玻利維亞組成聯邦意見分歧。出生、求學於拉巴斯 (La Paz) 的聖塔‧克魯斯在擔任秘魯總統後，玻利維亞國會於 1829 年選他出任總統，而且成為一位模範總統。後來，秘魯總統沃維戈索 (Luis José de Orbegoso) 將軍請求聖塔‧克魯斯協助平定薩拉維里 (Felipe Santiago Salaverry) 將軍的叛亂。聖塔‧克魯斯在打敗並處決薩拉維里以及戰勝反對秘魯一玻利維亞聯邦的嘉馬拉後，終於在 1836 年建立了秘魯一玻利維亞聯邦。

秘魯一玻利維亞聯邦的形成，不僅和古老的安地斯傳統有關，也和玻利華想建立一個安地斯大聯盟有密切關係。另外，由此可窺見聖塔‧克魯斯的勢力凌駕一切，還有像沃維戈索等秘魯執政者的膽怯以及他們不曉得或無法解決接二連三的軍人叛變。當然，這也和長期以來秘魯經常處於無政府狀態，以及缺乏強有力的領導中心有相當密切的關係。當老謀深算的聖塔‧克魯斯入侵秘魯時，秘魯人由年輕、勇敢，出生於利馬的薩拉維里帶領反抗。這兩人所呈現的不僅是世代的不同，在態度和價值觀上有更大的差異，不過最後薩拉維里仍被聖塔‧克魯斯所敗。另一位更精明、老練的政治人物嘉馬拉❹則在暗地裡對聖塔‧克魯斯形成長期、

---

❹　嘉馬拉出生於庫斯科。他是一個老練、精明的政治人物。在秘魯獨立戰爭中，他和聖塔‧克魯斯表現得一樣出色，且在關鍵的阿亞庫喬戰役後，被玻利華任命為庫斯科首任的監督官 (prefecto)，而且兩度出任秘魯總統。雖然他沒有聖塔‧克魯斯所擁有的行政長才，也不像他善於管理國家，然而，他卻將庫斯科管理得很好。他是一個極端的人物，也不是一個冷靜的人，這從聖塔‧克魯斯被智利打敗後，他執意進攻

致命的影響。

　　1836 年至 1839 年存在的秘魯－玻利維亞聯邦區分為：北秘魯 (Nor-Peruano)、南秘魯 (Sur-Peruano) 及玻利維亞三大部分。在秘魯－玻利維亞聯邦期間，南秘魯的中心庫斯科再次突顯其重要性。而且他們也揚棄獨立後所持續使用的殖民時代法令，頒布了新的《民法》、《刑法》及《刑事訴訟》、《貿易法》、《海關法》等法令。此外，聖塔・克魯斯也準備歸還或移交土地給印第安部落，以期振興停滯的農業，並將印第安部落納入管轄。在秘魯－玻利維亞聯邦期間，也試圖重建因獨立戰爭而破壞的一些體制；同時，這時期的行政組織也成為十九世紀前半葉秘魯政府組織最重要的典範。

　　秘魯－玻利維亞聯邦最後於 1839 年瓦解，可歸因於下列諸多因素：首先是，聖塔・克魯斯和嘉馬拉等曾為秘魯獨立而戰的將領們，對於秘魯和玻利維亞的聯邦意見分歧，爭議不斷，甚至兵戎相見；其次是，聯邦成立後，給予境內庫斯科、阿雷基帕 (Arequipa) 城的權限與重要性大於其他城市，引起他們的不滿；最後也最重要的是外國勢力的反對。當時的智利總統波塔萊斯 (Diego Portales) 反對最大，他和阿根廷深信，這個聯邦將危害兩國的安全，也會減損智利在太平洋岸港口瓦爾帕萊依索的重要性，也就是智利在太平洋的經濟霸權及利益。此外，智利也是秘魯流亡者的避難所，波塔萊斯政府希望藉著這些流亡者，建立智利在南太平洋灘頭堡的雄心壯志。因此，智利於 1836 年 12 月向秘魯－玻

　　玻利維亞而戰亡，可看出端倪。

利維亞聯邦宣戰。智利先後向聯邦發動兩次戰爭，首次戰役由聯邦獲勝，第二次戰爭則意味著聖塔‧克魯斯的徹底失敗和秘魯—玻利維亞聯邦的終結，促成嘉馬拉第二度出任秘魯總統。

二、從嘉馬拉到卡斯提亞的改革

自從嘉馬拉執意攻打玻利維亞而陣亡至 1845 年卡斯提亞首次上臺，秘魯的政局仍然困難重重，考迪羅主義遭受到嚴重的危機。

秘魯—玻利維亞聯邦瓦解後，嘉馬拉上臺並於 1839 年頒布憲法。這個聯邦的瓦解代表著利馬派的人士戰勝了安地斯山區派的勢力，也同時加深了這兩個地區傳統以來的鴻溝❺。秘魯—玻利維亞聯邦瓦解，秘魯與玻利維亞兩國於 1841 至 1842 年間發生武裝衝突，戰爭結束後就成為現有的兩個國家。這時候秘魯政治的特色是充斥考迪羅主義，使得秘魯出現權力分裂、混亂及政治不穩定的現象。這時候並沒有存在真正的政黨，而仍然是由寡頭階級所形成的自由與保守兩派的對立，他們並沒有明顯意識型態的區隔。

---

❺ 秘魯從西班牙殖民時代以來，就存在「沿海秘魯」與「山區秘魯」兩個國度。「沿海秘魯」由克里奧約白人的寡頭階級控制；他們講西班牙文，其莊園從事工業及貿易作物的種植、生產與外銷；他們以利馬為核心，掌握實權且主張中央集權。至於另一個秘魯則是位於安地斯山區，住著貧窮的梅斯蒂索人與印第安人，他們受到封建社會大莊園主的控制，普遍落後，且仍然保存著祖先所使用的克丘亞語。直至目前，他們仍然相當貧困，且是武裝革命團體的溫床。

1. 卡斯提亞上臺與政治的穩定

　　十九世紀下半葉秘魯政治的穩定，卡斯提亞是一位特別重要、最有貢獻的人物。他在位期間也為秘魯打下現代化的基礎，甚至出現了所謂的「卡斯提亞神話」。

　　卡斯提亞是一位出生於秘魯南部土生的克里奧約白人，和其他獨立初期的秘魯將領一樣，都曾擔任西班牙皇家軍隊的士官。在聖馬丁登陸秘魯不久後，曾在其麾下參與秘魯獨立戰爭。在獨立後的無政府混亂時期，他曾數次擔任軍職及行政職，1834 年初任普諾 (Puno) 監督官。在隨後成立的秘魯－玻利維亞聯邦時代，卡斯提亞曾試圖對抗聖塔・克魯斯而遭受追緝，為此曾流亡智利。在智利期間，他籌組遠征軍企圖推翻聖塔・克魯斯政府。

　　卡斯提亞是一位經驗豐富的執政者，對秘魯和其人民相當熟稔。他曾多次參與戰役且多身先士卒，也是參與秘魯獨立戰爭僅存的少數偉大將領之一，不過，他比其他人更為精明且揚名一時。他也是當時貪污成習的秘魯政界的一股清流，在卸任時，他的財產沒有多大累積與變化。他的這些特質甚至被認為是秘魯政界的神話。卡斯提亞在位時也是秘魯鳥糞出口開始豐收的年代，秘魯歷史學家甚至把這段時期稱為「快速繁榮的年代」。因此，秘魯人都記得這是秘魯十九世紀的「黃金時代」。

　　這位秘魯人稱頌的總統曾兩度掌權。1845 年至 1851 年的第一任任期內，最傑出的是讓秘魯在秘魯－玻利維亞聯盟瓦解後，獲得前所未有的秩序與安定。他上任初期，秘魯鳥糞的開採與外銷都掌握在一些勢力龐大的商人手上，為此，經過一番對抗，卡

斯提亞政府終於將鳥糞的開採與外銷收歸國有。藉著這項資源，他改革財政，整理國債且真正落實由國會通過年度預算的理想，但這龐大的外匯收入卻成為官員貪污的源泉。他也進行軍事改革，藉著成立陸軍與海軍院校，將軍隊職業化。此外，他的政府也積極添購蒸氣船，鋪設電纜，設立郵政，進行首都利馬的公共建設，頒布行政法規，編撰法典，鼓勵外來移民，興建利馬到卡亞俄的鐵路以及開闢沿太平洋海岸的航路等。

　　他卸任後，下一任政府又恢復實施殖民時期的法令。1855 年至 1857 年，他曾出任臨時總統。1858 年，他再度當選總統，再次開啟自由派與保守派對於政治與經濟方針的意識型態的爭辯。卡斯提亞本人的意識型態不是很明確，常遊走於自由派與保守派之間。第二任任期內 (1858–1862)，他頒布廢除黑人奴隸制度和印第安人農奴制度的法令，取消天主教什一稅和其他一些特權。此外，他還設法開發秘魯豐富的天然資源，讓秘魯硝石和鳥糞的出口量年達百萬噸。總之，這時秘魯的社會生活逐漸好轉，經濟也稍有發展。

2. 後卡斯提亞時代到太平洋戰爭爆發

　　後卡斯提亞時代至 1879 年爆發太平洋戰爭期間，是秘魯獨立後政治最穩定的時期。在這段期間，秘魯於 1872 年及 1876 年，史上首次連續兩屆舉行總統大選。而且，1868 年至 1878 年間，依憲法規定，秘魯每兩年舉行國會議員改選。在這段期間，也沒有發生以武力推翻政府的情事。以上種種情況，都有助於秘魯在這期間內獲得安定的政治環境。此外，和其他城市比較起來，首

都利馬也因此獲得獨立後，近五十年來前所未有的重要角色。

　　1868 年 8 月，巴爾塔 (José Balta) 出任總統。在任內，他曾鼓勵鳥糞和硝石出口，舉行國際性的博覽會，修建鐵路，美化首都利馬市容，改良供水和衛生設施以及發展一些民族工業等。但巴爾塔在其任期將屆滿之際，被一位陸軍軍官謀殺。

　　1872 年，帕爾多 (Manuel Pardo) 繼巴爾塔執政 (1872–1876)。帕爾多是一個詩人的兒子，1834 年生於利馬，是秘魯獨立以來第一位非軍人出身的總統，同時也是十九世紀秘魯史上有名的總統之一。他在執政期間，曾積極改革財政，開始編撰統計，開辦學校，獎勵文學，開發沿海谷地等。他特別著重教育改革，為了提高印第安人的文化，他下令創辦秘魯第一所工作坊學校，把工業技能教給印第安人。由於他的積極鼓勵，在利馬創辦了一所女子師範學校以及實用農業學校、公益學校、土木和採礦工程學校。在高等教育方面，他擴大了聖馬克大學的課程設置，使其包括政治學和成長中的經濟所需要的其他課程。他也創辦了一份專門性的教育刊物《人民教育家》(*Educador Popular*) 促進教育的發展。此外，他還構想建立一種由國家控制，免費而又普及的基礎教育制度。這在當時來說，的確是一個了不起的抱負。因此，一位秘魯文學家曾如此評論：「如果玻利華給了我們政治獨立，卡斯提亞給了我們種族自由，而巴爾塔確立了企業自由的話，那麼正是帕爾多把人民從愚昧中解放出來」。

　　總而言之，卡斯提亞、巴爾塔和帕爾多三人主持的政府，都是代表資產階級和大地主的利益。他們雖然採取了某些資產階級

性質的改革措施，促使秘魯經濟有一定程度的發展，但是，這些改革主要是依靠殖民主義的貸款進行的，因此替殖民主義的入侵大開方便之門。至 1872 年，單計外債利息，每年即達一千二百萬美元。這正說明這些資產階級政治人物施政的局限性。

三、獨立初期的對外關係

在對外關係方面，獨立初期的秘魯，曾經歷不少糾紛、災難和鬥爭。由於安地斯山區邊界未定，1828 年至 1829 年與玻利維亞發生了衝突。1836 年至 1839 年間，在玻利維亞總統的促使和壓力下，秘魯與玻利維亞曾一度結成聯邦，這個聯邦因遭到智利和阿根廷的干涉，僅僅存在三年即宣告瓦解。不過，在獨立初期，對秘魯的危險性較大的，還是來自西班牙的干涉。

從 1826 年以後，西班牙殖民者對拉丁美洲各國的統治，大部分已經宣告結束。但是，它企圖再度侵略拉丁美洲的野心並沒有完全放棄。在拉丁美洲殖民統治時期，西班牙在秘魯獲得的利益最多，統治最深，當然也最難以割捨。從 1826 年被迫撤離之日起，西班牙殖民者一直虎視眈眈，伺機而動，圖謀重新恢復其對秘魯的奴役。

1864 年，西班牙女王伊莎白二世，趁美國忙於南北戰爭，法國忙著干涉墨西哥，而且秘魯又陷於政治混亂和經濟衰疲之際，藉口一部分西班牙巴斯克地方移民，受到秘魯種植園主的虐待和遭到秘魯本地工人的襲擊，要求秘魯賠償三百萬美元，並向西班牙鳴二十一禮炮致歉外，還派出軍艦，占領了秘魯以盛產鳥糞著

名的欽嘉 (Chincha) 群島。

　　秘魯人對於西班牙統治者的殘暴與奴役記憶猶新，因此對於西班牙殖民者這種無理的侵略行動，無比憤怒。雖然當時秘魯總統佩塞特 (Juan Antonio Pezet) 採取喪權辱國的政策，對侵略者妥協，但是，秘魯人民卻對西班牙侵略軍給予堅決的回擊。他們曾迫使佩塞特下臺，而由主張抵抗的普拉多將軍 (Mariano Ignacio Prado) 擔任臨時總統。1865 年秘魯和智利簽訂《攻守同盟條約》。1866 年 1 月，秘魯對西班牙正式宣戰。在秘魯人民一致堅決的反抗下，以及在智利、厄瓜多和玻利維亞等鄰國的支援下，西班牙侵略軍被完全驅逐出去。1871 年結束了這場戰爭，但遲至 1879 年才簽訂和約。

四、獨立初期的經濟概況

　　從 1840 年代起，當發覺鳥糞是很好的肥料且為世界許多地區農民所接受後，鳥糞就成為秘魯很重要的出口產品，後來又發現重要的硝石礦產，這兩種物產每年為秘魯賺進大筆外匯。據估計，1860 年代鳥糞開採的顛峰期，每年約出口四十萬噸的鳥糞，相當於二千四百萬美金的收入。但這些巨額的收入都被利馬的富有階級，為了滿足奢侈的消費而揮霍掉了，這也為秘魯帶來史上首宗的巨額外債。由於中央政府擁有鳥糞的所有權與開採權，龐大的收入讓國庫更為充裕，且有利於秘魯中央集權制政府的發展與穩固。

　　秘魯鳥糞的開採可追溯到西班牙殖民時代，但真正大量開採則始於 1840 年代。由於缺乏廉價的勞工，當時曾引進中國苦力從

事鳥糞的開採。鳥糞的開採與出口,讓秘魯沿海地區的城市及金融寡頭階級得到充分的發展。在這些城市及金融寡頭階級的支持下,秘魯出現了獨立以來的第一位文人總統帕爾多,也使得秘魯在 1872 年出現了第一個由人民所組成的人民黨 (Partido Civil)。另外,鳥糞出口所獲得的財富,也對秘魯國內政治關係的重組,發揮了決定性的影響力。在這之前,中央政府的財政受制於各地區,特別是安地斯山區寡頭階級的掌控。現在,因為鳥糞出口導致中央財政充裕,使得總統的角色更為強勢,並進而廢除對印第安人不當的稅捐。另外,鳥糞的出口,也使得利馬出現了新的寡頭階級;而且鳥糞出口的收入讓秘魯得以進口許多機具,也因此有許多技術人移民到秘魯。

在鳥糞開採與出口達到顛峰之前,秘魯的經濟長時間處於不穩定和疲弱的情況,而且當時國家財政收入主要來自關稅。1827 年,在五百二十萬三千玻利維亞諾的國家總收入中,有一百六十萬七千玻利維亞諾是來自海關收入。在礦業方面,白銀的生產量在 1823 年獨立初期創十九世紀最低紀錄,不過在 1830 年後,白銀生產量再度恢

圖 22:圖中左者為秘魯獨立後第一位文人總統帕爾多,圖右為其副總統。

復成長。在秘魯－玻利維亞聯邦期間，曾設立一個外資公司計畫
積極開採白銀，但聯邦瓦解後，嘉馬拉政府因該公司的股東曾支
持聯邦，是新政府的敵人而下令將其解散，這是政府侵犯私人財
產的明證。

　　1840 年代中期，秘魯經濟的保護主義更為強烈，而且這個時
候有一些商人已經獲得某種程度的獨占利益，也試圖防止出現新
競爭對手。他們組成了壓力團體，力圖發展地區工業，以鞏固自
己的利益。1841 年末，秘魯政府取消了原先和基羅斯 (Quirós) 公
司所簽訂的舊合約，以便和更多公司簽約。新合約將鳥糞開採視
為公共資源而非私人財富。1847 年再簽訂新約，國家的收入也愈
來愈多，從這時候起，鳥糞開採外國廠商日益增加。1870 年代是
鳥糞開採和約協商變化最大的時期，這段時間不斷地更換開採代
理商。另一方面，這時候也比較傾向於授權給國內代理商，而且
鳥糞的出口也不斷增加。

　　總而言之，1840 年至 1883 年鳥糞開採與出口的鼎盛，為秘
魯帶來了一些深遠的影響。首先，鳥糞出口的外匯收入讓秘魯得
以償還日益增加的外債，特別是在艾契尼克 (José Rufino
Echenique, 1851–1855) 執政時代。這時，政府也將鳥糞出口的外
匯收入，用來支付 1850 年代解放奴隸的費用上。另一方面，秘魯
政府以及沿海地區因鳥糞致富的商人，將這筆收入投資在農業發
展上，開啟了秘魯蔗糖等農業工業發展的時代，一直到 1879 年爆
發太平洋戰爭，農業工業才逐漸沒落。

　　其次，1850 年至 1870 年間，因為鳥糞出口經濟利益的累積，

圖 23：曾是秘魯獨立初期重要經濟來源的鳥糞，因開採不當以及海鳥
銳減，面臨危機。

形成了城市資產階級。他們將這筆收入投資於農業，特別是蔗糖
的種植。因此從 1860 年代起，在秘魯各地，特別是沿海地區出現
了城市財閥階級，同時產生個人與國家利益混淆、糾葛不清的情
況。而且，許多組成這些城市財閥階級的大家族都有聯姻的關係，
這就如同殖民時代，土生的克里奧約白人和統治的西班牙官僚之
間錯綜複雜的關係。他們是一個命運共同體，利益一致，一致對
外，因此很少發生內部的衝突。

　　第三，除了解決外債難題以及一些投資用途外，鳥糞出口的
收入也用來支付行政開銷，它有助於滿足及穩定公務員及軍人的薪
資給付，而且可以支付城市公共基礎建設的需要。獨立以來一直無
法獲得國家資源的首都利馬，也獲得了大部分的建設經費。此外，
這筆龐大的外匯收入也運用到鐵路、公路、港口等需要大筆資金，

也將為秘魯人帶來美夢的重大建設上。雖然如此，1872 年上臺的
第一位文人總統帕爾多政府，對於鳥糞的財政問題作了一系列深入
的分析並提出警告，毫無節制的增加財政支出，已經超過鳥糞出口
的收入，也就是秘魯出現了貿易赤字，進口大於出口。

　　另一方面，1860 年代和西班牙的戰爭開啟秘魯公債的發行，
這些公債都是鳥糞代理商和英國的資金所承購。支付這些公債的
利息，對於鳥糞的稅收影響很大，而且也開啟秘魯政府，卯吃寅
糧，以未來收入抵押，進行事先貸款及超額貸款。1860 年代，僅
僅是英國承購的公債就達五千萬索爾。秘魯政府運用這筆經費建
造船艦，在 1879 年的太平洋戰爭中派上用場。此外，這個時期內
外債同時激增。1869 年，利馬人口激增為十四萬。

　　總之，鳥糞收入對於當時秘魯經濟情勢是否有真正的助益，
仍有許多的爭辯。這個議題以及 1860 年代投資額度和項目的增
加，都需要更進一步的研究。當然，更需要有嚴密的研究來探討
鳥糞的收入對城市及農村生活品質與水準有何影響。

五、獨立初期的社會與人口狀況

　　獨立革命究竟給廣大的秘魯老百姓帶來什麼？其實既未給他
們帶來統一和民主，也沒有給他們帶來有作為的政府，甚至他們
的社會地位和殖民時期比較起來也沒有很大的改變。但對少數土
生的克里奧約白人來說，這是一個重大的勝利，他們接替西班牙
殖民者成為新共和的掌權者，也獨占了政治與經濟上的利益。至
於商人和礦主所組成的小中產階級，在殖民時期已具有有限的自

由，獨立後仍有待長期的重建。身為梅斯蒂索人的城市居民，也有不少的改進，且已躍居為僅次於克里奧約白人的二等地位，但在生活環境方面的改進卻不太多。至於為數眾多的印第安人仍過著與殖民時代無異的痛苦生活。白人血統較濃的情形比較好些，他們成為社會階級中的基礎。負債的農奴，老老少少，都在莊園制度下工作。一般來說，在共和國下的窮苦階級，並不比西班牙統治下的生活好。獨立的理想主義者，雖給印第安人冠上高貴的英雄名號，使他們成為反抗西班牙的先鋒，但卻沒有為當時的印第安人生活著想過。黑奴的情況好些，因為革命給他們帶來較多而且較正式的自由。

另一方面，獨立運動使天主教地位加強亦使其削弱。教會從皇家解放出來，而成為直屬梵諦崗的組織，不久，教皇即與秘魯等新政府簽定協議。宗教裁判已成歷史，但教會仍控制秘魯大部分的土地，繼續做金錢的貸主。另外，許多主要宗教領袖已經返回西班牙，教士階級一度變為毫無組織，而且教區人民，現在對於新思想特別敏感。

1850 年代起，秘魯乃至整個拉美的經濟發展，引起社會階級結構的相應變化。隨著資本主義工業的建立和發展，秘魯近代的無產階級誕生，並成為重要的政治力量。另外，新的經濟環境促進了國內的人口流動，吸引大量帶來新思想、新技術的歐洲移民，這一切都加速了秘魯及拉美地區都市化的進程。經濟的繁榮，還促進了新興中產階級的興起和擴大。

在人口方面，十七世紀中葉以來秘魯人口呈緩慢成長，獨立

初期成長速度更加緩慢。在 1795 年至 1836 年間，秘魯人口只增加十萬人，是否因獨立戰爭而造成這種現象，目前不是很清楚。但是有些數據可窺之一二：殖民末期，即 1820 年時，利馬城有六萬四千人，但是到了 1836 年只剩五萬四千多人。人口的減少，除了戰爭直接造成的死亡外，為了躲避戰爭而移居其他地區也可能是重要因素。此外，獨立戰爭也在某些程度上影響人種的交流以及改變傳統上人口分布的地區。另一方面，十九世紀以來秘魯就積極鼓勵外來移民，而且，秘魯這時候也進行多次的邊境調整，上述情況都影響到獨立初期秘魯人口的估算及人口的分布。

表 1：1791 年至 1876 年的秘魯人口區域分布變化

年代 地區	1791	比例 (%)	1850	比例 (%)	1876	比例 (%)	年 度 成長率 (%)
北　部	27 萬	22.1	48 萬	24.2	85 萬	31.6	0.98
中　部	41 萬	33.7	62 萬	31.1	85 萬	31.7	0.69
南　部	51 萬	42.2	84 萬	42.4	88 萬	32.6	0.84
雨　林	2 萬	2.0	4 萬	2.3	11 萬	4.1	1.04

第 III 篇

當代的秘魯

太平洋戰爭到第二次世界大戰的秘魯

後卡斯提亞時代是秘魯獨立後政治最穩定的時期。但是，1879 年至 1883 年間，秘魯卻經歷了獨立後最大規模的戰爭——太平洋戰爭。這次戰爭是由智利發動的。在太平洋戰爭過程中，秘魯的大部分土地和財富，皆受到智利軍隊的破壞與蹂躪，而且秘魯與玻利維亞的軍隊幾乎不堪一擊。太平洋戰爭使秘魯的社會經濟，倒退了好幾年。太平洋戰爭結束後，秘魯的政治局勢依然動盪不安。1895 年，彼耶羅拉 (Nicolás Pierola) 執政後，政局才逐漸趨於穩定。民主黨、自由黨、平民主義者和憲政主義者等資產階級的黨派和組織，這時才在舞臺上出現。

在隨後稱為「貴族共和國」(República Aristocrática) 期間，大多為文人執政，政局比較穩定，憲法得到相對的尊重。在內政方面，雖然曾發生過一些騷動，如比林吉爾斯特 (Guillermo Billinghurst) 就是被軍隊叛亂所推翻；在對外關係方面，從 1901 年起，雖曾因爭奪橡膠產區與巴西發生過邊界糾紛，但整體而言，無論是對內對外，都未發生過大規模的流血衝突。在經濟方面，

農牧業、礦業、工業和交通運輸業等，在十九世紀末和二十世紀初都有一些發展。另外，隨著經濟和交通運輸的發展，秘魯的人口也有相應的成長。

　　此外，獨立後的內亂與對外戰爭的頻繁，給予外國干涉者可趁之機。而且，秘魯的對外貿易也同樣為英美所控制。第一次世界大戰開始後，由於市場的喪失，秘魯出口貿易迅速下降。此時，美國對秘魯的控制更為加深。至 1928 年，美國對秘魯的投資達一億六千多萬美元。從此以後，美國就加緊排擠英國資本，在秘魯的經濟中占了優勢。

　　1919 年 7 月，萊吉亞 (Augusto B. Leguía) 利用軍隊的力量攫取政權，此後十一年內，秘魯人民處於他的獨裁統治下。這個獨裁政權最後在 1930 年 8 月，被以桑傑斯‧塞羅 (Luis Miquel Sánchez Cerro) 為首的軍事暴動推翻了。

第一節　太平洋戰爭的爆發、經過與影響

一、戰爭的起源與經過

　　1879 年至 1883 年間，秘魯遭受獨立以來最大規模的戰爭——太平洋戰爭。太平洋戰爭的起源是智利的軍隊占領玻利維亞的領土，且因秘魯曾在 1873 年和玻利維亞簽定了一項祕密的防衛協定，戰爭一爆發，玻利維亞要求秘魯依防衛協定一起對抗智利。一開始，秘魯還一廂情願的偏袒智利，但智利並不領情，且

圖 24：1879 年至 1883
年太平洋戰爭時，利
馬城的防禦工事。

在 1879 年 5 月 5 日正式向該國宣戰 ， 秘魯終於被迫捲入這場對
該國造成重大浩劫的太平洋戰爭。

　　秘魯不願意捲入這場戰爭主要的原因，是該國在各方面，特
別是軍事上毫無準備。雖然秘魯政府盡全力地持續這場戰爭，但
許多人士卻認為這是一種一廂情願太浪漫的冒險行動，且無法改
變當時秘魯急就章式的政治運作以及毫無效率的經濟措施。

　　因局勢混亂，當時秘魯政府無法提高稅收來提供戰爭的支出，
只能藉由民眾的捐款、巧立工業執照許可稅、徵收蔗糖出口稅等
方式來增加國庫收入。1879 年甚至發行公債，募集了一百萬索爾。
戰爭第一年，民眾捐款即高達六百萬索爾，由此可見當時秘魯民
眾的慷慨捐獻。不過秘魯政府的這些措施並無法挽救日益嚴重的
經濟，也無能避免國外對秘魯貸款的杯葛。雖然此時秘魯發現重
要的硝石礦藏，但因正好位於戰爭的衝突區，所以無法有效開採
以增加國庫的收入。

　　除了財政上的困頓外，秘魯國內政治也紛擾不安 。 曾經在太
平洋戰爭前發動叛亂且極具人望的彼耶羅拉，不接受當時總統普拉

多‧烏加特切 (Manuel Prado y Ugarteche) 的邀請組成聯合政府共同對抗智利，而且還趁普拉多‧烏加特切出國購買軍火的同時，發動部隊流血政變取得執政權。彼耶羅拉上臺後即推出發行新幣等新的經濟措施，但經濟仍然持續惡化。此外，英國等主要的債權國在戰爭方興未艾之際，都偏向智利，讓秘魯更難獲得國外貸款。

在軍力方面，當時秘魯的陸、海軍幾乎缺乏武器，而且裝備老舊，不堪使用，在面對經過十年整軍經武，欲圖發動戰爭占領他國領土的智利軍隊，自然不堪一擊。在安卡莫斯 (Angamos) 戰役後，秘魯海軍只剩不堪作戰的木船。陸戰從秘魯的南部展開，智利軍隊很快就占領秘魯盛產硝石的塔拉帕卡區 (Tarapaca)，且迅速深入秘魯境內，並於 1881 年 1 月占領利馬城。

二、結果與影響

1883 年 10 月 20 日，秘魯被迫簽訂《安康和約》(*Tratado de Ancón*)，把盛產硝石的塔拉帕卡區割讓給智利，還把塔克納 (Tacna) 及阿里卡 (Arica) 兩個區租讓給智利十年。智利的占領軍待和約批准後，才於 1884 年從秘魯撤走。塔克納與阿里卡兩個暫時租讓區，又造成往後多年的糾紛；一直至 1929 年，雙方確定以阿里卡割給智利，塔克納歸還給秘魯，問題才勉強得到解決。

太平洋戰爭不只讓秘魯因割地而造成國土殘缺及不完整，且因智利軍隊長時間占領首都及其他地區，造成物質與人員大量的損失與傷亡。戰爭期間，秘魯的大部分土地與財富，曾受到智利軍隊的破壞與蹂躪，沿海的肥沃谷地完全變成荒野。曾經在秘魯

北部海岸興盛一時的蔗糖工業及農牧產業大半被摧毀。此外，秘魯國家圖書館也遭智利軍隊洗劫，藏書被賤賣或帶回智利；許多大學的重要研究設備以及利馬城的重要設施也都被運回智利。而且，一向是秘魯國家收入主要來源且曾一度等於國家其他收入總和三倍的硝石，大部分被奪走。這樣，使得秘魯財政收入竟減少為六百萬美元，僅是戰前十五年的三分之一。

此外，太平洋戰爭也對秘魯造成其他較長遠的影響，包括：因戰爭累積及未能支付的外債，高達一億五千萬美元；外國集團長期掌控萎靡不振的秘魯經濟。太平洋戰爭使秘魯的社會經濟倒退好幾年，也讓秘魯陷入史上最嚴重的危機時代，戰爭代價之高由此可見。

第二節　十九世紀末至二十世紀初的政治、經濟情勢

秘魯在太平洋戰爭結束後，政治依然動盪不安。1895 年，彼耶羅拉因受到沿海及山區寡頭階級的支持獲得政權，開啟所謂的「貴族共和國」時期❶。這是秘魯在太平洋戰爭後，經濟成長、政治穩定，相當成功的國家重建期。

---

❶　所謂的「貴族共和國」是指在十九世紀末、二十世紀初，秘魯由少數新興的資產階級及接受良好教育者所掌控。另外，整個國家受到外資，特別是美國資本的強力介入，而且美資在二十世紀初終於取代原來獨占的英國資本。「貴族共和國」這個名詞也受到第一次世界大戰前國際局勢的影響，盛行於拉美各國。

　　戰後秘魯能有效重建主要歸因於存在嚴謹的政治組織，且政府有效地重整戰後隨即出現的新軍事主義。1895 年上臺的彼耶羅拉所領導的是一個相當有效率的政府，致力於整頓國家，重振秘魯的經濟並建立黃金幣制，以期將秘魯帶往現代化國家之林，這段穩定的發展期最後由萊吉亞總統終結。當時萊吉亞想擺脫長期執政的人民黨，試圖以個人的領袖魅力建立一個投資提高、經濟成長的「新國家」。但是也因此使得秘魯重現貪污以及對政權趨炎附勢等眾多負面現象。

　　由於在此之前秘魯的選舉幾乎由執政黨操控，弊端百出，彼耶羅拉執政後力主自由及全面選舉，因此任內致力修訂《選舉法》。1896 年其政府通過新的《選舉法》，規定：成立選舉委員會；確立直接、公開的投票制度；強制公告選舉結果；賦予滿二十一歲以及結婚、識字但未滿二十一歲的男性有投票權等措施。因為彼耶羅拉政府的積極作為，在世紀交替之際，秘魯的各項制度已獲得重建，充滿希望的面對新世紀的到來。

一、政治形勢

　　1895 年，彼耶羅拉第二度執政，開啟秘魯史上空前絕後，連續七位文人執政的時代。十九世紀末、二十世紀初，由於人民黨的長期執政，以及憲法獲得相對的尊重，使得政局逐漸趨於穩定。選舉制度的改革讓人民黨與憲政黨結盟，長期掌控秘魯的行政與立法權近三十年。文人政府只有在 1914 年至 1915 年間，貝納維德斯 (Óscar R. Benavides) 上校透過政變推翻比林吉爾斯特政府，

而曾經短暫中斷。這段長時期的文人政府最後被萊吉亞終結。萊吉亞出身人民黨，但最後卻與該黨漸行漸遠。他曾兩度當選秘魯總統，第二任是經由非法的連任，建立長達十一年的獨裁統治。萊吉亞的獨裁統治在 1930 年被一場軍事政變所推翻，也再度開啟秘魯近代史上一段長遠的政治不穩定時期，甚至影響到目前秘魯的政治生態。

　　秘魯的民主政治從 1895 年起似乎趨於穩固，國會運作也從未間斷。政府也從事多項的改革，諸如：取消安地斯山區民眾的捐獻制度，以讓更多的民眾能參與投票；重整稅制及預算制度以改善國家的財政；改善行政效率等相關措施。因此，不難想像為何歷史學家將這段時間稱為「貴族共和國」。這是繼 1870 年後，另一段秘魯文人政府的高峰期，也是秘魯快速發展與成長的時期。這項發展與成長主要表現在總體經濟以及外債的趨緩；但是，一般大眾仍處於太平洋戰爭所帶來的窮困與潦倒中。

　　這段時間，反對勢力指控執政的人民黨袒護並與大地主掛勾。另一方面，廣大的印第安民眾也認為政府依然漠視他們。事實上，雖然不斷出現印第安人的抗議行動，但是不論在殖民或共和時期，政府都沒有推動任何保護印第安人的政策，並放任寡頭階級壓榨他們。

　　在人民黨執政時，其政敵彼耶羅拉及其黨羽無法再以獨裁者之名指控該黨，因此集中火力攻擊該黨與寡頭階級掛勾，造成與智利戰爭後，國家混亂、落後與社會不公。但是人民黨政府亦非省油的燈，它不但吸納秘魯沿海地區的莊園主等上層階級，也同

時大量地招收城市中產階級，加上當時拉丁美洲盛行像秘魯人民黨這類的政府，因此其執政愈加穩固，聲勢也更加壯大。此時，城市中產階級也趁經濟發展的大好情勢，將國家帶往繁榮之路，但也同時醞釀了社會危機。

　　人民黨執政最為人詬病與批評的應該是它長期壟斷秘魯的政權。不過，這是秘魯長久以來民間社會發展脆弱的結果。此外，民主黨因其首領彼耶羅拉個人的專斷風格，無法與人民黨競爭，進而輪流執政。相對的，人民黨雖然因為長期執政，而產生一群寡頭階級執政的現象，但並沒像民主黨一樣出現一位永遠且專斷的首領。

　　姑且不論人民黨執政時期對大學及整體教育的壟斷與掌控，該黨自 1872 年帕爾多執政以來最大的成就在於推動教育的發展，成功的在二十世紀培育像阿亞・德拉托雷、馬里亞特吉 (José Carlos Mariátegui) 等多位秘魯現代史上具有影響力的重要人物。

　　在二十世紀初的十五年，秘魯仍然和厄瓜多、哥倫比亞、巴西、玻利維亞及智利等鄰國存在邊界糾紛。與智利的糾紛始自太平洋戰爭之後，秘魯一直無法履行戰敗後所簽訂的和平協議。此外，秘魯積極尋求西班牙仲裁和厄瓜多及哥倫比亞的邊界糾紛，但遭厄瓜多拒絕。再者，與哥國的邊界問題，在二十世紀初因種植橡膠利益，使得衝突日益嚴重。與巴西在亞馬遜流域邊界問題也層出不窮。最後，由於阿根廷的居中協調，與玻利維亞多次協商邊界問題。

圖 25：馬里亞特吉，1894 年出生於利馬的一個小職員家庭，幼年喪父。他是秘魯傑出的馬克思主義者、思想家和秘魯共產黨創始人。十四歲到新聞報社當學徒，勤奮自學，常替報刊撰刊，後來擔任許多報刊的編輯。1919 年至 1923 年旅居歐洲，接受了馬克思主義。回國後，熱情宣傳馬克思主義，主張馬克思主義與秘魯和拉美實際結合，並積極參與反萊吉亞獨裁統治。1924 年因患腦性腫瘤下肢被截，在輪椅上仍堅持工作與寫作。1928 年創建秘魯社會黨 (Partido Socialista)，後來改稱共產黨。1930 年 4 月 16 日馬里亞特吉病逝於利馬。

二、經濟發展

　　十九世紀末、二十世紀初，秘魯在農牧業、礦業、工業和交通運輸業，都有一些進展。首先，農牧業是秘魯的經濟基礎。太平洋沿海一帶，土地肥沃，灌溉便利，非常適於糖、棉花和稻米的生長，糖與棉花尤其重要。糖大多產於北部，而棉花則產於南部濱海地區。稻米大多產於西北。高原地區還出產馬鈴薯、大麥和小麥。至於其他農產如葡萄、咖啡、菸草和可可粉等，產量不多。林業方面，以出產奎寧和橡膠較為重要。牧業方面，主要是

羊、駱馬和羊駝。世界上羊駝毛的供應，絕大部分都來自秘魯。

　　十九世紀末，秘魯在亞馬遜區成功地將橡膠開發成重要的出口產品。橡膠的大量出口，雖然有助於秘魯經濟的發展，但也帶來許多不同的影響。其中的負面影響就是帶來傳染病，造成當地印第安土著大量死亡。1882 年至 1912 年間是橡膠生產、出口的高峰期，秘魯人認為他們發現了新的「黃金國」(El Dorado) ❷，而且也促成許多秘魯人往亞馬遜區探險，希望達成一夕致富的美夢。為了大量的種植和開採橡膠，秘魯商人大量壓榨土著勞力，大幅傷害並減少當地土著人口。不過，它也促使秘魯政府更加積極、重視開發秘魯的亞馬遜區。

　　至於礦業，在秘魯的經濟中一直占有很重要的地位。太平洋戰爭後，雖然硝石已被智利奪走，但十九世紀末，金、銀、銅和石油等都相繼得到開採，其中以銅礦最為重要。銅礦的出口總值至 1913 年已達八百四十多萬美元。石油是從 1870 年開始開採，

---

❷　根據在波哥大高原奇布恰族的說法，新酋長候選人必須全身塗金粉，然後投入深山中的湖，能從水中浮起才能稱王。由於族人在投水儀式中投入大量黃金製品獻給神，所以湖底應該沉著許多財寶。西班牙人稱這些以黃金裝飾的黃金人為「El Dorado」，不知何時這個名詞竟轉而指稱黃金人的所在地，亦即黃金國。十六世紀初，黃金國的故事開始在征服南美洲的西班牙人之間流傳。這個黃金國傳說促使許多人前往新大陸探險。但是，奪走無數人夢想與生命的黃金國，到最後並沒真正被找到。沒有任何地方的黃金比從波哥大高原、印加帝國掠奪的黃金多，但黃金夢仍持續至今。

至 1913 年，產值已達四百四十多萬美元。整體而言，至第一次世界大戰前夕，即 1913 年，秘魯礦業出口總值已達一千八百五十多萬美元。

　　秘魯的工業很不發達。至十九世紀中葉，紡織業還停留在手工紡織的落後狀態。1861 年和 1874 年，毛紡織和棉紡織才分別採用一些近代的生產方式，但進展仍然緩慢，至二十世紀初，才稍為迅速。這些紡織品都是粗紡織品且只供應國內市場需要。此外，秘魯還發展一些食品工業和銀器製造業等。

　　交通運輸的建設有利國家經濟及整體的發展。十九世紀末和二十世紀初，秘魯無論是在鐵路、公路和航運等，其成長速度都比以前快。至 1920 年代，許多重要城市都有了鐵路和電報。在對外貿易方面，也逐年增長。在 1909 年，全國進口總值只有二千一

表 2：秘魯進／出口分配表（單位：美元）

國家 ＼ 年代		1911	1912	1913	1914
美　國	進口		5,763,425	8,530,523	7,633,719
	出口	10,187,997	17,495,279	14,741,839	14,807,895
英　國	進口		6,648,368	7,769,225	6,505,363
	出口	12,017,921	13,734,561	16,539,110	15,912,116
智　利	出口	6,332,381	5,157,534	5,847,139	6,231,200
德　國	進口		4,521,729	5,132,039	3,144,434
	出口	2,776,765	3,205,496	2,963,884	1,598,804

百多萬美元，出口總值只有三千一百多萬美元；至 1913 年，進口
總值增至二千九百多萬美元，出口總值增至四千四百多萬美元。

隨著交通運輸與經濟的發展，秘魯人口也相對成長。1826
年，秘魯剛獨立時，全國人口總數只有一百二十五萬人左右；至
1900 年，已增至三百三十萬。七十五年間，人口增加了兩倍多。
首都利馬的居民，至 1926 年，已達二十五萬人。不過，這種人口
增長速度，比同期拉美一些工業較發達的國家要慢些。其他國家
人口的增長，有一大部分是來自歐洲等地的移民，而此時秘魯由
歐洲遷來的移民相對較少，印第安土著及印歐混血人種一直在人
口中占優勢。

內亂與對外戰爭的頻繁，給予外國干涉者可趁之機。十九世
紀中葉，英國利用貸款和貿易等手段，開始對秘魯進行干涉。十
九世紀末和二十世紀初成長起來的農礦業，也大多為英、美資本
所壟斷與控制。太平洋戰爭結束後，英、美又利用秘魯戰後經濟
困難，於 1890 年奪取秘魯全國鐵路的租讓權，租期六十年。十九
世紀末，美國已壟斷秘魯 80% 以上的石油生產，以及全部銅礦和
銀礦的開採。此外，秘魯的對外貿易也同樣受英、美所控制。

第一次世界大戰初期對秘魯人民生活，特別是經濟造成很大
影響。首先，由於市場的喪失，秘魯的出口貿易迅速下降，海關
收入在 1914 年降低了 30%，至 1916 年降低了 60% 以上。此外，
因德國等外國銀行的撤走，終止了秘魯的信貸，也迫使秘魯再度
由紙幣取代硬幣的使用。另外，這也造成公務人員領不到薪資，
城市失業率上升。等到巴拿馬運河通航和美國參加第一次世界大

戰後，由於原料成為各強國爭奪的對象，秘魯因此能夠以高價出售石油、銅、糖和棉花等產物，經濟上曾一度呈現繁榮。但美國的控制也在同一時期大大加深，且積極排擠英國資本，在秘魯的經濟中占了優勢。

第三節　萊吉亞的獨裁統治 (1919–1930)

1919 年，帕爾多執政的後期，秘魯陷入混亂和不安。當時，帕爾多採取關閉報社、解散政黨等多項措施，以弭平混亂的局勢。另一方面，秘魯也爆發了前所未見的大罷工。在這一年，秘魯舉行大選，由曾在 1908 年至 1912 年擔任總統的萊吉亞，打敗長期執政的人民黨候選人當選總統。不過，這位經由合法程序當選的總統，最後卻透過政變奪取政權，開啟秘魯長達十一年的獨裁統治時期。

如同大多數拉丁美洲獨裁者一樣，萊吉亞初上臺時，為了籠絡人心，表面上提出了某些改革的口號，如聲言要改善工人和農人的處境、取消印第安人農奴制度、給予印第安人公民權利以及修建某些公共工程等。但事實上，在十一年統治期間，萊吉亞依照個人喜好，於 1920 年制定新憲法並大幅修改法律。此外，他也持續修改自己制定的新憲法，以便不斷的連任。在這種氣氛下，全國瀰漫一片歌頌和擁戴聲，但在這種絕對的權力下也產生了絕對的腐敗。

秘魯歷史學家將萊吉亞執政的這段期間稱為「萊吉亞的世

紀」；一位美國大使則稱他為「太平洋的巨人」；甚至，有人稱他為「維拉科察」或「摩西再世」。此外，萊吉亞本人認為，其政府正在促成一個「新國家」(Nueva Patria) 的誕生。在這些恭維、歌頌之外，萊吉亞雖力圖提高政府的效率、致力國家發展，但是，其黨羽卻替他搜括民脂民膏，累積了一筆不義之財。

　　萊吉亞執政時，曾自詡為印第安土著的保護者以及青年的導師。另外，隨著政治地位的攀升，他的勢力也不斷的滲入軍隊，並造成往後秘魯不斷出現政變以及軍人與文人交迭執政的不穩定形勢。此外，這時大多數的國會議員都刻意迎合，甚至卑躬屈膝，喪失民主政府體制下的制衡作用，且使得政變上臺的萊吉亞政府，不斷訴諸民粹主義，爭取人民的支持。不過這項民意的支持是不穩定且易變的。

一、萊吉亞的世紀

　　萊吉亞可以說是二十世紀上半葉，秘魯政治上最出眾的人物。他在第一任期 (1908–1912) 時，逐漸和入黨多時且將他送上總統寶座的人民黨刻意保持距離，成功的轉型為秘魯政治的仲裁者。任期結束後，他的追隨者仍在國會掌權，支持違反人民黨路線與利益的比林吉爾斯特出任總統。

　　藉著政變、人民黨的分裂以及民主黨 (Partido Demócrata) 關鍵人物彼耶羅拉放棄參選，萊吉亞開始其第二度的執政。彼耶羅拉當時極力主張「棄權就是行動」(Abstenerse es obrar)。長期而言，這項口號對其政治理想和秘魯的政治體制是一項致命的打擊。

1919年，萊吉亞雖經由合法程序當選總統，最後卻透過政變奪取政權，導因於傳言政府將透過舞弊，取消他的當選資格。唯後來證實，這只不過是子虛烏有，空穴來風的傳聞，但卻造就萊吉亞政變的事實，在歷史上留下污名。此外，1919年的大選也是人民黨最後一次參加大選。

　　1919年政變後的十一年內，秘魯人民處於他的獨裁統治下；不過，這段時期也意味著秘魯城市中產階級的興起。城市不斷成長和中產階級的發展息息相關，但也不能忽略鄉村不斷往城市移民的現象。雖然在那個時候，政府不斷強調全國均衡發展的原則，但首都利馬的分量卻快速凌駕其他城市。這情況不但造成地方報紙逐漸消失，也使地區民意被棄之不顧。此外，萊吉亞這個時期所提出的發展準則和所展現的民粹行動與當時拉美其他國家政府不謀而合，他的執政模式無疑是時代的產物。

　　在這段時間，萊吉亞也努力著手解決邊界問題，特別是與哥倫比亞和智利的邊界糾紛。1922年先和哥倫比亞簽訂協議，後於1929年與智利簽訂條約，智利歸還太平洋戰爭後所奪走的硝石產區塔克納。這些都證明，萊吉亞政府在國際外交上的重大成就。但嚴格說，與哥倫比亞的協議是失敗的，因為導致兩國於1933年發生衝突。而且攻詰者指出，依此條約秘魯喪失大片亞馬遜區的土地，且造成當地秘魯人襲擊該區城市，而衍生許多嚴重的問題。另外，萊吉亞時期所致力的外交折衝，後來也經常受到批評。一般認為，與智利關係的妥協及其他的對外關係，完全是臣服、依附美國在西半球的政策。但是，萊吉亞政府最為人批評的是開啟

秘魯向國外銀行大幅舉債，因此美國資本源源不斷流入秘魯。秘魯的國債從 1919 年的一千萬美元，激增至 1929 年的一億一千萬美元，也造成秘魯於 1931 年再次中斷償付外債。

在他十一年的統治期間，因馬克思主義的影響升高，秘魯出現了其他政黨：馬里亞特吉成立了社會黨，之後變成共產黨；阿亞‧德拉托雷成立了美洲人民革命聯盟黨 (Alianza Popular Revolucionaria Americana)，簡稱阿普拉黨 (APRA)。美洲人民革命聯盟在萊吉亞政權一結束後，即在秘魯北部濱海的特魯西約城，發動當時重要的叛變。

此外，萊吉亞憑藉軍隊、警察和特務，於 1920 年起開始鎮壓反對派人士。1925 年又鎮壓礦工、紡織工人和碼頭工人的罷工。他用囚禁、放逐、拷打及死刑對待一切反對者。國會議員或者是完全擁護和支持他，或者在下次改選時被革除。他也開啟了行政與司法機構的衝突，因為司法單位作出有利反對黨的指控，判定政府官員執行公務不力。另外一個衝突的焦點是，萊吉亞甚至用「改組」的名義，關閉了聖馬科斯大學。

在經濟方面，萊吉亞執政時期，秘魯的經濟雖有一段良好的發展期，但因個人獨斷執政，執政後期經濟每況愈下，遠遠落後其執政前秘魯的經濟發展。雖然不可否認，人民黨執政時經濟掌握在少數人手上，但一般大眾的生活品質，很明顯較好。此外，1929 年的世界經濟危機，對秘魯已衰退的經濟更是雪上加霜。

萊吉亞執政後期，秘魯人民基本物質的消費明顯衰退，它嚴重影響城市居民的生活品質；至於當時廣大的農村居民，因大多

表 3：秘魯國內基本物質消費

產品　　　年代	1925	1928
糖（噸）	52,100	49,700
穀　物（噸）	161,000	159,000
木　炭（噸）	219,800	216,000
牲　畜（頭）	89,500	87,300
酒（百升）	95,700	93,000
啤　酒（百升）	134,000	132,000

自給自足，受到的影響不大。他統治時期，秘魯人民的賦稅負擔極其繁重，引起人民極大的不滿。在 1920 年至 1929 年間，秘魯外貿明顯成長，1920 年及 1923 年外貿額更達到執政時期的顛峰。1929 年世界經濟危機發生以後，秘魯出口大大下跌，從 1929 年的一億三千四百萬美元，跌至 1932 年的三千八百萬美元。國家的財政幾乎瀕臨破產的境地，失業人數大增。人民對他的仇恨情緒空前高漲。

二、萊吉亞世紀的終結

1930 年，陸續爆發塞羅得巴斯科的礦工大罷工以及利馬工人和學生反獨裁政府的示威遊行。8 月，以桑傑斯‧塞羅為首的軍人，在秘魯共和時期發生多起人民暴動的阿雷基帕，發動武裝叛變。面對此危機以及利馬及其他城市脫序的情勢下，萊吉亞曾試

圖延攬軍人入閣，以安撫軍人的情緒。意圖失敗後，萊吉亞攜帶歷年所搜括的大量財產，企圖全家逃往英國，途中被秘魯海軍攔截回國。這個統治秘魯人民長達十一年之久的獨裁者，終於在同年 8 月 24 日被以桑傑斯‧塞羅為首的阿雷基帕軍事暴動所推翻。萊吉亞本人被判囚禁，並被判處七百六十多萬美元的罰款。1932 年，他因病由獄中保外就醫，不久就去世了。這位秘魯人民所深惡痛覺的獨裁者，最後落此下場。

總之，萊吉亞所締造的「新國家」各界褒貶互見。他執政時，狂熱的支持者與頑強的反對派勢均力敵。在某種程度而言，萊吉亞是一位有現代思維的執政者，但他認為自己有如摩西再世，而過於自信個人的號召力。他過世時雖然貧病交織，但他的一些親朋好友卻在他執政的羽翼下，中飽私囊。他造就了秘魯中產階級的興起，而且利馬人也永遠記得，他是讓首都利馬蓬勃發展的偉大推手。但是，萊吉亞執政時因刻意打擊反對勢力，使秘魯失去政黨輪替的機會以及之前人民黨執政時所擁有的安定政治環境。也因此，1929 年世界經濟危機所引發、導致的秘魯經濟困頓，以及因缺乏足夠外匯收入來支應龐大外債所掀起的債務風暴，迫使萊吉亞政府逐漸邁向危機。

另一方面，萊吉亞積極回應中產及勞工階級的訴求：頒布《勞工法》、成立勞工部、頒布勞工工作契約及薪資規章、頒布《勞工社會福利法》、興建勞工住宅及托兒所、設立工作意外補助金等多項相關辦法及法規。另外他也對印第安人實施基礎教育。由於上列的陳述，很難總結萊吉亞的功過。但可以這麼論斷，萊吉亞以

殺害或打擊政治對手、為追求效率遂行個人獨裁統治、太過相信秘魯的經濟實力、大舉外債導致國家瀕臨破產等人民無法原諒的代價,換取秘魯的現代化。

第四節　後萊吉亞的秘魯局勢

　　萊吉亞政權結束後,桑傑斯‧塞羅組成軍事委員會接管秘魯,並很快獲得萊吉亞政敵,包括上層及大眾階層的支持。在此情勢下,開啟往後秘魯軍人和文人交替執政的局面。桑傑斯‧塞羅以軍人與少數文人所組成的聯合政府,肆意擴增職權,無人可以加以約束,並將法官變成御用工具。桑傑斯‧塞羅政府大肆依賴軍隊之力以鞏固其政權,使得軍隊在往後幾十年的秘魯政治史上,扮演決定性的角色。桑傑斯‧塞羅這種執政模式被後來的許多政府所仿效。他也在 1933 年通過一部新憲法,實行至 1979 年。

　　在桑傑斯‧塞羅統治期間,秘魯曾於 1932 年和哥倫比亞發生爭奪蕾蒂西亞走廊 (Corredor de Leticia) 的戰爭。這次戰爭延至 1934 年,才經由國際聯盟的仲裁得到解決。1933 年 4 月 20 日,桑傑斯‧塞羅被刺,由貝納維德斯繼任總統,直至 1939 年為止。

一、政治局勢

　　萊吉亞執政為秘魯留下可怕的後遺症:全國瀰漫著政治暴力。在 1920 年代末期,秘魯已經出現信奉馬克思主義的政黨:共產黨及阿普拉黨。阿普拉黨雖然在 1924 年宣布成立,但一直至 1930

年才真正成為政黨。共產黨的前身為馬里亞特吉所成立的社會黨，他接受共產國際的指揮，準備隨時把握機會，進行無產階級革命。至於阿普拉黨則認為秘魯已蓄積革命的能量，因此在 1932 年毫不猶豫地於特魯西約發動革命。此外，當時也成立兩個性質相異的政黨：以知識分子為首，左翼的共和行動黨 (Acción Republicana) 以及親法西斯並為反對阿普拉黨而成立的革命聯盟黨 (Unión Revolucionaria)。

　　1931 年，秘魯同時舉行總統及制憲國會大選。桑傑斯・塞羅在革命聯盟黨的支持下，當選總統。1930 年代的秘魯，一方面意味著萊吉亞政權的結束，但同時也出現了一些新政黨。另外，秘魯南方重要城市庫斯科和阿雷基帕所主張的地方分權，影響力日益增加。在 1931 年大選前，桑傑斯・塞羅卸下在阿雷基帕革命後所成立臨時政府領導人的職務，由利馬大主教等社會賢達組成的委員會來管理秘魯。之後又由最高法院主席等人成立臨時執政委員會，但不久即被希梅內茲 (Gustavo Jiménez) 所領導的軍事政變推翻。希梅內茲隨即又將政權移交給另一委員會，這個委員會負責重新規劃選舉制度，並試圖進行經濟改革以穩定貨幣，且成立負責貨幣發行的中央銀行。依照新的選舉法，成立了一個獨立的選舉委員會，並規定年滿二十一歲，識字的男性有義務投票。該法也規定曾支持萊吉亞連任、簽訂有損國格條約的神職人員與社會人士，不得成為候選人，以斷絕萊吉亞派的勢力再起。

1.群雄爭霸

　　1931 年的大選是歷年來最複雜、詭譎的一次。藉此次選舉，

阿普拉黨和革命聯盟黨正式加入秘魯的政治運作。這兩個政黨雖積極尋求各方支持，然而不但效果不彰，甚至遭到政府的干擾。最後，革命聯盟黨選擇支持桑傑斯‧塞羅，不但將桑傑斯‧塞羅送上總統寶座，也因此分沾他超人氣的光環。阿普拉黨則一直自許為普羅大眾的領航者，擁有強大的動員能力。總之，這時出身卑微、印歐混血的桑傑斯‧塞羅給人民的印象，是一位勇敢對抗獨裁政權的強者。另一位出身特魯西約，一個有歷史的家族且過著貴族式生活的阿亞‧德拉托雷，則使用攻擊性的語言進行階級鬥爭。除了普受大眾歡迎外，桑傑斯‧塞羅也受到反對萊吉亞的保守派團體的支持，因此他贏得最後的選舉。

另外一個當時成立的共和行動黨，則積極運作，希望影響新憲法的制定。這個政黨由一些年輕且具聲望的知識分子所組成，極力主張地方分權、突顯地方經濟的重要性，而且該黨也非常排斥獨裁主義。雖然該黨在 1931 年大選中推出中間派的候選人，但該黨終究不能避免走向極端主義的政黨。至於革命聯盟黨則因最後選擇支持桑傑斯‧塞羅以及受到阿普拉黨的夾擊，最後成為泡沫化政黨。

桑傑斯‧塞羅上臺後，很快的就成立了一個以他為中心的獨裁式政黨，並且擁有為人所忌妒與羨慕的群眾基礎。該政黨也擁有一群脫離人民黨的保守派人士的支持，他們極度憂心阿普拉黨政治勢力的竄升。該黨也高舉民族主義旗幟，成功號召城市居民加入他們的陣營。

美洲人民革命聯盟黨於 1924 年在墨西哥成立，這是一個國際

性的政黨，秘魯阿普拉黨則一直到 1930 年才真正成為政黨。阿亞·德拉托雷是該黨的創辦人及終身的領袖。雖然隨著時間演變，該黨部不斷調整自己的方針，但是一開始，該政黨定位為馬克思主義政黨。阿亞·德拉托雷甚至指出，該黨就是要在西語美洲推行馬克思思想，支持階級鬥爭以及在秘魯進行暴力革命。該黨不只抨擊桑傑斯·塞羅，早在成立初期即強烈攻擊萊吉亞政府，也一度是人民黨的主要敵人之一。這個具有暴力傾向的政黨也因此遭到來自政府的極度鎮壓，造成該黨許多領導階層遭監禁或流亡海外。該黨不但抨擊美國帝國主義的壟斷與壓迫，同時認為大部分的秘魯地區都處於落後的封建體制下，且指控部落首長及大地主壓榨農民。這些想法極為類似共產主義。從成立初期，阿普拉黨即致力於尋找有聲望的知識分子，最後他們以曾主張無政府主義的岡薩雷茲 (Manuel González Prada) 為其核心人物。另外，阿亞·德拉托雷身旁也常圍繞著一群來自秘魯北部特魯西約，被稱為「北部團體」的年輕知識分子。

　　與此同時，另一位政治人物馬里亞特吉則成立了社會黨。不過在其逝世後，該黨更名為共產黨，親近蘇聯且接受共產國際的支持與指揮。唯在成立初期影響力有限，1950 年後才開始茁壯，並在 1968 年貝拉斯科 (Juan Velasco Alvarado) 開啟的軍事獨裁期間，達到勢力的顛峰。

　　1931 年的大選，桑傑斯·塞羅以十五萬二千多票對十萬六千多票，擊敗阿亞·德拉托雷贏得大選。敗選的阿普拉黨指控對手舞弊，並宣稱該黨才是真正的獲勝者，加上由於當時計票的緩慢，

引起支持阿普拉黨的軍人與民眾爆發了一連串的暴動。國會除了
相關議題的辯論外，其內部依然相當混亂。1931 年聖誕節，在特
魯西約發生了疑似謀殺阿亞・德拉托雷的槍擊事件，政府甚至因
此頒布緊急命令以維持公共秩序。不過緊急命令的頒布，並未能
阻止阿普拉黨可能將秘魯帶入戰爭風暴的危險，最後迫使政府在
1932 年初，濫用相關法律逮捕阿普拉黨的國會議員。在此混亂情
況下，國會依然持續運作。

圖 26：阿亞・德拉托雷（圖中
右者），1895 年 2 月 22 日出生
於秘魯北部的特魯西約城。先
後就讀於自由大學、庫斯科大
學和聖馬科斯大學。1918 年擔
任聖馬科斯大學學生聯合會主
席，領導秘魯的大學改革運動
並支持工人的鬥爭。1923 年因
領導學生和工人反對萊吉亞的
獨裁政權，被政府驅逐出境。
1924 年在墨西哥創建美洲人民
革命聯盟，該聯盟的西班牙語
縮寫為 APRA，意譯為「阿普
拉」，故簡稱阿普拉黨。

1924 年至 1931 年間，阿亞・德拉托雷曾訪問美、英、德、義、蘇聯、
法國和許多拉美國家。在蘇聯曾會見列寧夫人、史達林和托洛斯基等
人。1927 年出席在布魯塞爾召開的世界第一次反帝代表大會。1931 年
回國，同年 10 月首次參選總統失敗。1932 年該黨被宣布為非法後，
他被捕入獄，一年多後被釋放。1934 年至 1945 年阿普拉黨處於非法

狀態,他也不能公開活動。1945 年至到 1948 年,他再次活躍在政治
舞臺上。1948 年阿普拉黨部分黨員在卡亞俄策動海軍起義,反對政變
上臺的奧德里亞獨裁政府,但結果失敗。起義失敗後,1949 年至 1954
年,阿亞‧德拉托雷逃到哥倫比亞駐秘魯大使館避難,1954 年獲准流
亡到墨西哥。1962 年,他回國參加大選,得票居首位,但由於軍事當
局阻撓,他未能當選。次年再次參選仍然遭到失敗的命運。

1978 年,阿亞‧德拉托雷高票當選為立憲會議主席,次年病逝。當時
利馬有一百五十萬人參加了悼念他的活動。他是政治家,也是思想家
和理論家。他的思想被稱為「阿普拉主義」、「阿亞主義」或「印第安
美洲主義」。他的著述甚多,主要有《爭取拉丁美洲的釋放》、《論中產
階級的作用》、《反帝主義和阿普拉》等。1977 年秘魯出版了《阿亞全
集》共七卷。

阿亞‧德拉托雷生前,阿普拉黨一直未能上臺執政。1985 年,該黨主
席賈西亞(Alán García Pérez,圖中左者)當選為總統,人民黨成為執
政黨和秘魯第一大黨。1990 年賈西亞任滿卸任,1990 年代該黨的力量
有所削弱。

阿亞‧德拉托雷從年輕時期就致力於關注秘魯的社會問題、主張反帝
主義、爭取拉美政治團結、實現土改和工業國有化、巴拿馬運河國際
化、聲援全世界被壓迫民族和被壓迫階級。另外,他的「印第安美洲
主義」中,強力為秘魯以及拉丁美洲廣大的印第安民眾爭取權益。因
為這些貢獻,他在 2000 年終,被英國國家廣播公司 (BBC) 票選為二
十世紀拉丁美洲最重要的十位歷史人物之一。

2.阿普拉黨的叛變

　　1932 年 3 月 , 發生第一起企圖謀殺桑傑斯‧塞羅總統的案
件,主謀者是一位阿普拉黨的青年。事發後該青年被捕並被軍事
法庭判處死刑,稍後改判無期徒刑。發生這起謀殺案後,政府加

強對反對派人士的鎮壓，特別是阿普拉黨的人士。阿亞・德拉托雷甚至因此被判刑入獄。1932 及 1933 年由於海軍基層軍官參與卡亞俄港的叛變，使得秘魯內戰極可能一觸即發。叛亂平息後，八名涉案軍官被槍決。同時，因阿普拉黨曾公開宣稱將進行革命，所以盛傳該黨是這場叛變的幕後主導者。這事件發生後不久，雖然阿普拉黨極力撇清阿亞・德拉托雷不知情也未支持這項行動，甚至地方黨部領導人也表示訝異黨員的作為，1932 年 7 月 7 日，在特魯西約及其周邊城市的阿普拉黨黨員在該城發動真正的革命，似乎更印證了相關的傳聞並非空穴來風。阿普拉黨黨員之所以選擇在特魯西約發動革命，乃是該城附近是當時秘魯重要出口作物糖的主要產區，而且與秘魯的大地主有密切的關係。此外，這也是該黨極度痛恨的人民黨一些領導人物權力基礎之所在。令人遺憾的是這事件至今仍撲朔迷離，真相未能水落石出。

　　叛變爆發後，政府從沿海各城市調集正規軍向反叛軍宣戰，甚至使用飛機轟炸。隨著政府軍的逼近，阿普拉黨的領導人逃離特魯西約城，而反叛軍則不斷地進行暗殺。由於阿普拉黨在該城具有相當的影響力，反叛軍因此獲得當地廣大民眾的支持。政府軍的鎮壓行動緩慢且小心翼翼，這段期間軍事法庭陸續將叛軍判處死刑。據估計，阿普拉黨人士在此事件中死亡人數介於五百到五千人間，但實際人數仍不可考。1933 年又發生另一起阿普拉黨人企圖謀殺總統的事件，之後在秘魯其他城市或郊區也陸續發生由該黨所進行的謀殺行動。阿普拉黨和政府的對立造成秘魯 1930、1940 年代的動盪不安。

　　當特魯西約事件方興未艾時，政府又在首都利馬逮捕社會黨及阿普拉黨的國會議員，國會被迫停止運作，當時甚至傳言利馬發生叛亂事件。在這一連串的事件後，一群被控謀反的阿普拉黨議員以及支持萊吉亞的殘餘勢力被迫流亡海外。1933 年 3 月，曾經支持桑傑斯・塞羅的希梅內茲發動政變，他表示這次行動受到阿普拉黨的支持。行動失敗後，希梅內茲自殺身亡，政府也處決了一些追隨者。秘魯就在這混亂的情況下進入了第二次世界大戰前的關鍵時刻。

　　此時秘魯不僅存在內部的問題，也存在一些因萊吉亞政府時代所簽訂極具爭議的國際協定所引發的嚴重問題。萊吉亞政府曾於 1922 年和哥倫比亞簽訂條約將亞馬遜區交給哥國，其中包括秘魯在此區的重要城市蕾蒂西亞。由於有一群愛國人士主張要回這個城市，因此在 1932 年 9 月 1 日，秘魯終於和哥倫比亞發生爭奪蕾蒂西亞走廊的戰爭。政府召回流亡歐洲且極具聲望的貝納維德斯將軍率領軍隊應戰。1933 年 4 月底當戰爭如火如荼進行時，桑傑斯・塞羅遭阿普拉黨人士暗殺，貝納維德斯將軍在混亂的情勢中由國會推舉繼任總統。這次戰爭延遲至 1934 年，才經由國際聯盟的仲裁得到解決。據說，阿普拉黨人士也參與此次戰爭，共同對抗哥倫比亞。總之，桑傑斯・塞羅雖經由合法程序當選，也受到廣大民眾的支持，但因處心積慮想除去阿普拉黨而遭對手謀殺。但是也極有可能他的身亡，只是當時盛行的暗殺行動的犧牲品。

3. 幸運的將軍

　　在明顯違憲下，國會選舉貝納維德斯繼任總統，以完成桑傑

斯‧塞羅至 1936 年結束的任期。在政局混亂的情況下，貝納維德斯宣布政治特赦，使得阿普拉黨能再度和政府接觸、溝通。在解決和哥倫比亞的邊界糾紛後，貝納維德斯繼任的總統任期即將在 1936 年結束。雖然貝納維德斯曾宣布政治特赦，但因阿普拉黨仍是一個國際性政黨，依憲法的規定，其黨員不能成為候選人，該黨轉而支持曾任制憲議會主席的艾吉古倫 (Antonio Eguiguren)。很明顯的，艾吉古倫贏得這次大選，但是貝納維德斯卻以武力強迫國會宣布選舉無效，並通過決議讓他再執政三年。在 1936、1939、1950 甚至 1956 年的大選，政府干涉並影響選務中立的事件層出不窮。1945 年的大選，令人意外的政府並未干預選舉，由全國民主陣線 (Frente Democrático Nacional) 的候選人布斯塔門特 (José Luis Bustamante) 贏得大選。

　　貝納維德斯政府與美國壟斷資本有密切關係。他上臺後，積極實行向美國靠攏的政策。在執政期間，他以改良海軍的名義，聘任美國軍官擔任秘魯海軍顧問，使美國勢力深入秘魯的軍隊。在對內政策方面，他完全採取軍事獨裁統治，對工人和群眾運動進行鎮壓。工會領袖、進步人士和共產黨員，或者被迫處於地下，或者相繼流亡國外。當時的內閣幾乎全是他的部將，其中包括六名陸軍和兩名海軍軍官。1937 年 11 月才改為一半是軍人，一半是文人。

4.二次大戰結束前的政局

　　1939 年初，秘魯曾經爆發叛亂。後來叛亂雖被平定，但是貝納維德斯卻被迫不能再參加大選。在這次大選中，保守派的普拉

多‧烏加特切,在美國和秘魯國內反動派人士支持下當選為總統。普拉多‧烏加特切政府繼承了貝納維德斯的反動政策,其政府被稱為「四十個家族」的寡頭政府,完全代表大地主、大資產階級和美國壟斷資本的利益。他上臺不久,即從租借法案中得到美國一千萬美元的貸款。

　　1941 年 12 月 7 日珍珠港事變發生後,普拉多‧烏加特切馬上就對美國表示,秘魯將支持美國的一切政策和措施。12 月 9 日,秘魯政府便凍結了日本在秘魯的基金和財產,同時對納粹的活動,也採取了一些措施。1942 年 1 月 24 日,即美洲各國外長會議以後,秘魯宣布與德、義、日三個軸心國家斷絕外交關係。1943 年,普拉多‧烏加特切政府把卡亞俄港開放給美國軍艦使用。同年 4 月,美國副總統抵達秘魯訪問。1945 年,在盟軍和整個世界反法西斯戰爭將取得勝利的前夕,秘魯正式對德國與日本宣戰。

二、經濟與社會情勢

　　1930 年代,秘魯曾經對其經濟作了一系列的修正,包括取消原來的金幣鎊 (libra) 改採索爾金幣 (sol) 等措施。由於出口不但數量與金額都銳減,特別是英美進口商大幅縮減秘魯糖進口配額,因此造成秘魯貨幣明顯的不斷貶值。另一方面,國際經濟局勢造成生產工具的現代化以及資金的流動更為緩慢與困難。當時秘魯國內資金已由投資蔗糖逐漸轉向投資種植棉花,但棉花種植的利潤在數年後才逐漸顯現。另外,秘魯漁業發展在 1930 年代才開始,通常由銀行貸款給中型企業經營或由外資直接經營。

　　1930 年代由於秘魯國幣不斷貶值，人民生活支出不斷攀升。
1930 年初期貨幣再次貶值，當時執政的軍事委員會曾試圖穩定索
爾的價格，然而情勢持續惡化並造成 1931 年外匯存底大幅減少。
為此，政府在 1931 年頒布《銀行法》，且大幅削減外交部、經貿
部、建設部以及國會的預算，以解決國家的財政困頓；但另一方
面，卻不斷增加國防、警察及司法等部門的支出。當時，政府也
頒布特別法以成立農業部，同時宣布所有金礦都歸國家所有。另
外因政府財政極度拮据，甚至幾乎停發公務人員薪資，所以特別
設立賦稅分級制，以減輕公務人員的負擔。

　　前面曾指出，萊吉亞政府時代意味著中產階級勢力的上升，
但同時也是大批各省上層階級往大城市，特別是首都利馬遷移的
時代。這種現象可能是內地日益貧窮以及傳統生活方式的改變所
造成。政府透過成立「印第安族群保護機構」❸ 積極介入，藉以
改善農村特別是印第安居民的生活。此外，由於萊吉亞執政初期
曾推動義務教育，使得西班牙語能在傳統的印第安區推廣、紮根。

　　根據萊吉亞時代所頒布的《義務從事道路建設法》，安地斯山
區的居民被迫義務從事交通建設。理論上，此法應該會影響所有
秘魯人民，但事實上它只針對安地斯山區十八到六十歲的居民。
此法最後成為秘魯政府壓迫印第安人的工具，甚至淪為特權階級

---

❸　這個機構由政府任命官員、神職人員及社會賢達所組成，藉以保護印
　　第安人使其免於遭受各種歧視與暴行，可是這似乎重返殖民時代所建
　　立的「印第安人共和國」。此機構除必須研究、探討影響印第安人的問
　　題根源外，也具有教育印第安人的目的。

利用印第安人來為其開鑿私人道路。此舉引發利馬大主教、主教
以及衛道人士的攻訐，指控政府藉此法令的庇護欺壓印第安人。
此外印第安人本身也進行了一些爭取其權益的運動。

　　桑傑斯・塞羅和貝納維德斯的執政使得秘魯產生了新的軍事
主義階級，他們也都極力爭取不同經濟團體的支持。貝納維德斯
執政初期積極拉攏大莊園主 ， 之後則多方拉攏各種經濟團體 。
1936 年，當國會宣布大選無效並延長貝納維德斯的任期後，秘魯
的政治局勢更形穩固。在這段期間，他所提出「秩序、和平及工
作」的口號，獲得城市中產階級的支持，他們認為秘魯從此可走
向康莊大道。另外值得一提的是，在 1940 年代以前，特別是在
1930 年代，秘魯的人口結構並沒有很大的變化，大多數的秘魯人
都居住在農村。農村人民除了參與阿普拉黨所策劃的叛亂活動以
及爭取印第安人的權利運動外，很少參與國家的政治活動。

　　在貝納維德斯執政期間 (1933–1939)，具有強大勢力的財團持
續影響政府的運作，然而他們並沒有把握機會讓其組織現代化，
也沒有讓秘魯的經濟更活絡。很明顯的秘魯政府無能為力，而且
執意採行以前制定的政策，沒有隨情勢而加以變通。此外，當時
的秘魯政府不但沒有像鄰近國家一樣對外貿採取管制措施，反而
只處心積慮如何去鎮壓反對勢力。具有馬克思主義傾向的阿普拉
黨及共產黨遂利用這種情勢，鼓動秘魯人民不滿的風潮。桑傑斯・
塞羅之後，雖然阿普拉黨和革命聯盟黨的勢力不斷增加，但是由
於阿普拉黨遭到追捕以及軍人執政，使得當時的秘魯很難形成活
絡的文人社會。雖然如此，貝納維德斯執政時期，逐漸穩定桑傑

斯·塞羅遭暗殺後所引發的一連串動亂和不穩定的情勢。另外，他的政府也再度開放以前關閉的大學；投入大筆經費，普設學校，積極推動基礎教育；鋪設柏油路面，推動公共建設；增加社會的參與等各項措施。

三、民主的重振

普拉多·烏加特切從 1939 年執政至 1945 年。乍看之下，他執政時期秘魯似乎獲得一定程度的穩定，但這種現象受到外在因素相當程度的制約。二次大戰的爆發以及蘇聯加入同盟國，影響了同屬性的阿普拉黨及共產黨在秘魯的活動，這兩個政黨甚至稱普拉多·烏加特切為「秘魯的史達林」。普拉多·烏加特切在位時再次將阿普拉黨合法化，並且對該黨採取較容忍的政策。該黨也趁此機會開始改變對資本主義的攻擊以及修改他們的政策，將帝國主義視為低度發達國家的敵人。

普拉多·烏加特切執政期間，秘魯發生一些嚴重的事件，最突出的是 1941 年 7 月和厄瓜多爆發邊界危機。厄瓜多自 1830 年獨立後即不斷要求通貝斯等的主權，但按照土地先占原則，這裡應是秘魯領土。此後厄瓜多數次趁機入侵，甚至曾透過西班牙國王仲裁，但因厄國覺得仲裁偏袒秘魯而拒絕簽署。二次大戰前，雙方曾於美國協商並無結果。1941 年，厄國軍隊占領秘魯領土，秘魯成功擊退入侵軍隊。秘魯獲勝，有助普拉多·烏加特切鞏固個人聲望並使得其內政獲得廣泛的支持，同時有利其政府和各政治團體達成共識，以保障國家的穩定發展。1942 年，雙方在美

國、阿根廷、哥倫比亞及智利的見證下，於里約熱內盧簽訂和平議定書，確立雙方的邊界。不過，位於孔多爾山脈 (Cordillera de Cóndor) 的邊界糾紛卻到二十世紀末才獲得解決。

普拉多‧烏加特切在民主體制下執政，而且當時秘魯的政治情勢也相對穩定。另一方面，秘魯共產黨也開始討論是否與資產階級合作，這在其內部引發了激辯和問題。普拉多‧烏加特切執政末期，阿普拉黨所改組的人民黨 (Partido del Pueblo)、共產黨及其他政黨組成全國民主陣線。該陣線所推舉的候選人布斯塔門特，以壓倒優勢擊敗了一直掌權的保守黨，當選總統。這是一個較開放、民主但不是寡頭統治的政府。

四、1940 年的人口普查

普拉多‧烏加特切政府的另一個重要措施，就是在 1940 年進行人口普查。這是秘魯在 1876 年後再度進行的普查，這段期間秘魯平均人口增長率為 1.3%。1879 年至 1883 年和智利之間爆發的太平洋戰爭，對秘魯 1876 年至 1940 年間的經濟及人口產生嚴重的影響。戰爭後，秘魯的鳥糞出口繁榮期結束，沿海的莊園制度被破壞導致了經濟破產，也相對影響人口的成長。1940 年起，由於農村人口大量移往城市，大幅改變秘魯人口的分布情況，當時農村與城市人口各為 64% 及 36%。但此後，農村人口日益減少而城市人口比例則不斷增加。此外，出生率和平均壽命明顯提高，也造成今日秘魯的人口爆炸。依 1940 年的普查，秘魯人口為六百二十多萬人。此普查也顯示，秘魯的城市人口集中在沿海地區，

表 4：1940 年至 2000 年秘魯城市和農村人口比例（單位：千人）

年代	城市人口	比例 (%)	鄉村人口	比例 (%)	總人口
1940	2,240.3	36.1	3,967.6	63.9	6,207.9
1960	4,674.3	46.6	5,350.3	53.4	10,024.6
1965	5,780.8	49.6	5,868.8	50.4	11,649.6
1970	7,131.6	52.5	6,454.7	47.5	13,586.3
1975	8,875.0	55.9	6,993.8	44.1	15,868.8
1980	10,894.8	58.8	7,632.2	41.2	18,527.0
1985	13,498.6	62.5	8,113.2	37.5	21,611.8
1990	16,762.5	66.7	8,379.8	33.3	25,098.5
1995	20,834.1	71.6	8,264.4	28.4	29,098.5
2000	25,884.3	77.3	7,606.7	22.7	33,491.0

而農村人口則集中在安地斯山區。

　　農村與城市人口的相對消長，主要是因為農村人口大量移往城市。由於人口的成長以及印第安部落土地的喪失，加上 1980 年後，因恐怖團體光明之路 (Sendero Luminoso) 在農村地區發動恐怖攻擊，迫使大批安地斯山區的印第安人移往城市。農村人口的減少，不僅造成許多農村荒地和糧食生產減少，也產生許多城市的失業和半失業人口。此外，因為政府大力預防幼兒疾病，使得死亡率明顯降低，平均壽命大幅提升。平均壽命從 1945 年的三十七歲增加到 2003 年的七十‧八八歲。

　　農村土地的喪失，使得當地居民愈來愈貧窮，也促使這些居民深信移往城市可找到更好的工作，改善他們的生活，但通常都事與願違。雖然如此，他們仍然在城市找到更完善的受教育機會。1940 年至 1961 年間，秘魯沿海地區的人口成長 10.6%，山區人口相對減少 12.3%。這段時間，56.1% 的人口成長出現在沿海地區，這主要歸因於大量的移民以及政府大幅改善基礎醫療設施。

第六章 | *Chapter 6*

二次大戰後至 1980 年代初期的秘魯

　　第二次世界大戰結束後至 1980 年代初期，秘魯歷史大致上可劃分為兩個不同的階段。第一階段從 1945 年至 1968 年。在 1945 年的大選中，全國民主陣線的候選人布斯塔門特當選總統，他在位期間採取嚴格控制物價，防止利潤外流，撤除美國的軍事基地等措施。1948 年 10 月 27 日，奧德里亞 (Manuel A. Odría) 發動政變，推翻布斯塔門特政府，奪取政權。他上臺後，實行高壓政策，取消公民自由。為此，秘魯共產黨被迫轉入地下，工會活動被禁止，許多工會領導人遭到迫害。1956 年，前總統普拉多・烏加特切再度當選總統。普拉多・烏加特切執政後，廢除《國家安全法》，實行大赦，恢復公民自由以及政黨和工會的活動。另外，1962 年 6 月 10 日秘魯舉行大選，阿普拉黨候選人阿亞・德拉托雷領先但未能達憲法所要求占選票三分之一，依規定應由議會選舉。但是秘魯軍隊不願阿亞・德拉托雷上臺，遂發動政變，推翻普拉多・烏加特切總統，成立以佩雷斯 (Ricardo Pérez Godoy) 為首的軍人執政委員會。1963 年 3 月 3 日林德利 (Nicolás Lindley

López) 將軍推翻佩雷斯,掌握軍政府領導權。1963 年 6 月軍政府
主持總統選舉,人民行動黨領袖貝朗德 (Fernando Belaúnde Terry)
當選總統。1963 年 7 月 28 日貝朗德就任總統。他在國情咨文中提
出「秘魯在建設」的口號。貝朗德執政後,在政治方面,開放黨
禁,允許反對黨合法存在和活動;另外,他也積極推動高等教育。

　　第二階段從 1968 年至 1980 年,軍人共執政了十二年。貝拉
斯科在其執政七年中,推行了「秘魯模式」的試驗❶。1975 年 8
月,莫拉雷斯‧貝穆德斯 (Francisco Morales Bermúdez) 發動一場
不流血政變,罷黜貝拉斯科,就任總統。莫拉雷斯‧貝穆德斯政
府上臺後即開放黨禁,允許各政黨恢復活動,並舉行立憲議會選
舉。1980 年 5 月 18 日,他被迫如期舉行大選,由前總統貝朗德
以 45% 的選票,再當選總統。同年 7 月 28 日,十二年前被軍人
推翻的貝朗德從軍人手中接掌政權,再度執政。

　　在經濟方面,秘魯在拉丁美洲屬經濟中等發展的國家之一,
戰後四十年來,保持了農礦產品生產國和出口國的經濟結構。農
業發展緩慢,糧食和肉類都不能自給自足。礦業、製造業的發展
較為迅速。貝拉斯科軍政府時期為發展民族經濟所採取的一系列

---

❶　貝拉斯科所推行以經濟國有化、土改和社會所有制企業為三大支柱的
　　「秘魯模式」,其目的在打擊和削弱帝國主義及國內地主寡頭勢力,加
　　強國家對國民經濟的控制,鞏固民族資產階級在秘魯經濟政治生活中
　　的領導地位,促進秘魯資本主義工業化的發展,在秘魯歷史上具有進
　　步作用。總而言之,「秘魯模式」是秘魯民族資產階級透過改良主義道
　　路,發展資本主義的一種嘗試。

措施，在一定程度上推動了秘魯經濟的發展。1974 年後，由於
1973 年至 1975 年世界經濟危機的衝擊、世界市場農礦產品價格
下跌、1972 年魚源驟減和漁業衰退，以致生產下降，通貨膨脹和
失業率增加。1975 年莫拉雷斯‧貝穆德斯上臺後，採取收縮國有
化政策、實行緊縮開支、削減預算、增加稅收、貨幣貶值、裁減
職工等政策以擺脫經濟困境。這些措施在一定程度上減輕了經濟
危機的衝擊力，但是沒有根本扭轉經濟衰退的局面。

第一節　戰後初期的政治、經濟局勢 (1945–1963)

一、全國民主陣線的勝利 (1945–1948)

　　1945 年 6 月 10 日，秘魯舉行總統大選。在第二次世界大戰
結束、民主勢力抬頭之際，由共產黨、社會黨及人民黨推薦的全
國民主陣線聯盟候選人前駐玻利維亞大使布斯塔門特，以壓倒優
勢擊敗了一直執政的保守黨，當選總統，並於同年 7 月 28 日宣誓
就職。布斯塔門特政府上臺後，採取一些促進工業化的措施，國
家資本主義的作用有較大的加強，政府加強對物價和外國公司匯
出利潤的控制，加強並鞏固國營經濟，1948 年建立國營石油公
司，另外，也撤除了美國的軍事基地。雖然如此，他並沒有完全
按照競選諾言行事。

　　布斯塔門特就任後，深知在當時局勢下，其政府必須尋求和
其他政黨協商、共存，但支持他上臺的阿普拉黨在國會占多數，

且不斷提出有害國家安定的法案。有鑑於此，加上阿普拉黨的叛亂事實，布斯塔門特不得不與該黨劃清界限，甚至宣布其為非法政黨，也因此阿普拉黨再次淪為反對黨。

　　1947 年，秘魯國會在阿普拉黨的杯葛下，幾乎動彈不得，因此促成包括共產黨在內的其他政黨組成全國聯盟 (Alianza Nacional)，與阿普拉黨對抗。雖然如此，情勢並沒有獲得改善，並迫使布斯塔門特在隔年任命奧德里亞將軍組成軍事內閣，企圖穩定局勢，但秘魯政局卻日益緊張。事實上，布斯塔門特所代表的全國民主陣線的勝利，引起了美國及秘魯國內反動勢力的惶恐不安。1948 年 10 月 27 日，在美國的策動和支持下，以奧德里亞為首的反動軍事集團，發動軍事政變，奪取政權。奧德里亞自任臨時總統，成立軍人內閣，並於 1950 年 7 月，正式 「當選」 總統。從此，秘魯人民又淪於奧德里亞的反動獨裁統治之下。

二、奧德里亞八年的統治 (1948–1956)

　　奧德里亞上臺後，在國內實行反動的恐怖統治，取消公民自由。1948 年頒布 《國內安全法》，用以鎮壓愛國和進步人士以及一切反對他的人。1950 年，宣布共產黨與人民黨為非法政黨，迫使這兩個政黨轉入地下。不少秘魯人民黨領導人被捕或被流放國外。人民黨領袖阿亞・德拉托雷躲在哥倫比亞駐秘魯使館長達五年之久，直到 1954 年才被允許離境。此外，工會活動被禁止，許多工會領導人遭到迫害。1950 年 7 月，奧德里亞操縱選舉，當選總統，任期六年。在對外政策方面，他完全依附美國。

　　奧德里亞政府代表傳統的出口商利益，執行自由放任主義的經濟政策，對外國資本實行完全開放的政策。在他任期內，美國對秘魯的投資大幅增加，至 1955 年底，已增至三億六千萬美元；整體外資也由 1948 年的四億美元，增加至 1956 年的八億美元。此外，1950 年至 1955 年間，美國資本在秘魯所獲得的利潤，高達一億七千多萬美金。在進出口方面，這個時期美國也居於首位。1955 年，美國占秘魯進口總值的 51.1%，占出口總值 30.2%。

　　奧德里亞就任後的前三年，由於韓戰爆發，秘魯的銅等礦產品和棉花、糖等農產品的出口商品在國際市場的價格急劇上揚，出口量和出口額大幅度增加。出口的擴大也帶動了以初期產品加工為主的工業發展，1950 年至 1955 年間，工業生產總值增加 140%，經濟暫時出現繁榮。在奧德里亞執政的八年中，國內生產總值年平均成長 6.87%。但是，經濟的成長主要是由於出口的擴大和外國投資的增加，奧德里亞政府本身並沒有一個促進工業和經濟發展的綱領。

　　1953 年末起，由於韓戰結束，秘魯的初期產品價格大幅下跌，經濟開始衰退，1953 年外貿逆差達七千萬美元，政府收入減少，通貨膨脹加劇。1956 年通貨膨脹比 1948 年上漲 92.6%，人民生活水準下降，罷工浪潮此起彼落，席捲全國。

　　1950 年 7 月 28 日，阿雷基帕發生學生起義及工人總罷工，抗議政府實行獨裁及搞假選舉。起義者成立了臨時政府，在阿雷基帕掌權五天後，被鎮壓下去。1954 年至 1955 年，在阿雷基帕等地發生總罷工，軍隊內部不滿情緒蔓延。1955 年底，在阿雷基

帕又發生一次平民起義，要求恢復民主秩序。迫於形勢，奧德里亞同意在 1956 年任期屆滿時舉行大選。在 1956 年的大選中，他終於被人民所唾棄。全國聯合陣線 (Coalición Nacional) 的候選人——前總統普拉多·烏加特切再度當選總統。

事實上，這時期的秘魯仍屬於半封建、半殖民地的落後農業國。至 1956 年，從事農業的人口占全國人口 70% 以上。地主和天主教會占有全部耕地的 80%，農民則有 86% 沒有土地。這些農民絕大部分是印第安人，其處境是拉丁美洲農民處境最壞的國家之一。他們所受的剝削十分嚴重，各方面都很落後。不少農民淪為債務奴隸，處於最低賤的地位。

在帝國主義與封建制度的雙重壓迫下，秘魯人民的反帝和反封建運動日趨激烈。特別是從第二次世界大戰結束以來，由於社會主義和全世界殖民地、半殖民地民族解放運動不斷勝利，秘魯的民主革命運動也日益高漲。

三、普拉多·烏加特切再度執政 (1956–1962)

在 1956 年 6 月的大選中，前總統普拉多·烏加特切，以全國聯合陣線的候選人身分再度當選總統，並於同年 7 月 28 日就任。同一天，他宣布恢復議會活動，廢除《國內安全法》，實行大赦，釋放政治犯。普拉多·烏加特切政府執政後，恢復了人民的自由，秘魯共產黨和人民黨被允許公開活動，阿亞·德拉托雷等流亡在國外的政黨領導人陸續回國。秘魯工會聯合會也恢復活動。

由於廢除《國內安全法》，在這段時間秘魯的新興政黨如雨後

圖 27：1956 年再度當選總統的普拉多・烏加特切就職典禮

春筍，不斷成立。在眾多新成立的政黨中，最重要的非人民行動
黨莫屬。其領導人是一位出身政治世家的大學教授貝朗德，他在
1962 年的大選中，終於當選秘魯總統。另一個重要的新興政黨是
基督教民主黨 (Democracia Cristiana)，其創黨人士與天主教團體、
學界有密切關係，甚至有許多人年輕時曾在 1945 年至 1948 年執
政的布斯塔門特政府任職。布斯塔門特可說是這個政黨的催生者。
此外， 社會運動進步黨 (Movimiento Social Progresista) 也是在當
時相當活躍的小黨。

　　普拉多・烏加特切在 1956 年第二次就任總統，他從奧德里亞
手中接過來的是一副經濟上的爛攤子：國庫空虛、外匯枯竭。普
拉多・烏加特切政府主要代表金融資本家和大出口商的利益，他
的政府執行自由經濟的政策，其指導思想在確保自由貿易、自由

經營，透過鼓勵外國投資來實現現代化。金融資本家和大出口商在政府中起決定性的影響，迫使政府拒絕任何土地改革，在執政初期對本國工黨保護不力。

1958 年由於出口收入銳減，國際收支出現危機，貨幣貶值，通貨膨脹加劇。1959 年 7 月，普拉多·烏加特切任用「新聞報」社社長貝爾特蘭 (Pedro G. Beltrán) 擔任總理兼財政及商業部長。貝爾特蘭執行了一套嚴格的穩定經濟的緊縮政策：凍結工資、提高物價、取消對麵包和肉類等基本食品的補貼、增加汽油稅、削減政府三分之一的開支、穩定幣制、發行債券等等，以抑制通貨膨脹。1959 年國會通過了《工業促進法》，鼓勵工業投資。此法規定，對一切基礎工業、企業所需設備和中間產品的進口實施免稅，對用 30% 至 100% 的利潤進行再投資者，也可享受免稅。貝爾特蘭的這些政策措施收到了明顯的效果：改善了國家的財政，國庫收入增加，外匯儲備寬裕，政府提前償還積欠國際貨幣基金組織的債務，中央財政收支在六年逆差後，首次出現了盈餘。1960 年國內生產總值成長 11.3%，工業生產增加 15.9%。

1959 年初古巴革命成功後，普拉多·烏加特切政府政策右轉，1960 年宣布與古巴斷絕外交關係，同年又宣布秘魯共產黨非法。1960 年代初，秘魯農村奪地運動高漲。1962 年 6 月 10 日舉行大選，由秘魯人民黨和秘魯民主運動組成的民主聯盟推舉的候選人阿亞·德拉托雷得票居首位，人民行動黨候選人貝朗德和全國聯盟候選人奧德里亞分居二、三名。由於阿亞·德拉托雷得票不足憲法所要求的占總選票的三分之一，按規定，應由國會對得

票前三名候選人中投票決定。阿亞‧德拉托雷一開始想和貝朗德
協議但沒有成功。後來他終於和以前的政敵奧德里亞達成協議，
同意在國會選舉中支持奧德里亞當選總統。但是秘魯的軍隊不願
意讓阿亞‧德拉托雷或奧德里亞上臺，就在普拉多‧烏加特切任
期還剩十天時，即 1962 年 7 月 18 日發動政變，推翻普拉多‧烏
加特切總統。

政變後，以佩雷斯為首的軍人成立執政委員會。1963 年 3 月
3 日林德利將軍推翻佩雷斯，掌握了軍政府的領導權。1962 年 7
月至 1963 年 7 月執政的軍政府加強了國家對經濟的干預， 成立
了負責制定國家經濟與社會計畫的全國計畫委員會，進行了土改
的試驗，並透過均衡發展著手改革經濟結構。這些改革的嘗試可
以說是 1968 年至 1975 年貝拉斯科軍政府所進行大規模改革的
前奏。

普拉多‧烏加特切執政晚期另一件值得注意的是 1961 年人
口普查所顯示的新數據。這次人口普查顯示秘魯人口近一千萬，
比 1940 年普查的六百二十多萬成長 50% 之多，而且城市人口也
不斷上升，達總人數的 48%，這意味城市擴張所帶來的挑戰愈來
愈強烈，但也同時透露農村更加貧窮及其人口逐漸流失的警訊，
因此秘魯政府必須設計新的策略，以避免農村成為未來動亂之源。

第二節　人民行動黨首次執政時的改革 (1963–1968)

1963 年 7 月 28 日，秘魯人民行動黨領袖貝朗德就任總統，

他的政府是一個典型的代表中產階級利益的政府。在第二次世界
大戰結束後的十幾年中，秘魯的經濟有較大的發展。1963 年，工
業已占國內生產總值的 19.5%，和農業所占的 19.9% 相近，魚粉
加工業已超過日本，躍居世界第一位。銅和鉛、鋅的產量分別居
世界第五、六位。高等教育發展迅速，大學從 1940 年的七所，增
加到 1964 年的三十所；同期，大學生人數增加了十一倍。隨著經
濟和教育的發展，秘魯中產階級的人數不斷增加，到 1960 年代
初，已占人口的 15%，在秘魯的政治發展中占了很重要的地位。

　　前身是 1924 年由阿亞·德拉托雷在墨西哥創建的美洲人民
革命聯盟，依西班牙文縮寫又稱阿普拉黨的秘魯人民黨，1945 年
改稱現名。它是秘魯最早鼓吹中產階級領導的政黨，該黨創始人
阿亞·德拉托雷認為，秘魯以及拉美的工人階級只是一個正在形
成的階級，它不但缺乏階級意識，也缺乏先進資本主義國家無產
階級所特有的文化水準。因此中產階級是秘魯和拉美現階段革命
中的決定性因素，也是多階級聯盟的領導者。

　　人民黨在創立初期，中產階級約占其成員的 73.7%，成立五
十週年後，增至 82%。該黨成立初期曾提出反對美國帝國主義，
主張拉美政治和經濟統一、土改和國有化以及加強和被壓迫民族
及人民的團結等，但後來逐漸往右修正，特別是在 1956 年支持保
守的普拉多·烏加特切競選總統，1960 年代又與右派軍人奧德里
亞結盟。人民黨的這一傾向使得 1960 年後，部分黨員出走，成立
左翼革命運動，走上武裝鬥爭的道路。另一方面，由於國際共產
主義運動的分裂，秘魯共產黨幾經分裂，竟形成一、二十個自稱

共產黨的組織。

　　在這種情況下，貝朗德在 1956 年創建了另一個代表中產階級利益的政黨——人民行動黨，其在政治上的影響力愈來愈大。貝朗德於 1935 年畢業於美國德克薩斯大學建築系，是一個頗有名望的建築家，並創立所謂「秘魯即學說」❷的政治理論。他也認識到，秘魯是由沿海較發達的地區和廣大印第安人聚集的落後安地斯山區兩大部分組成的國家。以往提出解決秘魯的主張，往往只適合一部分地區，而不適合另一部分地區，所以都失敗了。因此，貝朗德主張用「調和」的方法來重新癒合分裂的傷痕。這種理論很投合對執政黨感到失望、狀況不佳的中產階級，特別是中產階級下層的需要。因此，在 1963 年的總統選舉中，人民行動黨贏得大選。

一、貝朗德的改革

　　1963 年 7 月 28 日貝朗德就任總統。他在國情咨文中提出「秘魯在建設」的口號。貝朗德執政後，在政治方面，開放黨禁，允許反對黨合法存在和活動；在教育、衛生和社會福利方面，強調社會公正；在經濟方面，實行了一些溫和的改革。貝朗德在位時

---

❷　「秘魯即學說」的基本內容是：秘魯不僅是一個物質的現實，而且也是一個歷史的現實，因此秘魯當然也是學說。這學說主張從古秘魯的歷史中得到啟示，使印加社會通行的那些基本原則復興起來，以解決秘魯的問題。土地正義、計畫傳統和人民行動是「秘魯學說」的三大原則，在古印加帝國就已產生和存在。這三大原則中，人民行動是基石。

處處依法行事，卻無奈地受制於國會多數反對派人士的杯葛。當時民意強烈要求他重新改選國會，以擺脫國會議員的牽制，但是貝朗德堅持尊重憲法，不願貿然行事。在當時與現今的秘魯，仍有許多評論家認為貝朗德這樣的態度是一種示弱的行為。事實上，許多秘魯民眾相當困惑，秘魯史上強勢且成大業的總統都是侵犯憲法者而且最後都能逍遙法外，因此他們認為貝朗德應該有強勢的作為才是。

貝朗德上任後第一項重要的政治決策即是決定立刻舉行法律明定但延宕多時尚未舉行的地方選舉。地方選舉在 1963 年擴大舉行，開啟秘魯民主的重要史頁。地方大選不但有利探討基層民眾關心的議題，更擴大秘魯民眾參政的機會。貝朗德政府於 1968 年被軍政府推翻後，地方大選被迫停止，一直到 1980 年貝朗德再次當選總統，才又再度恢復舉行。

貝朗德就職後，強調實行發展主義戰略，其基礎是對公路建設和灌溉工程等進行大規模公共投資，以增加收入，創造更多的就業機會，促進經濟發展，為此他採取多項重要政治措施。

首先，貝朗德政府於 1964 年 5 月頒布《土地改革法》。此法規定，凡是秘魯沿海地區灌溉地超過一百五十公頃、臨時灌溉耕地超過三百公頃、旱地超過四百五十公頃、天然牧場超過一千五百公頃的大莊園一律予以徵收，政府用債券或獻金給予補償。土改法規定，這些債券可以投資到工業部門，以促進工業發展。但是因為大莊園主及秘魯保守勢力的反對，僅將三十八萬多公頃的土地，分配給一萬多農戶，只占按規定應徵收土地的 4% 和需要

圖 28：代表中產階級利益的貝朗德曾於 1963 年及 1980 年兩度執政

土地農戶的 2%。因此，貝朗德政府土改的實際效果甚微。

　　其次，貝朗德政府制定了龐大的修建沿海乾旱地區灌溉工程、鋪設內地公路網和村社發展計畫，這些計畫規模龐大，所需投資多，而且又不能在短期內奏效，因此造成國家財政虧損累累。貝朗德政府實行赤字財政以為因應。1965 年至 1967 年，財政赤字平均成長率高達 96%。1963 年至 1968 年，公共開支增加一倍，其占國民生產總值的比重從 11.5% 增加到 16%。

二、貝朗德改革的成就

　　貝朗德政府也改革金融制度，加強國家干預。1966 年，他的政府設立了國家銀行，負責儲存政府的全部資金徵稅，並為整個

政府部門及私人機構服務。此外,政府限制商業銀行中的外資。同時,貝朗德政府為鼓勵國內市場需要的產品生產,將秘魯貨幣與美元的匯率維持二十六‧八二索爾對一美元不變。此外,為保護本國工業,貝朗德執政後,將進口稅從 11% 增加到 23% 至 27%,並降低出口稅,使出口稅收入在 1966 年只占國家財政收入的 3%。

1963 年至 1968 年貝朗德第一任總統期間,秘魯國內生產總值以平均 5% 的速度成長,出口額成長 50%,工業產值增加三分之一。沿海地區灌溉面積增加八萬公頃,還有十萬公頃土地的灌溉系統也獲得改善。此外,其政府也將港口吞吐量提升 50%。在教育方面,成績最為顯著,教育經費成長二‧五倍,是當時拉美國家人均教育經費最高的國家。小學入學人數增加 40%,中學入學人數成長一倍,大學生總數也成長一倍,成人文盲率從 40% 降低為 35%。

但是,由於公共開支增加過快,而政府主要收入來源的稅收又沒有增加,因此,造成嚴重財產赤字,政府赤字占國內生產總值的比重從 1963 年的 0%,增加到 1967 年的 3.3%。為彌補財政赤字,政府大量舉借外債,造成外債迅速增加,外匯儲備枯竭。1967 年進口沒有增加,出口減少四千七百多萬美元,因此政府不得不將索爾貶值 50%,由原來二六‧八二索爾兌一美元貶為三八‧七〇索爾兌一美元。

戰後 1950 年代和 1960 年代是秘魯進口替代工業化的早期,1960 年代貝朗德第一任總統期間基本上是執行拉美經濟委員會

表 5：秘魯 1956 年至 1968 年外債的變化（單位：百萬美元）

年　代	1956	1958	1960	1962	1964	1966	1967	1968
總　數	153.8	176.2	162.2	187.4	311.5	579.7	691.7	788.4

倡導的「進口替代工業化」發展戰略，但他強調要利用市場機制。
整體而言，在此發展戰略下，秘魯經濟持續發展，國民生產總值
不斷提升，而且國民經濟各部門的結構也發生了重要的變化。但
是，這時期進口替代工業化也暴露了諸多問題。首先，工業過於
集中在利馬和卡亞俄地區；第二，工業創造就業機會的能力有限；
第三，受外國控制程度相當大。秘魯全國較大的工礦企業有 54%
控制在外資手中；第四，工業所需的原材料大量依靠進口，特別
是生產資本財❸的工業，其零件有 60% 依靠進口。

　　經濟情勢的惡化使政局愈來愈不穩定，內閣七次改組，人民
行動黨內部出現分裂，秘魯國內階級矛盾日益尖銳。工人罷工，
學生罷課，農民搶奪土地也愈來愈頻繁，農村也出現了游擊隊。
此外，貝朗德當選總統後曾允諾在短期內收回被美國國際石油公
司非法霸占的油田並實現石油國有化，但他沒有兌現諾言，經過
五年的談判，1968 年 7 月秘魯政府與國際石油公司簽訂《塔拉拉
(Talara) 協議》，規定該公司把油井交給秘魯石油公司，但國際石油
公司仍壟斷汽油的分配四十年。不僅如此，秘魯石油公司經理在
電視中揭露，《塔拉拉協議書》少了第十一頁，這一頁具體規定秘

---

❸　此類財貨不直接用於滿足人類消費的需求，而是用來生產其他貨物，
　　以供消費。例如：機器設備、工廠、原料等，但不包括土地。

魯石油公司向國際石油公司出售原油的價格。消息傳開後，大眾
譁然。人民行動黨取消對貝朗德總統的信任，內閣再次辭職。10
月3日，以貝拉斯科為首的軍人集團，發動政黨推翻貝朗德政府。

第三節　軍政府十二年的統治 (1968-1980)

　　1968年10月3日，以貝拉斯科將軍為首的軍人發動政變，
推翻了貝朗德，建立了軍政府。軍人共執政了十二年。整體而言，
這十二年秘魯經濟發展比較緩慢，1968年至1980年國內生產總
值年成長只有1.02%。

表6：1945年至1985年秘魯經濟發展的變化

執政者	執政期	經濟成長率平均值 (%)
布斯塔門特	1945-1948	0.8
奧德里亞	1948-1956	4.93
普拉多	1956-1962	3.41
貝朗德	1963-1968	1.4
貝拉斯科與莫拉雷斯	1968-1980	1.02
貝朗德	1981-1985	3.1

軍政府十二年的統治可分為兩個階段，第一階段是從1968年10
月至1975年8月貝拉斯科執政時期。第二階段從1975年8月至
1980年7月莫拉雷斯・貝穆德斯執政時期。軍政府稱這兩個階段

為「秘魯革命進程」的第一和第二階段。貝拉斯科執政的七年是
進口替代工業化的發展階段，在這七年中，他推行了「秘魯模式」
（又稱「秘魯樣板」和「秘魯道路」）的試驗。莫拉雷斯‧貝穆德
斯後來的執政，則是進口替代工業化政策的調整期。

一、「秘魯模式」的試驗 (1968-1975)

　　貝拉斯科於 1968 年 10 月 3 日發動政變推翻貝朗德政府，開
啟秘魯另一階段的軍人執政。他是秘魯具有民族主義傾向軍人的
代表。他自稱其政府是武裝部隊革命政府，其所進行的秘魯革命
性質是「民族主義、獨立和人道主義的」，革命的宗旨包括：(1)改
革國家機構，使其更有活力、更有效率，以擁有更好的政治。(2)
改革國家的經濟、社會、文化結構，提高基層民眾的生活水準。
(3)讓政府的行動更有民族性和獨立性，堅決維護國家主權和尊嚴。
(4)尊重法律與司法權。(5)提高民族覺醒，促進秘魯人的團結、和
睦和統一。貝拉斯科曾多次強調，他要建立一個「既非資本主義，
又非共產主義」的制度，開闢一條「既非華盛頓，又非莫斯科」
的完全自治的第三條道路。

　　事實上，1968 年發動政變的這批主張改革的秘魯軍人，早在
奧德里亞政府時代就已開始形成。在那個時代，政府採取一系列
現代化措施，以培養更具專業化的軍人。其最重要的措施即是成
立 「高級軍事研究中心」 (Centro de Altos Estudios Militares)，以
培養能符合秘魯實際和複雜情勢需求的優秀軍官。這個機構致力
於提高校級以上高級軍官有關國家政治、軍事等事務的基本訊息。

1968年政變後，軍政府毫不掩飾的直指「高級軍事研究中心」其目的在培養軍官使其具備領導暨治理國家的能力。甚至傳言，當時有許多秘魯軍官遠赴美國受訓，研習公共行政議題。以主張民族獨立、追求社會正義的該中心，在極短的時間內，已成為一個極具影響力且主張激進改革的機構。在反帝國主義的訴求下，從1960年代初期起，他們視所有非西語系文化的引進為外來文化的入侵，尤其特別排斥英語系文化。

這批受過短期經濟、政治課程的軍人，自認為已成為各種不同領域的專家，足以成為讓秘魯進步的領航員。這些軍人大都排斥大選，只想趁機建立自己的軍人王國。這種新的軍事面貌，讓職業軍人轉化成秘魯政治的代理人，積極介入國家相關發展事宜，也讓軍隊成為秘魯最具影響力的政治團體。由於這批軍人的太過於自我膨脹與過度自信，使得他們逐漸官僚化並以空洞的「革命」口號取代實際行動，而喪失軍隊應有的效率。

秘魯左派政黨，特別是共產黨認為軍政府所採取的經濟政策及不結盟的自主外交策略，比前幾任政府都更為先進，所以對軍政府的改革行動，給予相當的肯定與支持，但為時不久即撤銷其支持；其他部門對軍政府的靠攏與支持也沒有維持很久。在這種情境下，軍政府開始對貝朗德政府時代較有影響力的人羅織罪名並加以審判。

貝拉斯科在執政第一天所頒布的《革命綱領》中表示，「通過對國家經濟、社會和文化結構的改革，提高較貧苦居民的生活水準，使其與人的尊嚴相稱」是他的政府的主要目標之一。1968年

11 月，貝拉斯科政府制定並公布「秘魯國民經濟長期發展戰略」，即二十年發展計畫。這一發展戰略的主要宗旨是迅速發展工業，並為此進行必要的社會改革。這個發展戰略包括五項基本改革：⑴沒收所有的大莊園。⑵推行一個新的礦業政策，包括國家更多地參與、制定規章和進行控制，使秘魯礦業資源納入民族經濟體制中。⑶推行一項包括減少從外國進口、增加出口的工業化政策。⑷改組行政機關，根據技術能力選拔人員作為執行「發展主義」政策的有利骨幹。⑸進行財政改革。這些改革的主要目標是：建立一個廣大且充實的國內市場；平衡秘魯人口地理的分布；改革結構，廢除阻礙發展的現行制度；擴建基礎建設；合理分配國民收入，使國民平均所得在二十年內成長一倍；減少經濟上對外國的依賴。

　　總而言之，貝拉斯科想透過自上而下，帶有民族主義色彩的經濟社會改革，建設一個具有現代化工業的資本主義社會。他所推行的結構改革，涉及經濟、社會、文化、政治等各方面，其中經濟國有化、土地改革和社會所有制企業，曾被認為是「秘魯模式」的三大支柱。

1.經濟國有化

　　貝拉斯科政府為改變依附外國壟斷組織的畸形工業結構，透過沒收或徵收外國企業等國有化措施，加強國家對經濟活動的干預，將主要經濟命脈掌握在國家手裡。貝拉斯科政府上臺後第六天，即 10 月 9 日，宣布廢除《塔拉拉協議書》，將包括煉油廠在內的美國國際石油公司全部收歸國有，並宣布該日為「民族尊嚴

圖 29：貝拉斯科，1910 年出生於秘魯皮烏拉一個貧苦的家庭。1929 年開始從軍。1930 年進入軍事學校，1934 年畢業。他參加過秘魯和厄瓜多的戰爭，曾任利馬軍事學校教授和校長。1965 年任第二輕步兵師師長。曾任軍事訓練中心參謀長、駐法使館武官、陸軍總司令和武裝部隊聯合指揮部主席等職。1968 年 10 月 3 日發動政變，建立軍政府，任總統。任內，實行國有化、土改和社會所有制等改革措施。1975 年被莫拉雷斯・貝穆德斯推翻。

日」。此後又先後沒收或徵收許多外國大公司，據統計，從 1968 年至 1975 年共沒收或徵收十七家外資大公司或企業，收回三千多個礦場租讓地。1973 年又實現了漁業國有化。在沒收或徵收的外國公司基礎上，貝拉斯科政府在石油、礦業、漁業、電力、鐵路、出口等部門建立大型國營公司，加強國家所有制，使國家資本成為經濟的主要成分。此外，政府還透過接管、收買等手段，把一百七十四家私人企業改造成十八家國營企業。這樣，國營企業的數目從 1968 年的十八家，迅速擴增到 1975 年的一百七十四家。國家還控制了外貿、銀行和財政。整體而言，從 1968 年 10 月至 1975 年，外資在秘魯國內生產總值中所占的比重從 31% 降為 21%，國家資本從 13% 增至 23%，合作社及社會所有制企業從

1% 增加到 10%，外國私人資本從 55% 降為 46%。

貝拉斯科經濟國有化的方針，在一定程度上減少了秘魯對外國資本的依賴程度，加強國家對天然資源和國民經濟的控制。但是，經濟國有化的發展並沒有改變以美國為主的外國壟斷資本在秘魯的根本利益。至 1975 年，外資仍然控制秘魯近 40% 的基礎工業，42% 的金屬機械工業。外資對秘魯的國際收支和價格政策，仍發揮決定性的作用。外國資本利用秘魯工業依賴外國原材料的困難，將採取提高價格、停止供應原材料等手段，破壞秘魯經濟國有化的進程。另一方面，大多數秘魯國營企業因為缺乏原料和動力，加上管理不善、官吏貪污等原因，虧損嚴重。

2. 土地改革

貝拉斯科政府在其執政綱領「印加計畫」中明確指出，土地改革的目的是「改革土地結構，根據耕者有其田的原則儘快建立一個公正有效的制度」。根據此原則，貝拉斯科政府在 1969 年 6 月 24 日頒布了《土地改革法》，採取由上而下徵收土地的辦法，實施漸進、和平的土改。秘魯這次的土地改革，被拉美輿論界稱為二十世紀以來拉美最激進、最徹底的土改之一。秘魯在土改前，農村土地高度集中在少數人手裡。當時，占農戶總數只有 0.4% 的大莊園主擁有全部土地的 75.9%，而占農戶 83.2% 的貧苦農民卻只有 5.5% 的土地。

秘魯的土改法規定，廢除大地產制，將徵收股份公司、合營公司、大莊園和大農產超過限額的土地分給農民，並組織各種形式的生產合作社，以刺激農業的生產。依規定在沿海地區最多可

擁有五十公頃土地，從事葡萄種植和釀葡萄酒的人可擁有一百五十公頃土地，而山區和林區，最多可擁有三十公頃土地。據統計，至 1976 年底，共徵收了一萬六千個莊園，一千零五十萬公頃的地，其中七百一十四萬公頃土地分配給二十九萬多戶農民。

總之，貝拉斯科政府這次的土地改革在一定程度上削弱了帝國主義和秘魯大莊園主的勢力，從法律上廢除了各種勞役制度和租佃關係，並促進農業資本主義和進口替代工業化的發展。但是，這次土地改革並不徹底，因為土改法允許地主保留相當數量的土地，並且對所徵收的土地給予賠償，而且受益的農戶只占應分配土地農戶的五分之一，其餘的農戶並沒有分配到土地。土改雖然使秘魯的土地所有制結構發生變化，但卻沒有改變秘魯農業生產的畸形結構，農業生產仍然以出口農業為主，糧食仍需要大量進口。土改後，農業生產成長緩慢，1970 年至 1975 年年平均只成長 0.6%。進口糧食所花的外匯從 1973 年的一億七千九百萬美元至 1975 年增加為五億美元。

3. 社會所有企業制

除了上述的措施外，貝拉斯科政府也透過建立工業社、礦業社、漁業社和社會所有制企業，進行改造私人企業。1970 年 9 月 3 日頒布的《工業社法》規定，每年營業額超過一百萬索爾或僱用五人以上的私營企業，都必須建立工業社。工業社從企業稅後的淨收入中提撥 25%，其中 15% 必須用來購買企業的股份，5% 在全體工人中均分，剩下的 5% 按工資比例分配。工人集體股份累計可以達到占企業登記資本的 5%，以實現勞資共管的最終目

標。另外，工業社一成立，工人就有權在企業領導機構中擁有至少兩名享有全權的代表，隨著擁有股票數量的增加，工人代表的比例也增加，直到雙方員額對等為止。在 1971 年 3 月和 6 月先後頒布《漁業法》和《礦業法》，也對建立漁業社和礦業社做了類似規定。但是，因為資本家課扣利潤，抽離資金甚至關閉工廠，多數工業社實際上徒有虛名。

　　1974 年 4 月，貝拉斯科政府又頒布《社會所有法》，規定社會所有制企業只能由企業裡工人組成，還規定這種企業所有制是社會的，它屬於在社會所有制企業中勞動的全體工人所有，不屬於他們中任何個人所有。但這類企業由國家提供貸款建立，名義上屬企業全體勞動者，實際上由政府掌握企業的經營活動並徵收企業收入大部分，成為變相國家資本主義企業。由於政府財政拮据，資金匱乏，至 1976 年只建立了六十六個社會所有制企業。社會所有制企業進展緩慢，後來，政府將工業社、礦業社、漁業社也都算作社會所有制企業。

4.外交政策

　　在外交方面，貝拉斯科政府執行獨立自主、不結盟的外交政策。貝拉斯科公開宣稱，秘魯「在國際上必須乞求別人的許諾才能表現自己觀點的年代已經過去了」。1968 年秘魯收回美資石油工會，美國揚言要停止對秘魯的軍援和取消進口食糖配額作為報復。1969 年 2 月秘魯拘捕入侵其領海的美國漁船，美國停止向秘魯出售軍火，秘魯也因此趕走了駐在秘魯的美國軍事使團。但是，另一方面，貝拉斯科政府也注意不與美國關係鬧得過僵。1969 年

2月，秘魯與蘇聯建立外交關係。在貝拉斯科執政期間，秘蘇關係有長足的發展，秘魯還接受蘇聯貸款並購買其武器。1971年11月2日秘魯與中共建立外交關係，成為拉美少數率先和中共建交的國家之一。1970年和1971年在利馬召開的拉美海洋法問題會議和保衛海洋權會議上，秘魯積極維護二百海里領海權。此外，秘魯還積極參加安地斯集團、拉美經濟體系等一體化組織，1972年7月，秘魯恢復與古巴的外交關係。

貝拉斯科所推行以經濟國有化、土改和社會所有制企業為三大骨幹的「秘魯模式」，在一定程度上打擊並削弱帝國主義和國內地主寡頭勢力，加強國家對國民經濟的控制，鞏固民族資產階級在秘魯經濟、政治生活中的領導地位，也促進了秘魯工業化的發展，因此，它在秘魯歷史上具有進步的作用。但是，貝拉斯科政府所推行的「秘魯模式」，絕不是像秘魯國內外一些人所說的，是「非資本主義發展道路」的樣板，也不是「向社會主義過渡道路」的樣板，而是秘魯民族資產階級透過改良主義道路，發展資本主義的一種嘗試。

總而言之，貝拉斯科所推行的「秘魯模式」並沒有成功。1971年5月，貝拉斯科政府通過「1971年至1975年全國發展總計畫」，希望在這五年內，國內生產總值年平均成長7.5%，出口額成長4%，通貨膨脹率不超過7%。但是，這一指標並沒有達成。五年中國內生產總值年成長率只達5.5%。1974年，更由於秘魯主要出口產品銅、銻、鋅等在國際市場上價格下跌以及製作魚粉的鯷魚銳減，秘魯的出口收入受到很大影響，外匯儲備變為

負數，外債急劇增加，使秘魯經濟陷入極度困難。1975 年 8 月
29 日，前總理莫拉雷斯‧貝穆德斯發動不流血政變，罷黜貝拉斯
科，就任總統。

表 7：1970 年至 1975 年國內生產總值成長率（單位：%）

項目＼年代	1970	1971	1972	1973	1974	1975
農　業	7.8	3.0	0.8	2.4	2.3	0.2
漁　業	33.1	−13.6	−47.9	−32.5	40.9	−10.0
礦　業	5.9	−4.0	7.1	0.9	2.5	−10.0
製造業	10.9	8.6	7.3	7.4	8.0	4.4
其　他	3.9	6.3	8.5	6.7	5.9	4.2
總　計	7.3	5.1	5.8	5.4	6.6	3.4

表 8：1950 年至 1975 年平均成長率（單位：%）

項目＼年代	1950−1960	1960−1970	1970−1975
農　業	4.3	2.0	1.9
漁　業	16.3	9.3	−17.0
礦　業	10.0	4.0	−1.1
製造業	7.2	7.5	7.1
其　他	4.2	6.3	7.3
總　計	5.3	5.6	5.5

表 9：秘魯進出口貿易額（單位：億）

項目 年代	1971	1972	1973	1974	1975	1976	1977	1978	1979	1980	1981
出　口	8.9	9.4	10.4	15.2	12.9	13.6	17.2	19.4	34.7	39.0	32.4
進　口	7.4	7.9	10.1	15.3	23.9	21.0	21.6	16.0	19.5	31.3	38.1
差　額	1.5	1.5	0.3	−0.1	−11	−7.4	−4.4	3.4	15.2	7.7	−5.7

二、發展戰略的調整時期 (1975–1980)

　　莫拉雷斯・貝穆德斯❹上臺後，在 1977 年 2 月頒布「圖帕克・阿馬魯計畫」(Plan Túpac Amaru)。這一計畫強調要「鞏固秘魯革命的進程」，表示要對貝拉斯科政府的各項方針政策，進行重大的調整和改變。「圖帕克・阿馬魯計畫」的頒布，標誌秘魯經濟發展戰略的重要變化，實際上這也宣告資產階級改良主義的「秘魯模式」的失敗。

　　在政治上，莫拉雷斯・貝穆德斯政府開放黨禁，允許各政黨恢復活動。流亡海外的各政黨領導人紛紛回國，代表各種不同政

❹　莫拉雷斯・貝穆德斯 1921 年生於利高，出身官宦世家。1939 年開始軍人生涯，1940 年進入軍事學校，1943 年畢業，獲中校軍銜。後來又進高等軍事學校、高等軍事研究中心和阿根廷高等軍事學校進修，最後晉升為陸軍中將。曾任高等軍事學校教官、財政和貿易部長、美洲開發銀行董事長等職。1973 年任陸軍參謀長，1975 年出任軍政府總理兼陸軍部長等職。同年 8 月 29 日發動政變，推翻貝拉斯科，出任總統。1980 年舉行大選，還政於民。1983 年創造全國團結民主陣線兼任主席。

治觀點的報刊如《新聞報》、《自由輿論》等紛紛出現。1977 年
10 月軍政府頒布法令，決定召開立憲會議。隔年 6 月舉行立憲議
會選舉，選出十個政黨的一百名立憲議員，人民黨的領袖阿亞・
德拉托雷獲得最高票，當選為立憲議會主席。1979 年 7 月 12 日
立憲議會通過憲法。在簽署新憲法後不久，8 月 2 日，這位被美
國總統卡特稱作「秘魯歷史」的人民黨領袖阿亞・德拉托雷因病
逝世，享年八十四歲。他去世後，人民黨內部產生嚴重分歧，力
量大為削弱。

在經濟方面，莫拉雷斯・貝穆德斯政府執行的發展戰略，仍
然是以發展主義為指導的進口替代戰略。但是，在西方國家經濟
危機的衝擊下，這一發展戰略的弱點和缺陷日益暴露。莫拉雷斯・
貝穆德斯政府對經濟發展戰略進行重大的調整，在不同程度上採
取了類似貨幣主義的經濟措施，但發展主義的進口替代工業化，
仍然是其發展戰略的基礎。

莫拉雷斯・貝穆德斯政府所做調整的重點是修正前任貝拉斯
科政府一些太過激進的作法，放寬對外國資本和國內私人資本的
限制，鼓勵私人投資，減少和停止實行企業社會化改革，以恢復
國家財力，復甦國民經濟。首先，莫拉雷斯・貝穆德斯政府減少
國家對經濟的干預，減少國營事業的範圍，1976 年 7 月決定將漁
業的部分私有化；1976 年頒布了《支持私人小企業法》，以促進
私人投資。另外，政府也收縮和停止實行企業的社會化改革，取
消對大部分食品和石油產品價格的補貼，大幅提高物價，削減公
共開支。1978 年 11 月，秘魯和巴黎俱樂部及西方銀行達成延緩

償還 1979 年和 1980 年到期外債的協議，重新安排外債，暫時緩解經濟困難中最緊迫的問題。

　　一般認為，莫拉雷斯・貝穆德斯政府的經濟政策是貝拉斯科經濟政策和國際貨幣基金組織主張的混合體。事實上，莫拉雷斯・貝穆德斯執政的五年中，秘魯的經濟形勢並沒有明顯好轉，1977 年和 1978 年，國內生產總值連續兩年出現負成長，1979 年和 1980 年情況則略有好轉。秘魯外債從 1975 年的三十億美元增加到 1979 年的八十八億六千萬美元，同期失業和半失業人口占勞動人口的比例從 36% 上升到 53.8%，物價則上漲了四倍。經濟的嚴重危機引起各階層群眾強烈不滿。工人罷工，學生罷課，教師罷教，農民鬥爭日益高漲，強烈要求軍人交出政權。

　　1980 年 5 月 18 日，莫拉雷斯・貝穆德斯政府被迫按期舉行大選，前總統、人民行動黨候選人貝朗德擊敗了其他九位候選人，以 45% 的選票，當選總統。同年 7 月 28 日，十二年前被軍人推翻的貝朗德從軍政府手中接管了政權，再次執政。

表 10：1975 年至 1980 年國內生產總值增長率（單位：%）

年代 項目	1975	1976	1977	1978	1979	1980
國內生產總值	3.3	3.0	−1.2	−1.8	3.8	3.1

第四節　貝朗德再次執政時期的政治與經濟 (1980–1985)

一、政治形勢

貝朗德執政後，獲得基督教人民黨的支持，建立了一個具有廣泛基礎的政府。基督教人民黨是 1966 年 12 月從基督教民主黨分裂出來的人士所組成，它代表秘魯工業資產階級的利益。基督教人民黨有兩名人士入黨，該黨和人民行動黨共同掌握參、眾兩院的多數及大部分地方政權。

貝朗德對曾發動政變，趕他下臺的軍方採取比較寬容的態度，對於軍政府所進行的改革，特別是貝拉斯科執政時期的改革，並不是全盤否定，而是進行一些修改和調整。1980 年 7 月 28 日就職當天，正式頒布莫拉雷斯・貝穆德斯執政期間由立憲議會制定的憲法規定，秘魯是在「勞動基礎上的獨立自主的社會民主共和國」。同一天，議會發布政治大赦和勞工大赦，內閣首次會議也簽署了有關將政府接管的報紙、電臺和電視臺歸還原主的文件。

莫拉雷斯・貝穆德斯執政後期秘魯經濟雖有好轉，但整體而言，兩屆軍政府遺留下不少經濟困難和問題，主要包括：生產發展停滯、通貨膨脹加劇、財政赤字龐大、失業率和半失業率高以及收入分配不均。貧富懸殊是秘魯嚴重的經濟和社會問題。戰後，秘魯歷屆政府都聲稱要改變貧富不均的不合理狀態，但成效不彰。

二、經濟改革

　　貝朗德 1980 年 7 月 28 日第二次就任總統時所承接的是一副難以收拾的攤子，面臨十分艱鉅恢復和發展經濟的任務。因此上任後不久，就起用他第一次擔任總統時的經濟和財政部長烏約亞 (Manuel Ulloa Elías) 為總理兼經濟、財政和貿易部長。貝朗德政府為恢復和發展經濟，對經濟發展戰略和政策進行一系列的調整：改變發展模式，減少國家干預，採取了一些新自由主義經濟政策❺，大幅縮減國營事業，但是攸關國際民生的重要部門以及與國防有關的重要企業仍掌握在國家手中；鼓勵外國資本和本國私人資本投資，大力發展礦業和石油業。此外，政府還採取了削減公共開支，改革稅收制度，降低關稅，減少國家補貼，鼓勵自由貿易，繼續實行貨幣緩慢貶值，提高利率，加強對外債的控制並繼續舉借外債等政策措施。

---

❺ 新自由主義是現代資產階級經濟理論之一，其主要特點是反對國家干預經濟，強調自由放任和私營企業制度。根據這項理論，拉美國家在 1970 年代中期和 1980 年代，在不同程度上實行由內向型發展戰略（即進口替代戰略）向外向型（即朝出口發展戰略）轉移。1980 年代後期開始乃至整個 1990 年代，新自由主義改革包括：貿易自由化、放鬆對外資的限制、國營企業私有化、經濟體制市場化以及區域合作更加活躍。整體而言，新自由主義的實施，在拉美獲得一定的成效，但是也暴露了不少問題。首先，社會收入分配不合理和貧富懸殊問題有增無減。第二，對外資依賴性仍然很強。第三，失業率增加。第四，對農村經濟改革較少。第五，經濟結構改革停滯延後。

表 11：1979 年至 1985 年經濟情況

項目 ＼ 年代	1979	1980	1981	1982	1983	1984	1985
經濟成長率（%）	4.3	2.8	3.0	0.9	-11.8	3.5	2.0
通貨膨脹率（%）	66.7	60.8	72.7	72.9	125.1	111.5	125.5
進　口（億）	--	--	38	37.2	27.2	22.0	22.8
出　口（億）	--	--	32.4	32.9	30.1	30.9	30.6
貿易平衡（億）	--	--	-5.5	-4.2	2.9	8.9	7.8
外債總額（億）	--	96	97	113	124	133	139
外債付息占出口收入比率（%）	--	16.0	21.8	24.7	31.2	35.3	--

　　貝朗德第二任總統五年期間的秘魯經濟，前兩年形勢略有好轉。1980 年及 1981 年國內生產總值分別成長 2.8% 及 3%，但是 1982 年和 1983 年經濟形勢明顯惡化，1983 年因國際市場上原料產品價格下跌及自然災害等的影響，國內生產總值出現 11.8% 的負成長，是秘魯二十世紀以來的最低點，通貨膨脹第一次出現三位數，達 125.1%，外債增加到一百二十四億多美元。1984 年經濟略有回升，1985 年又稍下降。貝朗德政府對經濟戰略和政策所做的調整，雖然使秘魯的經濟渡過在二十世紀以來所遇到最困難的階段，取得某些成效。但是，由於經濟衰退，秘魯工廠有一半左右停業或倒閉，三分之二的工人失業或半失業。

三、左派游擊活動

　　貝朗德執政時期，經濟形勢的惡化加劇社會的動盪。罷工、罷教、罷課、示威事件層出不窮。秘魯國內武裝暴力活動也十分

頻繁。最突出的一個是稱做「光明之路」的組織❻，它從 1980 年
以來在全國二十四個省中的二十二個省從事武裝游擊活動。該組
織認為在秘魯只有透過暴力革命搗毀國家機器，奪取政權，建立
新民主主義人民共和國，才能打開通向社會主義的大門。「光明之
路」除了襲擊政府機構，破壞軍事軍購外，還根據政治需要襲擊
某些外國駐秘魯使館，破壞工廠企業和民用設施，暗殺某些政界、
軍界人士等。

鑑於國內暴力鬥爭加劇，貝朗德政府不得不於 1981 年 3 月
頒布《反恐怖法》。1982 年軍隊首次直接參與掃蕩恐怖活動，政
府並多次宣布全國處於緊急狀態。1984 年 7 月，貝朗德政府決定
由軍隊負責鎮壓全國恐怖活動，但恐怖暴力活動有增無減，不斷
升級，嚴重影響秘魯的政治、經濟及社會安定，也成為二十世紀
末，秘魯政府最頭痛的內政問題。

貝朗德政府對外仍奉行軍人政府時代的不結盟政策，強調尊
重各國主權和領土完整，不干涉各民族自決，主張和平解決一切

---

❻ 「光明之路」是秘魯一個極左的信奉毛澤東主義的游擊隊組織，自稱
為秘魯共產黨，其目標是實行共產主義，以工農階級取代中產階級。
該組織成立於 1960 年代後期，由前大學教授古斯曼 (Abimael Guzmán)
創立。1980 年代，該組織在秘魯的活動頗為活躍，時常製造事端。同
時，該組織也拒絕參選，經常以暴力的游擊戰方式襲擊投票所。1992
年，該組織首腦古斯曼在藤森政府的清剿行動下被捕，其活動才開始
減少。另外，該組織的意識型態與策略被其他奉行馬克思主義的游擊
隊所效法。目前「光明之路」被美國國務院列為恐怖組織。

圖 30：光明之路游擊隊 1980 年後在秘魯各地進行恐怖活動

國際爭端。此外，該政府也主張優先發展與美洲地區國家，特別是與鄰國的關係。在他任內，秘魯與中國大陸的關係有更進一步的發展，1982 年後，雙方高層互訪頻繁。

　　總結戰後四十年來秘魯的經濟，整體而言有顯著的成長，秘魯社會也經歷了重大變革。1960 年國內生產總值只有二十四‧一億美元，1982 年增加為二百一十六‧二億美元。戰後，特別是從 1960 年代以來，秘魯政府在不同程度上執行了進口替代工業化的戰略，使製造工業在國內生產總值中所占的比重從 1950 年代初期的 15.6% 增加到 1980 年代初的 21.4%，超過農牧業所占的比重。秘魯的礦業、石油業、漁業在戰後也獲得較大的發展。秘魯的出口商品也逐漸多樣化，非傳統產品的出口有明顯的增長。值得一

提的是，在 1960 年代末和 1970 年代初期，貝拉斯科政府推動的
「秘魯模式」試驗，在秘魯經濟和社會領域進行深刻的變革，對
石油業、礦業等重要部門實施國有化，加強國家對經濟的干預，
同時在農村進行土地改革。這些改革雖然都有一定的局限性，不
夠徹底，但是這次嘗試是具有歷史意義的。但是，到了 1980 年代
初期秘魯經濟仍然面臨了生產發展停滯、通貨膨脹加劇、人口成
長過快、收入分配不均、經濟發展不均衡不穩定、失業及半失業
現象嚴重、財政赤字嚴重、外債累累、資金不足等一系列的困難
和問題。這些是二十世紀末，秘魯政府必須嚴肅面對且積極來解
決的問題。

　　另外，從戰後四十年秘魯經濟發展的情況看來，殖民主義和
外國壟斷資本長期掠奪與剝削所造成的不合理經濟結構雖然有一
定的改變，但到 1980 年代初期，秘魯經濟結構不合理的情況仍很
嚴重。從地區來看，沿海地區的經濟比較發達，集中了全國 70%
以上的製造業，絕大多數是以生產出口農業產品為主的大農場和
大種植園；而山區和熱帶雨林區的經濟仍然落後。從部門來看，
秘魯到 1980 年代初仍是一個以出口礦產品和農產品為主的農礦
原料出口國。總而言之，秘魯經濟長期以來，在相當大的程度上
依賴外資、外貿和外債以及外國技術。

　　綜觀戰後四十年來，秘魯歷屆政府在制定和執行經濟發展戰
略和政策方面，也有不少經驗教訓值得總結。在工業和農業方面，
不能因發展工業，而忽視農業；在出口農業和傳統農業關係方面，
不能只顧發展供出口的農業產品而忽視供本國居民消費的糧食和

其他基本食品的生產；在外貿方面，積極促進出口，既發揮傳統
商品出口的優勢，又開拓新的非傳統產品的出口等等。總之，戰
後四十年秘魯經濟發展戰略，基本上是結合進口替代工業化和促
進出口兩種戰略。

世紀交替下的秘魯

　　1980 年代初期，秘魯和大多數拉美國家一樣，都從軍人政權過渡為民主政府，而且在 1990 年代後有愈加穩固的趨勢。在經濟上則實行自由市場式的經濟改革，鼓勵外國投資，並對經濟體制進行了大刀闊斧的改革。這些改革雖然獲得一定的成效，但是它所帶來的失業問題、收入分配極度不平均、貧富懸殊等問題，都是秘魯在邁入二十一世紀之際，所面臨及急需克服的難題。

第一節　賈西亞——首次執政的人民黨政府 (1985–1990)

一、政治情勢

　　1985 年 4 月 14 日秘魯舉行大選，由年僅三十六歲的人民黨候選人賈西亞當選為總統，並於 7 月 28 日就職，這是人民黨成立半個多世紀以來第一次單獨執政。另外，1979 年人民黨領袖阿亞‧德拉托雷病逝後，黨內分裂成兩派，力量明顯削弱。1982 年

人民黨舉行第十四次代表大會，改選黨的領導機構，賈西亞當選
為祕書長，黨內的團結有所加強，黨的力量逐漸恢復，一般認為，
這是秘魯人民黨贏得大選的重要原因之一。另外，1985 年的大選
也是秘魯自 1912 年以後，在憲政體制下首次成功地進行文人政府
間的政權轉移，這對民主轉型後的秘魯民主發展可謂是向前邁了
一大步。這次大選，秘魯民眾的投票趨向有很明顯的改變，中間
偏左的人民黨和左派聯盟，獲得 78% 的選票。人民黨不僅贏得總
統大選，也在國會參眾兩院選舉中，獲得過半席次。另外，該黨
也在 1986 年的縣市長選戰中，大有斬獲，當時該黨候選人卡斯提
約 (Jorge Castillo)，贏得首都利馬市長寶座。

圖 31：賈西亞，
1949 年 5 月 23 日
生於利馬市的阿
普拉黨世家，從小
就受到阿普拉黨
與軍政府鬥爭的
薰陶。他上小學時
就加入了阿普拉
青年聯合會，十七
歲中學畢業時加

入了阿普拉黨。此後，賈西亞先後在秘魯的著名大學國家天主教大學
和聖馬可大學讀書，1971 年獲得法學碩士學位。
由於軍政府限制政黨活動，賈西亞前往歐洲求學。1972 年，獲得西班
牙馬德里 (Complutense) 大學法學博士學位，隔年又赴巴黎進修。在歐
洲期間，已婚的他邂逅了正在攻讀經濟學的阿根廷科爾多巴大學校長

之女畢拉爾。隨後，賈西亞與前妻離婚，並與畢拉爾婚。

1970 年代中期，秘魯軍人還政於民，賈西亞遂於 1976 年返回秘魯，並獲得黨的領袖阿亞力薦，擔任黨的組織書記，他隨後在 1980 年當選全國眾議員。1979 年，阿亞不幸病逝，阿普拉黨倉促推出的總統候選人敗北，黨內迫切呼喚新的領袖。

賈西亞在黨的各項職務上，展現過人的才幹和領袖氣質。此外，他充滿活力，具有雄辯的口才，加上一百九十三公分的身高，給人聰明幹練、瀟灑倜儻的印象，頗具群眾魅力，並逐漸贏得全黨的敬佩與信賴。1982 年 10 月，三十三歲的賈西亞當選黨主席，並在 1984 年 2 月的黨內選舉中成為總統候選人。在 1985 年大選中，三十六歲的賈西亞一舉獲勝，成為秘魯獨立以來最年輕的總統，並使阿普拉黨首次上臺執政。由於執政期間無法有效解決經濟凋敝、債臺高築、貧困嚴重、恐怖活動猖獗的困境，因此阿普拉黨的威信急劇下跌，結果在 1990 年大選中失敗。1990 年 7 月 28 日，賈西亞卸任後仍在黨內保持著較高威望，並於 1992 年 2 月再次被推舉為黨的領導人。

1992 年 4 月 5 日，藤森自我政變，解散國會，賈西亞被迫流亡海外，2000 年 11 月藤森政府垮臺，秘魯最高法院取消逮捕賈西亞的命令。他於隔年 1 月 27 日返回利馬，結束了將近 9 年的流亡生活，並投入 4 月份的總統大選，但在第二輪中敗給托雷多。2006 年再次參加大選，最終擊敗烏馬拉，時隔二十年後，第二次當選秘魯總統。

自 2006 年 7 月上臺後，賈西亞先後採取系列儉樸政策，大幅削減總統、部長和國會議員的薪資以及嚴格限制公費外出訪問等措施，把節省的資金用於基礎設施建設和解決貧困問題等項目。此外，其執政期間秘魯經濟總體表現良好，平均增長達 5%，是拉美經濟表現最好的國家之一，一掃首任執政不力之陰霾。

賈西亞雖然身材高大，風流倜儻，但卻沒有好脾氣，極易動怒，甚至動粗。儘管目前已過耳順之年，火氣卻依然不減。

　　因為有人民黨在參眾兩院多數席次的支持,賈西亞在 1985 年就任總統時,即承諾要建立一個民族主義的人民民主政府,要為和平、幸福和社會正義而努力。他提出的主要施政目標包括:改變生產結構,調整供需關係;改變經濟集中狀況,促進內地和山區的發展;滿足人民基本需求,對抗飢餓和營養不良;堅持和加強多種意識型態下的民主;維護法制、尊重人權和社會安定;堅持獨立自主和不結盟的外交政策。但是,秘魯民主化後的第二任政府仍遭遇到經濟問題的嚴厲考驗,賈西亞政府不能滿足選民的付託與期待,反而使得國家面臨更為嚴峻的經濟情勢,民主政府早已顯得搖搖欲墜。

　　賈西亞執政期間維持多種意識型態的政體,容許各政黨、組織在憲法允許的範圍內進行活動。政府對軍方的勢力逐步加以限制。1987 年 4 月總統簽署法令,決定成立國防部,形成軍事指揮一條鞭,以改變陸、海、空三部鼎立的局面。此外,政府還整頓司法和警察部門。政府還通過了《地方分權法》,加強地方的權力。由於經濟政策錯誤,對暴力活動制止不力,賈西亞總統在人民黨內部和秘魯人民心中的威信下降。因此在 1988 年 12 月舉行的人民黨第十六次全國代表大會中,賈西亞被迫辭去黨主席職務。代表大會同時決定取消黨的主席職務,黨的最高領導人由祕書長擔任。代表大會也推舉第二副總統、前總理阿爾瓦 (Luis Alva Castro) 為祕書長並代表人民黨參加 1990 年總統大選。

　　在對外政策方面,賈西亞政府堅持不結盟政策,主張尊重各國獨立自主,反對外來干涉,倡導成立了支持康塔多拉集團

(Grupo de Contadora)❶的利馬集團 (Grupo de Lima)❷，積極推動和平解決中美洲問題；支持拉美整合，努力促進和拉美鄰近國家以及第三世界其他國家的友好合作。

二、經濟發展情勢

　　賈西亞執政後所面臨的兩大問題是經濟困難和社會動亂。他於 1985 年開始執政時，秘魯的經濟很不景氣，有 40% 的設備閒置未用，通貨膨脹率高達 158%，外債總額為一百四十億美元，相當於國內生產總值的 77%，失業率和半失業率已占勞動人口的 69%，勞動人民的實際收入比 1970 年代減少 40%。社會動亂加劇，「光明之路」等游擊組織不斷進行暴力活動。

------

❶ 1983 年元月 8 日至 9 日，哥倫比亞、墨西哥、巴拿馬和委內瑞拉四國外長在巴拿馬的康塔多拉島舉行會議，討論中美洲形勢，會議發表了《康塔多拉聲明》。聲明中呼籲中美洲各國透過對話和談判緩和緊張勢，並要求有關國家不要採取讓中美洲地區局勢惡化的行動。四國外長在康塔多拉島召開的這次會議提出解決中美洲危機的倡議，並集體出面進行外交斡旋活動。從此，國際上就把這四個國家稱為「康塔多拉集團」。不過後來在美國的施壓下，該組織所提出的和平方案不能付諸實現。

❷ 1985 年 7 月 28 日，在利馬參加秘魯新總統賈西亞就職典禮的阿根廷、巴西、烏拉圭國家元首或代表，和賈西亞會晤，組成利馬集團，號召拉美國家建立支持康塔多拉集團的拉美共同陣線。故利馬集團又稱「支持集團」(Grupo de Apoyo)，成為康塔多拉集團的後盾。利馬集團的組成，增強了拉美國家推動和平談判的力量，壯大和平聲勢。

1. 經濟改革的成就

　　賈西亞政府的前兩年可說是其執政時期的經濟發展黃金期。當時，他拒絕了國際貨幣基金組織所提出的調整經濟方案，採取了一些非正統的經濟政策，想透過刺激消費來促進生產、抑制通貨膨脹、繁榮經濟。具體措施包括：增加工資，提高購買力；降低利率，刺激流通；凍結索爾兌美元的匯率，實行非美元化，以減少美元匯率變動和美元投機活動對通貨膨脹的影響；嚴格控制物價，凍結貨物價格和房租；明確宣布，秘魯只能以全年出口收入的 10%，限額償還外債；另外，還嚴格限制進口來提升國內產品的競爭力。

　　賈西亞政府的這些措施使得整體環境有復甦的跡象。1986 年國內生產總值成長 9.5%，這是 1974 年以來不曾有過的高成長，通貨膨脹下降為 62%。1987 年國內生產總值略降為 7.8%，通貨膨脹回升到 114.5%，但仍低於 1985 年的 158%。但是，這段期間的經濟成長是以消耗外匯儲備、增加財政為代價，也是利用前幾年經濟蕭條時閒置的設備所達成的。

　　然而，1987 年後因經濟政策的轉向使得情勢急轉直下，經濟發展嚴重衰退。探究其原因，出自於賈西亞的國有化政策。賈西亞上任之初即宣布將僅以出口總額的 10% 來償付新借的貸款項目，此舉引起國際金融體系的關切。1986 年，國際貨幣基金組織把秘魯列為拒絕往來的國家之一，因此，秘魯很難獲得國外新貸款，以維持經濟持續成長。1987 年秘魯的出口只增加 2%，而進口卻增加了 15%，貿易逆差達 3.34%，外匯儲備從 1985 年的十五

表 12：秘魯 1980 年至 1990 年經濟數據（單位：%）

年代 項目	1980	1981	1982	1983	1984	1985
經濟成長率	4.5	4.4	0.3	−12.3	4.8	2.4
通貨膨脹率	60.8	72.7	72.9	125.1	111.5	158.3

年代 項目	1986	1987	1988	1989	1990
經濟成長率	9.5	7.8	−8.8	−10.4	−4.9
通貨膨脹率	62.0	114.5	1722.3	2775.3	7849.9

億美元，減少到只有四千三百萬美元。而且，國內生產總值從 1988 年起，連續三年負成長。

1987 年 7 月，賈西亞宣布對私人銀行及保險公司實行國有化，同年 10 月政府正式頒布關於私人銀行實施國有化的法律。政府宣稱銀行國有化的目的主要是要截斷私人銀行和控股企業的聯繫，以便按國家發展計畫發放貸款，防止資金外流。銀行國有化的措施遭到反對黨和不少金融界人士強烈反對，儘管政府再三強調不會再實施其他企業的國有化，但企業家普遍害怕自己的企業國有化，紛紛將資本轉移國外，造成資本大量外移，經濟狀況迅速惡化。1988 年年初，秘魯中央銀行的外匯儲備出現一億五千萬美元的赤字，國際收支告急，生產停頓，市場供應緊張。

2.經濟危機的出現

1988 年起，秘魯經濟出現嚴重危機。國內生產總值出現負成

長，失控的通貨膨脹持續升高，這樣紛亂的經濟情勢被媒體譏諷為「無政府」狀態。而整體經濟發展的停滯與倒退，使得非正式經濟活動迅速成長。根據秘魯勞工部 1989 年的報告，首都利馬81.2% 的勞動人口未充分就業，約一百五十萬人無法找到以基本工資起薪的全職工作，在公共部門中 20%、私人部門中 29% 的勞動人口薪資未達基本工資的三分之一。在得不到溫飽的環境下，迫使秘魯民眾轉而從事非正式的經濟活動，民眾所從事的地下經濟活動多在一般街上與市場中進行，也就是常見的小吃攤、水果攤、手工藝品攤等。秘魯地下經濟活動的猖獗產生許多負面的影響，包括：生產力下降，投資減少，稅制缺乏效率，公共服務價格攀升，以及造成總體經濟政策的制定更加困難。

　　為了解決日益嚴重的經濟危機，1988 年 3 月 8 日賈西亞政府宣布將「普遍成長」的發展戰略，調整為「有選擇的成長」，並採取緊縮銀根，提高存款利率，控制美元兌換率，限制汽車、家電等奢侈品的生產和消費，提高物價並相應增加工資等措施。新措施推出後，不僅沒有收到預期的效果，反而引起社會消費大眾巨大的心理恐慌。5 月中旬，內閣再次出現危機，總理辭職，由人民黨祕書長接任。新任總理宣布採取「漸進的調整計畫」，不接受國際貨幣基金組織的緊縮計畫，繼續執行民族主義經濟政策。同年 9 月，新上任的經濟部長提出統一美元兌換匯率，減少國家對進口的補貼，貨幣貶值；物價提高一倍，而最低工資只增加 15%，以壓縮消費；增加稅收，提高利率，出售三十六家國營企業，大力消除公共赤字；積極與債權銀行對話，爭取國際貸款，以挽救

經濟。但是，通貨膨脹加劇，生產衰退，大眾購買力下降，國內市場萎縮，經濟陷入一片蕭條。11 月，政府再次將貨幣貶值一倍，以刺激出口；提高工資 60%，緩和勞資衝突；減少某些產品的銷售稅，以防止企業倒閉。

賈西亞雖然連續更換總理及財經首長，但是仍然無法挽救日益惡化的秘魯經濟局勢。1988 年秘魯國內生產總值負成長 8.8%，年通貨膨脹率高達 1722.3%，外匯儲備負三億五千萬美元。1989 年經濟情勢繼續惡化，同年 5 月內閣出現第三次危機，原總理辭職，由第一副總統、高齡八十九歲的桑傑斯 (Luis Alberto Sánchez) 兼任總理。桑傑斯提出一套改善經濟和鎮壓暴力活動的政策，但是還來不及推行，便於 9 月倉促辭職。9 月 28 日，賈西亞再度任命前總理出任新總理。

三、游擊組織的威脅

1980 年代，秘魯的文人政府面臨的棘手問題不僅是在經濟事務的處理，另一方面在面對左派恐怖主義的威脅上也顯得束手無策。1985 年賈西亞上任後面臨的另一個問題是反政府游擊組織的活動。這些左派游擊組織的活動不但造成大量的物質損失和人員傷亡，也引起社會的動盪不安。賈西亞上任初期，經由對軍警高層人士的異動，更改對游擊隊的清剿方式，並試圖和「光明之路」等游擊組織進行對話以實現和解。另一方面，力圖增加對貧困山區的投資，改善當地人民生活，以消除暴力活動的社會根源。與此同時，並不放鬆以武力鎮壓的手段對付游擊隊。但是，「光明之

路」和「圖帕克・阿馬魯革命運動」(Movimiento Revolucionario
Túpac Amaru)❸等游擊隊拒絕與政府對話。這些游擊活動活躍在
山區,並擴大暴亂範圍與增強暴亂活動。

　　1986 年後利馬也被迫宣布緊急狀態,至此恐怖活動已蔓延至
全國半數區域,並發展到安地斯山區東北方盛產古柯鹼的華亞加
(Huallaga) 河谷地區。此兩個游擊隊組織開始與毒品走私集團掛
勾,游擊組織利用毒品利益取得資金,而毒梟則是藉由游擊隊提
供武裝保護,以及牽制軍隊打擊販毒的行動。到 1980 年代末期左
派游擊組織已演變成猶如社會的毒瘤,它們破壞橋樑、輸電塔,
襲擊工廠和礦山,企圖切斷對城市的食品、電力供應,1989 年末
全國三分之一地區處於緊急狀態。因左派恐怖主義游擊隊造成的
傷亡人數更是年年攀升,除了一般民眾外還包括市長、縣長、法
官及其他百餘位政府官員同樣遭到殺害。

　　總之,1980 年代末期秘魯充斥著血腥暴力的游擊活動以及因
貪污而更形嚴重的經濟危機,另外,政府日益強化清剿游擊隊的

---

❸　「圖帕克・阿馬魯革命運動」是一個以城市,尤其是首都利馬為主要
　　活動據點的左派游擊組織。組織成立於 1983 年,是傳統馬克思、列寧
　　主義革命運動。其意識型態受古巴卡斯楚影響,目標在消滅秘魯的帝
　　國主義,建立馬克思主義政權。這個組織與「光明之路」雖都以武裝
　　革命為其手段,但兩者最顯著差異在於「圖帕克・阿馬魯革命運動」
　　期望不要將人民捲入戰火以獲得一般百姓認同。該組織認為殺害一般
　　百姓並不符合利益,否則社會大眾必將該組織視為劊子手,並將該組
　　織與訴諸暴力的「光明之路」歸為一類。

活動，同時將實行多年的保護主義經濟政策修改為自由主義經濟
政策。不過政府的這些行動與變革，似乎不能滿足人民的期待。
因此，在 1990 年 4 月 8 日的大選中，剛成立不久的「改革 90」
(Cambio-90) 運動候選人藤森得票居第二位。由於沒有任何一個候
選人得票過半數，依憲法規定，在 6 月 10 日舉行第二輪選舉，藤
森獲勝，當選總統，並於 7 月 28 日就職。藤森的勝利引起秘魯和
拉美社會的廣泛注意，被稱為「藤森現象」。藤森上臺所透露的政
治意涵是秘魯選民逐漸對傳統政黨失去信心，以及對傳統政治領
導人無力解決長期困擾國家的經濟、政治和社會問題的失落與不
信任，轉而偏好無任何政黨包袱的「新面孔」候選人。

第二節　十年藤森

　　1990 年秘魯的總統大選結果出乎政治觀察家的預期，一個在
政治舞臺上沒沒無聞的日裔大學教授藤森，在第二輪票選中以超
過 20% 的差距，擊敗他的對手、國際知名小說家瓦加斯 (Mario
Vargas Llosa)，當選總統。他以鐵腕治國，執政長達十年，是拉
美政治強人的典型代表。他還創造了許多第一：是西半球第一位
亞裔總統；是秘魯第一位學者出身，沒有任何政治背景和從政經
驗，在短短一年內組成政黨，並以絕對優勢擊敗似乎不可能擊敗
的對手，登上總統寶座的總統；是拉美第一位三連任的民選總統；
也是第一位在異國突然宣布辭職的總統。

圖 32：1990 年代拉美政壇最引人注目的人物莫過於秘魯總統藤森了。1990 年 7 月，他從一個名不見經傳的知識分子一躍成為總統，引起世人關注，被稱為藤森現象。1992 年 4 月，他發動了「自我政變」，在輿論界掀起軒然大波，人們對此褒貶不一。1997 年 4 月，藤森親自擔任總指揮，成功營救被困在日本駐秘魯大使館的人質行動，更使他在拉美政壇聲名大噪。

藤森，1938 年 7 月 28 日出生於秘魯首都利馬，其雙親 1927 年從日本九州熊本縣移民秘魯，藤森在家中排行老二。與多數日本移民家庭一樣，藤森與兄弟姊妹雖受當地西班牙文教育，但是家庭生活仍然非常日本化。不過藤森卻鮮少與日本移民往來，而且穿著、舉止也非常拉丁美洲化。在求學過程中，藤森不但是一位非常用功，也是一位吸收力強、穩重且冷靜的學生。雖然外表冷峻，但他總是樂於幫助同學解決問題。

藤森在 1990 年當選總統以前，並無從政經歷。他曾於 1984 年至 1989 年在秘魯國立農業大學任教，並曾任系主任、校長等職，他還曾榮任秘魯全國校長會議主席。這位普通的學者竟在 1990 年 6 月第二輪大選中，擊敗了他的競爭對手、國際著名小說家瓦加斯，當選總統，引起世人廣泛注意，被政治分析家稱為「藤森現象」。

1993 年，美國《新聞週刊》曾評論：「藤森沒有資歷，沒有黨派背景，沒有身居要職的朋友，沒有滔滔不絕的口才，沒有白人血統，甚至不

能流利的講西班牙語。但是，他成功的把這些弱點變成了銳不可擋的政治武器。」藤森的崛起可謂是時勢造英雄，他之所以能當選，緣自於秘魯長期以來的經濟困境、社會動盪、傳統政治的危機以及人民對政黨政治的失望、反感，也緣自於藤森本人平民出身的務實和銳意進取的精神。

作為一位從政資歷尚淺的政治家，藤森既贏得窮人的歡迎和擁護，又受到富人的肯定與讚賞，實屬難能可貴。1995 年的大選中，他創下秘魯歷史上的先例，在第一輪投票中就以 64.27% 的絕對多數選票，當選總統。藤森除了以政績取信於民外，還以少說多做，樸實無華，深入基層，平易近人的作風贏得民眾的好感與愛戴，也獲得「平民總統」的美稱。2000 年大選，藤森更成為拉美政治史上少數的三連霸總統，只可惜次年因親信部屬爆發醜聞，藤森被國會以「道德上的不適任」革除總統職位。藤森趁參加亞太經合會議，滯留日本不歸，秘魯的藤森時代至此宣告落幕。

在十年的執政期間，藤森取得了不少政績。首先，他對秘魯經濟發展功不可沒。藤森上臺時秘魯國內經濟形勢極度惡劣，經濟連續兩年負成長，1989 年通貨膨脹率高達 2775.3%，失業和半失業人數達 66%，外匯儲備枯竭，還有二百三十億美元的外債。藤森上臺後，果斷地採取一系列改革措施，推行以遏止高通貨膨脹為中心的穩定經濟計畫。僅一年多，通貨膨脹率就降至 4%，經濟成長 2.4%。藤森執政期間，秘魯極端貧窮人口下降 15%。整個 1990 年代，秘魯都保持了較高的經濟成長率。其次，在打擊恐怖活動，穩定社會秩序方面頗有建樹。1992 年，秘魯最大的反政府游擊隊「光明之路」和「圖帕克・阿馬魯革命運動」受到重創，其主要頭目相繼被捕，此後，這兩大恐怖組織趨於瓦解。1997 年

表 13：秘魯 1990 年至 2000 年經濟數據（單位：%）

年代\項目	1990	1991	1992	1993	1994	1995	1996	1997	1998	1999	2000
經濟成長率	-4.9	2.4	-2.6	06.8	12.9	06.9	02.8	7.4	0.7	3.8	3.6
通貨膨脹率	7849.9	139.2	59.4	38.5	15.4	10.2	11.8	6.5	6.0	3.7	3.7

4 月，藤森政府以武力救出被困在日本駐秘魯大使館人質。至此，猖獗一時的恐怖暴力活動逐漸消聲匿跡。最後，在外交方面，藤森以和平方式解決了秘魯與厄瓜多長年懸而未決的邊境糾紛問題，為拉美地區的穩定作出貢獻。

　　但是，藤森的鐵腕治國方式也引起了種種非議。在軍隊支持下，上臺不到兩年，藤森於 1992 年 4 月發動「自我政變」，史稱「四‧五事件」，宣布中止憲法，解散國會，徹底改組司法機構，集行政、立法、司法三權於一身。1995 年 4 月連任總統後，又強迫國會修改憲法，改變了以往憲法禁止總統連任的規定，以使他能參加 2000 年大選。藤森執政期間，多次宣布國家進入緊急狀態。在打擊國內游擊恐怖組織問題上，有濫殺無辜之嫌。藤森利用高壓手段控制言論、軍隊、警察乃至司法人員，也受到反對派強烈抨擊。

一、藤森的第一個五年執政 (1990–1995)

　　1990 年秘魯大選，雖然藤森沒有具體的施政政策，民眾也不清楚「誠信、科技、就業」競選口號的真正意涵，加上亞洲移民後裔不討喜的特殊身分，但是他不僅抓住了政治的大環境，運用

的競選策略也獲得多數人的認同，最後終於登上總統寶座，展開
長達十年之久的執政生涯。分析其成功的因素，包括：首先，藤
森以無黨無派形象作為訴求，對傳統政黨與傳統政治人物喪失信
心的大多數選民而言，可謂另類清新形象。再者，藤森所訴求的
對象不著重於特定族群或階級，而是全體選民。其次，藤森在競
選時從一般政治人物不願進入的貧民區展開活動，並承諾只要當
選立即改善貧民的生活條件，這對處於城市邊緣人的貧苦階級而
言，藤森出自基層、願意替貧民階級代言的親民形象與深具白人
優越的對手瓦加斯有天壤之別。第三，不具政黨背景的藤森並沒
有強大的政黨機器可供其輔選，因此對於海岸區以外的廣大山區
和雨林區則需要特別的人際網路來擴大他的知名度與選民對他的
信賴感。藤森選擇的策略便是結合基督教會的力量打入鄉間。第
四，藤森並未刻意地模糊本身的日裔血統，宣稱只要他當選，秘
魯馬上可以獲得日本巨額的經濟援助來改善國家的經濟。最後，
藤森運用農用曳引機拖著大型選舉廣告看板的另類宣傳方式，以
增加民眾對他的認識度與提高在媒體曝光的機會。

　　此外，藤森的勝選也與憲法有關。秘魯 1979 年的憲法設計將
總統塑造成國家希望的象徵，人民希望出現一位最能帶領秘魯的
領導人，藤森因此被期待成為下一位真正的國家「拯救者」。1980
年代所形成的經濟危機為新的民主政府製造了困境，大眾期望民
主政府能實質改善環境，也期盼經濟利益可迅速從民主化中得到。
在這種兩難的背景下，使得選民對沒有任何政治背景的藤森有特
別的期待與付託，更為藤森創造了民意支持來進行個人對權力的

獨攬與延續。於是藤森在 1992 年 4 月主導「自我政變」，重塑了
秘魯政治架構和獨攬權力十年。

剛上任的藤森面臨的是一個即將崩潰的國家。1988 年和
1989 年，秘魯的經濟已經出現 8.8% 和 10.4% 的負成長。作為執
政黨的「改革 90」是藤森在 1990 年為參加大選而組建的新黨，
該黨在參議院六十個席次中只占十四席，眾議院一百八十個席次
中僅占三十二席，力量薄弱。秘魯社會長期因貧困、不公平造成
的社會動盪已到了相當嚴重的地步，恐怖主義分子到處製造流血
事件。藤森在就職演說中也承認他接掌了一個「災難性的國家」，
在這種情況下，藤森進行了大膽的改革。因此，秘魯的形勢在藤
森歷經五年的治理後已明顯好轉：經濟趨於穩定；經濟由衰轉興；
外交多元務實。但是仍面臨了一些問題。

1. 經濟改革

1980 年和 1990 年代交替之際，秘魯在經濟方面面臨兩大挑
戰。首先，賈西亞政府將進口替代模式和擴大需求政策推向極端，
使秘魯經濟陷入嚴重危機。通貨膨脹達四位數，生產急劇萎縮，
經濟結構嚴重扭曲，恐怖主義活動進一步加劇了經濟的混亂狀況。
其次，國際資本流向發生了重要變化。國際私人資本大量流向發
展中國家，但是秘魯卻因經濟、政治和社會混亂以及賈西亞政府
在外債問題上的強硬立場，被排除在國際金融體系的大門之外，
難以利用國際資本流動帶來的經濟發展契機。

1990 年藤森政府上臺後，面對上述兩個重大挑戰，他採取與
國際金融機構積極合作的立場，制定和實施新自由主義的經濟穩

定政策和結構改革計畫。

　　首先，從價格政策入手穩定經濟。因此，藤森政府一上臺便實施了一項緊急計畫，調整價格政策，取消對汽油、牛奶、麵包等基本消費品的價格補貼。同時，凍結工資，以避免出現工資和物價互相攀升的現象。另外，他也對低收入民眾進行補貼，緩和價格調整造成對社會的衝擊。其次，藤森政府明瞭壓縮公共開支是反通貨膨脹成敗的關鍵，因此一上臺後便大幅削減公共開支並增加稅收。除取消價格補貼外，政府規定各部門財政預算一律削減 10%。同時政府也自 1992 年起實施私有化政策以減少國營企業的虧損所帶來的財政赤字。另外，政府制定了新稅法，調整稅種和稅率，健全發票制度，成立專門稽查機構，以增加稅收，平衡財政收支。第三，大規模實行私有化政策。除了大幅度削減國營企業虧損補貼，壓縮公共開支外，也透過拍賣國有企業，吸引外國投資。第四，政府委託中央銀行透過公開市場業務對匯率進行調節與干預，以避免匯率急劇浮動。第五，政府實行貿易開放，統一並大幅度降低關稅，取消非關稅壁壘。最後，藤森在上臺不久後即積極出訪各國，積極尋求與國際金融機構合作，大力吸引外資。

　　此外，這段時期秘魯的經濟改革與開放也呈現了以下的幾個特點。首先，經濟改革比較急、比較快，在價格和匯率的調整、貿易開放和私有化都比較突出地表現這一特點。其次，經濟改革更崇尚新自由主義。尊重市場機制，將政府的干預減少到最低限度。第三，經過 1990 年至 1992 年的政治動盪和政治力量的分化

改組，藤森政府不僅獲得大部分民眾和軍隊的支持，而且成功的
削弱傳統政治反對派的力量，藤森政權的基礎「改革 90」在國會
中占絕對多數。這為藤森政府進行經濟決策、經濟立法和推行改
革政策，提供了有利的政治條件。經濟改革具有濃厚的民眾主義
色彩，藤森政府把新自由主義與傳統的民眾主義結合。新自由主
義經濟政策讓基層民眾的利益受到了最大的損害，但支持藤森經
濟改革政策的力量在很大程度上，卻恰好來自廣大的基層民眾。
這與他實施民眾主義不無關係。

　　經濟改革深刻影響了秘魯經濟發展的過程，比較急和比較快
的改革措施與經濟政策，使得 1990 年至 1996 年的經濟發展出現
相對應的三個階段：1990 年至 1992 年的低成長階段；1993 年至
1995 年上半年的高成長階段，以及 1995 年下半年至 1996 年的衰
退和恢復成長階段。第一階段的低成長與政治及自然災害等因素
有關，但與嚴厲經濟政策的衝擊也有很大的關係。在第二階段，
經濟穩定，成長速度加快，1993 年成長 6.8%，1994 年更高達
12.9%，居世界首位。1994 年經濟成長率超過秘魯的實際能力；
產生經濟過熱現象，也因此造成經濟成長率由 1995 年第一季的
12.2% 下降到第四季的 1%。隔年第一季出現負成長，第二季才又
開始恢復成長。

　　在藤森執政的第一個五年，秘魯的經濟改革有了顯著的成效。
通貨膨脹率由 1990 年的 765% 下降到 1992 年的 57% 和 1995 年
的 10%。公共財政收支實現了平衡，大型國有企業已拍賣近半，
1996 年外國實際投資額達五十六億美元，外匯儲備達八十五億美

圖 33：1990 年代秘魯經濟改善，民眾在利馬酒吧享受休閒時光。

元，幾乎等於全年的進口費用。經濟顯著成長，1993 年至 1995
年分別為 6.8%、12.9% 和 6.9%。另外，在 1991 年至 1994 年間，
由於經濟形勢的改善和政府的努力，失業率和貧困現象有所緩解，
貧困人口占總人口的比重由 54% 下降為 47%；極端貧困人口的比
重由 22% 下降到 19%。

2. 自我政變

　　1990 年藤森首任總統時，國內暴力猖獗、官員腐敗成風，人
民怨聲載道，藤森採取了一些積極作為。首先，藤森認為，恐怖
主義活動和官員的腐敗行為是阻礙改革順利進行的巨大障礙。他
上臺後不久就制定了打擊恐怖主義活動和懲治腐敗的計畫，並得
到軍隊和警察的大力支持。藤森針對日益惡化的政局，集中打擊
危及社會安全的「光明之路」和「圖帕克・阿馬魯革命運動」極

左游擊組織，1992 年 9 月逮捕了「光明之路」首領古斯曼及他領導的成員。隨後，「圖帕克‧阿馬魯革命運動」的領導核心成員也紛紛落網。藤森在經濟和反恐怖活動所獲致的成效更加樹立了他在民眾中的威信。

然而，隨著改革的深入，政府與國會之間的爭鬥也公開化了。由於執政黨「改革 90」在議會中居少數，政府的行政權受到很大制約。議會又連續彈劾了農業與經濟部長，而且又公開否決或修改總統所提出關於懲處與毒品走私有牽連的政府官員的法律草案等一百二十多項法令的其中四十項。1992 年更制定了《規範總統行為法》，使府會之爭發展到了不可調和的地步。因此，1992 年 4 月 5 日在軍警的支持下發動了「自我政變」，解散議會，中止司法機構一切活動，為推行其各項改革掃除了障礙。與此同時，他大力整治腐敗，嚴懲以前總統賈西亞為首的一批貪官污吏。透過這些舉動，藤森逐漸控制了秘魯的政局，也樹立起他強人政治的形象。在當時的特定情況下，尤其是經濟長期無法擺脫危機的影響下，人們希望藤森政府能夠盡快穩定國內經濟情況恢復成長，並且對要推動的經濟改革寄予厚望，因此對藤森在政治上採取的強硬措施沒有表現出太大的抵制情緒，藤森政府也正是借助於對秘魯政局的控制，才能使經濟成長速度有所加快。

此外，藤森在第一個五年任期中也強行修改憲法，實行「強總統、弱議會」的體制。藤森透過修憲改變國家政體使「兩院制」變成「一院制」，並在新憲法中增修總統可「連選連任」的條文。在修憲的基礎上，他竭力擴大中央政府的權力，並新設「市政總

署」以對地方政府進行監控。同時，他還重點打擊傳統政黨，削弱其勢力和影響，使得秘魯政黨體系在 1990 年代終遭土崩瓦解。藤森的地位逐步鞏固和強大，他的「改革 90－新多數派」(Cambio90-Neuva Mayoría) 已成為秘魯第一大勢力。

　　秘魯政壇在「自我政變」至 1995 年間的政治變化中已習得了兩項教訓。首先，他們認為唯有擁有「獨立派」政治色彩方能在 1990 年代的秘魯政壇中生存。試圖維護憲政秩序是無用的選舉策略，藤森在「自我政變」後的高民意支持似乎已證明了一切。其次，政治人物已不再需要政黨。融合個人化領導風格，以「拋棄式政黨」❹與選民作為連結方式的「藤森主義」成為政壇上仿效的政治路線。政黨的角色已被反制度化、無任何意識型態、以公職候選人為軸心且以單一選舉為成立目的的「選舉機器」所取代，它與標榜「獨立派」的政治人物可以說是互為表裡的政治產物。至此，隨著「藤森式的民粹主義」的抬頭，秘魯的政黨體制可謂宣告崩解。

---

❹ 所謂「拋棄式政黨」是秘魯在 1990 年代所盛行的一種政黨運作模式。當時的候選人為選舉而成立政黨且將政黨定位為純粹的「選舉機器」，選舉結束後，該政黨也隨之消失。以藤森為例，在 1990 年代的歷次選舉中，他分別在 1990 年成立了「改革 90」、1992 年的「改革 90－新多數派」、1998 年的「鄰里並肩」以及 2000 年成立第四個競選組織「秘魯 2000」，其他候選人也仿效成立類似組織，1990 年代選舉機器在地方甚至中央的大小選舉中成為要局。

3.務實的經貿外交

　　1990 年代藤森上任後秘魯開始進行貿易改革和政策調整，主要內容包括：降低關稅和非關稅壁壘，簡化稅率，取消匯兌控制，實行統一浮動匯率制，取消國家的貿易壟斷，取消出口稅和出口量的限制等。與此同時，藤森政府也積極執行務實經濟外交政策，廣泛交往，以期達到外交為經貿服務的目的。

　　首先，藤森政府實施睦鄰友好政策，改善周邊環境。由於歷史原因，秘魯與一些鄰國一直存在著邊境糾紛，阻礙了雙邊關係的發展。為了改善與周邊國家的關係，1993 年 5 月，藤森政府首先與智利簽訂《利馬條約執行協議》，解決了一百多年前太平洋戰爭遺留的領土爭端問題；之後又與玻利維亞達成協定，解決了玻利維亞出海口的問題，進而改善了兩國的關係。

　　其次，藤森政府努力改善與歐美國家的關係。美國和西歐國家是秘魯的主要貿易夥伴，也是秘魯外資和技術的主要來源。1992 年藤森解散議會後，受到歐美各國的制裁。他為擺脫困境，竭力修好與歐美國家的關係，取得了不錯的成果。1993 年美國協助秘魯重返國際金融組織，並批准給秘魯最惠國待遇。歐洲共同體也恢復了對秘魯的經援，巴黎俱樂部也重新安排秘魯的債務。此外，瑞士、西班牙、英國、法國等還與秘魯簽署投資保障協定。因此，藤森政府從西歐國家獲得近十五億美元的貸款。但是，藤森也堅決反對歐美藉民主、人權問題干涉秘魯內政。

　　第三，藤森政府也重視發展與亞太地區各國的關係。藤森就職後，秘魯對外政策進一步向亞太地區靠攏和傾斜，努力爭取參

加亞太經濟合作組織。藤森也重視發展與日、韓關係，曾多次訪問日、韓，簽署諸多經貿合作協定。還特別為韓國在秘魯開闢了自由貿易區。他還建議南美開闢一條通向太平洋岸的鐵路，使巴西和玻利維亞接近亞洲市場，以擴大拉美與亞洲的經貿關係。1994 年至 1998 年，亞洲占秘魯出口總額的比重為 24%，排在美國之前。在安地斯共同體中，秘魯是與亞太關係最緊密的國家。另外，秘魯也加強與中國的關係，除了兩國高層互訪不斷外，經貿關係也有長足的發展，1994 年雙邊貿易達四億七千萬美元，秘魯已成為中國在拉美的第四大貿易夥伴。

　　秘魯實行多邊化的貿易政策，積極、廣泛地開拓世界市場，這既有經濟結構方面的原因，又有政策方面的考慮。在結構方面，秘魯是礦產品和魚粉產品出口大國，其出口市場不能僅局限於鄰國或拉美其他地區，而是需要在全球範圍內為自己的主要出口產品尋找市場。在政策方面，秘魯把擴大產品的生產視為牽動經濟成長的引擎，對外貿易政策的優先點自然是為礦產品出口尋找市場。在安地斯國家中，秘魯是對外貿易地理結構最平衡的國家。以 1994 年為例，在秘魯出口總額中，美國占 16.6%，拉美國家占 18.7%，歐洲占 34.9%，亞洲占 2.5%。

　　1990 年代以來，秘魯貿易改革和開放政策及對外貿易關係的發展，為其外貿和經濟發展格局帶來重要的變化。首先，貿易改革和開放大大促進了對外貿易，刺激了經濟成長，商品貿易總額從 1990 年的六十一億二千萬美元上升至 1997 年的一百五十三億八千五百萬美元。其次，進出口貿易發展不平衡。在進口有顯

著增加的同時，出口成長緩慢，導致貿易收支失衡。第三，貿易
改革開放對經濟結構產生重要影響。首先，加強了初級產品的生
產。其次，現行經濟和貿易政策的劇烈調整對其他工業部門造成
強烈衝擊。第四，秘魯經濟更加依賴傳統初級產品的生產和出口，
加強了秘魯在國際分工中初級產品生產和出口的傳統角色。

　　從上述秘魯經濟結構存在的問題來看，如何合理和適當地調
整秘魯經濟結構，特別是工業結構，實行「有選擇的開放政策」，
即對那些達到一定發展水準或有發展潛力的新工業部門有選擇性
的提供臨時保護措施，扶植其發展，是今後調整貿易政策的重要
內容。當然，解決上述問題不僅與對外貿易政策有關，而且也與
整個宏觀經濟政策，甚至經濟發展模式有密切關係。

　　總之，藤森執政的第一個五年，雖然在政治、經濟、外交與
外貿各方面獲致了一些成就，但仍面臨了一些極待解決的問題。
第一，貧困問題嚴重，失業率居高不下。貧困一直是秘魯的一大
社會問題，而且宏觀經濟所取得的成果也未落實到絕大多數窮人
身上。據統計，秘魯失業和半失業人口占勞動人口約 74%，全國
約有四分之一的人處於絕對貧困狀態。當前要解決就業和溫飽問
題日益緊迫，這對藤森來講是一個最大的挑戰。其次，債臺高築，
制約經濟的發展。秘魯外債額高達二百二十八億美元，人均負債
一千多美元，使得秘魯每年外貿出口收入的一半用來償還債務。
藤森認為，沉重的外債必然制約國家的經濟發展。因此，他力主
將外債總額控制在占國民生產總值 30% 的國際安全標準線內。第
三，恐怖組織殘餘勢力猶存。雖然「光明之路」主要領導人被捕，

實力受到嚴重打擊，但該組織有一部分人轉入地下，並在全國一百八十三個省中的九十個省進行活動，製造暴力事件。從 1992 年 9 月起，發生數十件較嚴重的恐怖事件，其中絕大部分是「光明之路」的殘餘勢力所為。因此，恐怖活動仍是秘魯潛在的最大威脅。

二、藤森的第二個五年執政 (1995–2000)

藤森在首任任期間，首先加強軍警力量，與之建立「唇齒相依」的關係，隨後並在軍警的支持下發動「自我政變」，解散議會，中止司法機構的活動，掃除一切阻礙施政的障礙，接著他又修正憲法，增訂總統可連選連任的條文，為他的連任鋪路。

1.政治局勢

1995 年藤森依據公民投票通過的新憲法企圖連任，由於首任所執行的經濟改革與打擊恐怖組織所獲得的成果，普遍獲得大眾的認同，加上藤森個人的魅力與公共政策有效地運作下，選前的民調支持度一直維持在五成以上，但為了能穩操勝算，藤森陣營利用國家情報局對超過一百名的政治反對黨進行竊聽，其中包括了主要的競選對手斐瑞斯 (Javier Pérez de Cuéllar)。另外，藤森陣營也針對民調支持度節節上升的托雷多，進行流言攻擊，加上媒體披露沒有投票權的軍方人士竟擁有選票，因此選舉的公平性遭到質疑。在疑雲重重的氣氛下，1995 年的大選藤森在第一輪投票中便拿下 64% 的選票，輕而易舉地擊敗對手連任成功，秘魯的政黨體系隨之宣告瓦解。

不過，1995 年秘魯與厄瓜多邊境衝突再起，民眾認為政府並

未有效保衛邊境，也未防範可能的軍事衝突。1996 年，藤森親信蒙迪西諾斯及國家情報局爆發與毒梟掛勾的醜聞案，加上該年經濟成長大幅降低，同時藤森欲三度競選一事造成民眾反彈，該年年底藤森的民意支持度已跌破五成。自 1992 年「光明之路」首領古斯曼遭逮捕後，秘魯內部安全已失去急迫性，民眾轉而關心經濟上的相關議題，當時經濟的衰退使得藤森的支持度迅速下降，此時「圖帕克‧阿馬魯革命運動」游擊隊挾持日本使館人質事件，使得反左派恐怖主義議題再成為焦點，使館軍事行動再度使藤森成功地扮演消滅恐怖主義英雄，並使其民意支持度又即刻回復至近七成。這次的人質事件❺，軍方再一次扮演了藤森政府的關鍵角色。

　　軍方勢力政治化的結果雖然在藤森維持政權上具有關鍵性的穩定效果，但是對秘魯社會來說，卻是一段恐怖、痛苦的時期。國家情報局頭子蒙迪西諾斯組成祕密死刑隊，對可疑的游擊隊處以私刑，並對反對派政治人物與媒體記者進行非法竊聽。軍方無

❺　藤森政府對恐怖主義活動的強大攻勢使恐怖分子耿耿於懷，「圖帕克‧阿馬魯革命運動」組織要脅政府釋放在押的頭目及四百多名成員，茅頭直指藤森本人，於是爆發 1996 年 12 月 17 日的人質危機。這次事件發生在利馬的日本駐秘魯使館內，現場有秘魯政府高級官員、各國駐秘魯外交使節等五百人參加慶祝日本天皇生日的宴會。經過四個多月的僵持，1997 年 4 月 22 日，在藤森親自指揮下，成功營救大部分人質。這次武力解救人質的出色行動，使藤森贏得國人及世界的崇敬和讚譽。

時無刻地協助藤森打壓政治反對派，輕則電話竊聽，重則加以暗殺，對人權的侵害可說是極為嚴重。也正因為如此，藤森與蒙迪西諾斯等重要軍事高層休戚相關，且早已是共生的結構關係。面對軍方涉及的多項侵害人權事件，迫使藤森政府於 1995 年通過法案，對 1980 年後軍方與武裝警察涉及人權侵害案件者予以特赦，不加追究以往的犯罪行為，此特赦法案對秘魯後來的民主發展蒙上更深的一層陰影。

　　藤森與軍方勢力的共生結構關係正猶如銳利的雙面刃一樣。2000 年蒙迪西諾斯協助藤森賄賂反對派國會議員的醜聞錄影帶曝光後，以往對藤森與蒙氏等的犯罪指控終於有了確鑿的證據，藤森的下臺且流亡日本竟導因於十年之中協助穩固政權的情報頭子，此般的落魄結局應是藤森所始料未及。

2.經濟發展

　　秘魯經過急進式的經濟改革階段後，在 1995 年後進入一個新的經濟發展階段，藤森稱之為「第二個改革浪潮」，其任務是鞏固市場經濟和實現國家機構的現代化，促進私人投資的大量流入，保持宏觀經濟穩定，提高內部儲蓄，並尋求在二十世紀末以前，維持每年 5% 至 6% 的經濟成長率。很多人把這一新的階段稱為調整性的改革階段，認為需要在繼續執行現行穩定政策和深入結構改革的同時，加強經濟法規與政策的穩定性和協調性，並加強經濟的體制化。新階段的另一個重要任務是深入國家機構改革。

　　秘魯的經濟改革在藤森第二個五年任期內，有兩點值得一提。首先，經濟政策沒有很大的變化，仍是由國際貨幣基金組織所擬

定的經濟政策。 1996 年 7 月秘魯與國際貨幣基金組織簽署 1996 年至 1998 年秘魯政府經濟和金融政策備忘錄規定，實行嚴格的財政貨幣政策，繼續壓低通貨膨脹。在這框架下，秘魯政府作了些調整，如採取措施促進出口，特別是非傳統部門的產品出口，鼓勵內部儲蓄，加強保護中小企業的措施。其次，秘魯的經濟形勢和對外部門狀況為秘魯 1990 年代後半期的經濟改革提供較好的條件。1990 年代初期執行嚴格的經濟政策，不僅讓秘魯外匯儲備充裕，而且成功地對外債做了重新安排。豐厚的外匯儲備和二、三十家國營企業私有化的收入，為秘魯 1995 年至 2000 年的經濟改革提供有利的條件。在對外貿易方面，秘魯對安地斯集團的政策進行調整。由於安地斯成員國在區域貿易中維持較高的貿易補貼和保護措施，使秘魯與這些國家的貿易逆差日益加大，由 1994 年的三十二萬美元，上升至 1997 年的一百零六萬美元，比秘魯向這些國家的出口總額還高出二倍。秘魯認為應該加強與南方共同市場的關係。由於上述原因，秘魯與安地斯集團的關係出現倒退，1997 年甚至發生危機並造成秘魯一度退出安地斯集團。 另外， 2000 年後，秘魯政局發生重大變化，將為秘魯與其他安地斯成員國協調經濟和貿易政策、縮小雙方因經濟發展戰略和政策性差異造成的地區合作分歧創造有利的條件。

此外，秘魯也積極改善與美國的貿易往來。1990 年代下半期以來，藤森政府大力促進與美國的貿易關係，雙邊貿易得到恢復和加強。秘魯向美國的出口占其出口的總額，由 1994 年占 16.6% 降到谷底，開始很快恢復，1997 年和 1998 年分別達到 23.6% 和

32.6%。秘魯與美國貿易關係的發展和恢復，除了受惠於政府的鼓勵政策外，與美國國會批准實施《安地斯貿易優惠法》，提供優惠待遇也有很大的關係。另一方面，秘魯與南方共同市場國家在拉美一體化協會框架內一直保持著貿易關係。目前雙方的貿易收支中，秘魯為逆差。目前秘魯把與南方共同市場國家的貿易關係提升到參與和促進拉美地區一體化的戰略高度，不僅大力發展與南方共同市場國家的雙邊貿易，而且在安地斯共同體與南方共同市場的框架中，積極參與建立南美洲自由貿易區的進程。1998 年 4 月，秘魯與其他安地斯共同體成員國一起，以集團的身分與南方共同市場簽署於 2000 年建立自由貿易區的框架協定。

第三節　藤森下臺與秘魯政局未來走向

自 2000 年 4 月大選以後，秘魯政局持續惡化。已連續執政十年的日裔總統藤森第三次當選，引起秘魯國內抗議聲高漲，流血衝突不斷。9 月 14 日，藤森的心腹、總統顧問兼國家情報局局長蒙迪西諾斯在大選期間向反對黨議員行賄的錄影帶曝光，導致秘魯政局急轉直下，藤森被迫宣布 2001 年 4 月提前大選和解散情報局。11 月 19 日，藤森出人意表地在日本宣布辭職，引發全面政治危機，造成前所未有的權力真空狀態，直到反對派議員、國會主席帕尼亞瓜 (Valentín Paniagua) 依法繼承，秘魯政局才趨於穩定，並於 2001 年的大選中，由印第安土著托雷多在第二輪選舉中擊敗前總統賈西亞，成為藤森下臺後的首任總統。

一、藤森時代的落幕

2000 年秘魯政壇經歷了不同尋常的一年，它的起伏動盪都與藤森政府的各種醜聞緊密聯繫在一起。藤森為實現第三次連任的目的，在大選之前和之中不惜代價採取各種手段，從而使這一年的總統大選在國內引起較大的爭議，為以後的政治危機埋下隱憂。在第二輪且在對手退出的情況下，藤森實現第三次連任的目標，但是此後藤森始終面臨國內外的各種壓力，國內反對派的各種抗議活動持續不斷，秘魯政局一直處於高度緊張之中。

進入 2000 年 8 月後，藤森政府接二連三地受到各種醜聞的打擊，政府威信掃地。9 月蒙氏醜聞被揭露，由四黨組成的執政聯盟內部發生分裂。藤森被迫發表聲明，宣布將於 2001 年提前舉行大選，他本人將不再參選。但是，藤森的這一舉動並沒有抑制住國內抗議浪潮，秘魯政局迅速動盪。11 月 15 日，執政黨的國會主席被罷免，反對黨議員帕尼亞瓜取而代之。在這種情況下，藤森選擇出席亞太經合會代表高峰會議之機滯留日本並提出辭呈，第二副總統馬奎斯 (Ricardo Márques) 亦辭職下臺。藤森的辭職案並未被國會所接受，反而以「道德上的不適任」，革除藤森的總統職務。缺任的總統職務在第一、第二副總統都已辭職的情況下，最後依憲法規定，確定由國會議長帕尼亞瓜繼任，藤森時代至此正式宣告落幕。

究竟什麼原因造成這一局面呢？對此，不少人都認為是蒙氏的賄選醜聞和瑞士銀行巨額存款的曝光。實際上，這些醜聞只是

導致藤森下臺和政府危機的直接原因。也可以說是引爆秘魯政治
危機的導火線。應該說，除了這些表象之外，秘魯政府危機和政
治危機的形成及發展還有更深層次的原因。

　　首先，藤森在其執政期間從強權政治逐漸走向個人專制，導
致國內反對聲浪愈來愈大，也使得反對派的力量不斷壯大，最終
使得藤森政府從個人專制滑向了下臺的命運。藤森在首次上臺之
後，為推行其治理秘魯經濟的一整套計畫，採取了排斥異己的強
權政治作法。之後更透過自我政變解散國會，確立對秘魯政壇的
控制。同時在軍隊的支持下，逮捕了「光明之路」實力型的人物。
透過這些行動，藤森不但逐漸控制秘魯的政局，也建立了他的強
人政治的形象。另外，當憲法法庭裁決藤森不能參加 2000 年的選
舉之後，藤森將其中三名法官撤職，最終完全走向了專制。

　　其次，藤森是依靠軍隊和蒙氏情報局實行強權統治和個人專
制，三者之間建立了一種非常不正常的相互利用關係，當這種關
係發生突變之後，一個軟弱的藤森再也無法支撐一個強權政府，
因而他的下臺也就不可避免。當蒙氏醜聞發生後，藤森儘管想透
過改組軍隊，撤銷蒙氏職務和蒙氏一手創立的情報局並促使蒙氏
出走秘魯流亡海外，以擺脫蒙氏醜聞所帶來的困境，但蒙氏利用
十年時間在軍隊中形成的強大勢力，藤森已經無能為力來左右軍
隊和改變整個局勢。可以說，藤森最終選擇在海外宣布辭職，正
是整個事件發展的必然結果。

　　第三，藤森的經濟改革並沒有在社會發展方面取得實質性的
進展，經濟成長也沒有帶來相應的生活水準的提高，人們由希望

變成失望，藤森政府逐漸失去了大多數民眾的支持。藤森在首任內使秘魯經濟獲得快速的成長且高於周邊其他國家，正因為這樣的成就，使他以絕對優勢贏得 1995 年的連任。在藤森後五年的執政中，經濟改革加速，私有化獲得大力推進，但是經濟成長速度有所放慢。1998 年和 1999 年，國內經濟連續兩年處於衰退，平均國內生產總值成長速度降為 1990 年代的谷底。經濟成長緩慢造成失業增加和實際收入水準的下降，一些社會問題趨於嚴重，社會不滿情緒增加。

第四，來自外界的壓力，尤其是美國的壓力是影響秘魯政局的重要因素，也是加速藤森下臺的重要原因之一。藤森執政後期在政治舞臺上發出與美國不同的聲音，引起美國等一些西方國家的不滿，並擔心拉美其他國家仿效。美國認為藤森謀求連任，建立個人色彩較濃的政治體制，是對美國價值觀念的挑戰，任其發展下去無疑將對拉美的穩定構成威脅。2000 年大選之初，美國便公開支持藤森的主要競選對手托雷多。後來藤森雖在第二輪選舉中當選，但美國隨即表示不予承認選舉結果。藤森就職後不久，柯林頓在簽署一項幫助安地斯共同體成員掃毒的援助法案時，將秘魯排除在外。

最後，國會力量對比變化，執政聯盟內部分歧是迫使藤森下臺的主要原因。賄選醜聞導致執政黨「秘魯 2000」失去在國會中絕對多數的地位，使藤森失去了對國會的優勢控制。反對黨趁勢罷免國會主席並選舉反對黨議員、人民行動黨祕書長帕尼亞瓜為新的國會主席，並恢復在 1997 年遭藤森罷免的三名憲法法院法官

職務。同時藤森陣營出現分裂，多黨組成的執政聯盟「秘魯2000」內部分歧公開化，這些都大大削弱藤森政府的力量。

　　總之，藤森上任後不僅解決了前兩任人民黨政府留下的經濟爛攤子，更成功地瓦解已造成無數死傷與財產損失的左派游擊隊，儼然成為秘魯人民所期盼的國家救星。但是，這些成就所伴隨的代價卻是以不符民主精神的威權形式執政，秘魯在其民主化的漫長進程中也因而出現了困境。藤森對秘魯的影響不僅是十年執政中所達到的抑制通貨膨脹與瓦解左派游擊隊兩大成就，更深層的影響是使初具成效的民主化進程似乎又回到了起點。

二、帕尼亞瓜的過渡政府

　　2000 年的秘魯，在藤森因醜聞不斷，狼狽結束他第三度執政並劃下極受爭議的十年總統生涯句點後，其滯留日本不歸，加上第一、第二副總統相繼辭職，根據秘魯憲法的規定，國會主席帕尼亞瓜出任過渡時期的總統。帕尼亞瓜繼任總統後，國會通過憲法修正案，將千禧年選出的總統與國會議員任期縮短至 2001 年 7 月 28 日，4 月時一併改選。

　　新任總統帕尼亞瓜是秘魯著名的法學專家，曾兩次出任人民行動黨祕書長，三度當選國會議員，是各方都能接受的反對黨人士。他繼任後，提出讓各方都能接受的政治共識，贏得各黨派的普遍尊敬。帕尼亞瓜在就職演說中稱新政府是「團結、和解、誠實和公正的政府」。他任命德高望重的聯合國前祕書長斐瑞斯出任部長會議主席。內閣成員都是技術型人才，代表國內各個政治階

層。這時居穩定局勢重要角色的軍方保持冷靜態度,對新政府表示認可。雖然新政府做出種種努力,但想要達成各派一致,實現平穩過渡,仍然困難重重。

在經濟上,帕尼亞瓜政府將基本延續藤森政府有關財政和私有化方面的政策,避免經濟上出現大的波動。不過,經濟是否能穩定發展與維持,還需依賴秘魯政局的穩定及外國投資者對秘魯投資環境是否繼續看好。

在外交上,帕尼亞瓜政府上臺後也積極處理改善與美國、美洲國家組織和日本的關係,並尋求在政治和經濟上獲得這些國家、組織的支持。為此帕尼亞瓜出人意表地選擇有豐富外交經驗並與國際政要關係密切的前聯合國祕書長斐瑞斯出任內閣部長會議主席,其目的之一就是便於協調、改善秘魯與美國、美洲國家組織和其他國家的關係,以利於穩定國內政局。另外,在藤森問題上,秘魯與日本的關係也出現了一些比較敏感的變化。尤其是日本政府明白表示,藤森具有日本國籍,不會將藤森引渡。秘魯與日本關係趨於緊張,不僅影響新政府處理藤森問題難度增加,而且對急於想獲得外來經濟援助,迅速走出經濟不景氣陰霾以穩定政局的帕尼亞瓜政府是非常不利的。因此,帕尼亞瓜政府的外交政策的另一重點就是極力維持與日本的關係。

總之,面對秘魯國內的複雜局面,帕尼亞瓜政府採取謹慎、溫和的內外政策,力求盡快穩定政局。但是,由於秘魯當時並沒有一個強大且能夠左右政局的獨立執政黨,所以帕尼亞瓜極力保持一個多黨政治聯盟以穩定秘魯政局。雖然在帕尼亞瓜的努力下,

政治危機已暫時有所緩解，但是，秘魯政局的完全恢復正常還有
待民選政府成立，完成權力平穩過渡後才能實現。

2001 年至 2018 年秘魯發展的問題與前瞻

　　2000 年 5 月，在備受質疑的大選中，藤森第三度當選總統，並於 7 月 28 日就職。但不久後，其親信蒙迪西諾斯 (Valdimiro Montesinos) 賄賂國會議員及企業家，尋求他們支持政府的醜聞錄影帶被揭露，這預告藤森政權的垮臺。最後，藤森宣布辭職並逃往日本，但國會拒絕其辭職、將其罷黜，同時規定藤森十年內不得擔任任何公職。2000 年 11 月 22 日，由國會議長帕尼亞瓜 (Valentín Paniagua) 代理總統，並宣布 2001 年 4 月 8 日舉行大選。此次大選，由托雷多勝出。

　　2001 年 7 月，托雷多上任，開啟秘魯新的民主時期。雖然托雷多民意支持度低且貪汙醜聞纏身，但由於採行新自由主義經濟政策，以及延續前朝開始的經濟改革，帶領秘魯克服衰退，並且因受到建築、礦業及農產加工業的帶動與刺激，首都、中央山脈以及北部海岸地區的經濟，呈現大幅成長。

　　2006 年，托雷多任期結束，前總統賈西亞於二十年後，再度當選總統。在新的任期中，賈西亞致力推動國家發展以及減少貧

窮與失業狀況,使秘魯成為拉丁美洲成功對抗 2008 年全球經濟危機的典範,同時在 2010 年經濟強勢成長 9%。

2011 年,前總統托雷多、前總統藤森之女藤森慶子、庫琴斯基及烏馬拉等人角逐總統大位,結果跌破專家眼鏡,最後在第二輪投票中,由烏馬拉大幅勝出。由於秘魯情勢穩定,經濟持續成長,因此,烏馬拉推動諸多的重要社會政策,致力改善弱勢者的生活條件。

2016 年大選,庫琴斯基捲土重來,在第一輪中獲得 20.04% 的選票,與藤森慶子進入第二輪對決。最終,他以 0.24% 的些微票數擊敗藤森慶子,當選總統。2017 年 12 月 21 日,秘魯國會反對黨曾彈劾庫琴斯基,但因未獲三分之二多數贊成而遭到否決。數日後,庫琴斯基以人道為由,赦免因侵犯人權而服刑的前總統藤森。2018 年 3 月 20 日,在國會決定二度彈劾前,庫琴斯基宣布辭職,由第一副總統畢斯卡拉 (Martín Vizcarra) 接任總統。

第一節　托雷多、賈西亞總統任內執政 (2000–2011)

一、托雷多執政五年的政治、社會及經濟發展 (2001–2006)

2000 年,藤森總統倉皇逃往日本及其專制政府垮臺,造成秘魯嚴重的政治及經濟情勢動盪:權力高度集中、民主體制脆弱、媒體遭受掌控、金融業高度不穩定、外貿不振,特別是社會的嚴重扭曲,低就業、大部分民眾從事非正規經濟以及極端貧窮人數

激增。

在帕尼亞瓜暫代總統的過渡政府後，托雷多勝選，出任 2001 年至 2006 年秘魯總統。此時秘魯面臨兩大挑戰：支持並深化民主體制以及確保經濟永續發展的基礎。因此，托雷多原本應該順勢推動秘魯修憲及進行其他更多的改革；但是，因為托雷多過於尊重藤森取得的政績，以及其身邊充斥藤森派人士，導致托雷多政府最終幾乎一無所成。此外，左派烏馬拉所帶領的新民族主義運動，也導致托雷多執政後期秘魯政治非常不穩定。唯一可堪告慰的是，他實現競選時的其中一項諾言——去中央集權化，將權力下放地方，經濟表現也非常亮眼，經濟年平均成長 4.5%。

1. 政治暨社會發展

2001 年總統大選，托雷多及賈西亞進入第二輪決選，最後由「秘魯可能黨」黨魁暨經濟學家托雷多以 53.08% 得票率勝出。2001 年 6 月 23 日秘魯發生八‧四級大地震，嚴重影響南部的阿雷基帕 (Arequipa) 及塔卡納 (Tacana) 等省。總統當選人托雷多隨即深入災區，協助受災民眾。26 日，他經由紐約，訪問西班牙、法國、比利時及德國，以尋求外國投資及洽談雙邊協議。

托雷多在就職演說中強調，建議拉美地區停止軍購、任命反貪腐檢察官調查前朝政府非法致富情事、對抗貧窮；同時宣布推動有紀律的財政及貨幣政策，以避免通貨膨脹；最後，他表示將致力捍衛民主、社會融入以及強化國際關係。

2002 年 6 月，阿雷基帕地區爆發為時六天的大規模示威遊行，抗議政府計畫將當地的艾加沙 (Egasa) 電廠出售給跨國公司，

此舉將導致電價上揚及工人失業；況且，托雷多在競選時也曾承
諾不會將電廠私有化。示威活動迅速蔓延，政府宣布該地區進入
緊急狀態，由軍人接管。然而，情事卻愈演愈烈，最後迫使政府
讓步，宣布中止電廠私有化。托雷多公開道歉，2002 年 7 月 10
日，內閣總辭。

　　2003 年 5 月，因政府受美國施壓，烏卡雅里 (Ucayali) 省的
古柯農被要求削減種植古柯葉，以及其首領遭政府逮捕，於是古
柯農起而上街遊行抗議。此外，教師、農民及醫護人員也群起罷
工，要求改善勞動條件與薪資，因此托雷多宣布全國進入緊急狀
態。以上種種造成托雷多民意支持度僅剩 11%。

　　此外，2004 年 4 月 26 日，普諾 (Puno) 地區民眾因該區市長
盜用公款及任用親信，遭民眾動用私刑，此舉導致市長及兩位議
員喪生以及十七位民眾失蹤。此行動顯現秘魯國家政治粗野的一
面，而民眾採取激烈行動的主因為中央當局不顧他們的感受與遭
遇。

　　2005 年 1 月 1 日，正當托雷多在度假時，具種族主義色彩的
阿納塔羅‧烏馬拉 (Anatauro Humala) 率眾占領阿普利馬克
(Apurímac) 省的安達娃伊拉斯 (Andahuaylas) 警察局。此政變的主
因為 2004 年 12 月 31 日，托雷多政府制裁曾抵抗藤森獨裁政權
的軍官，其中一位受影響的是其兄長，即 2011 年當選總統且當時
官拜中校的烏馬拉 (Ollanta Humala)。隔天，托雷多總統宣布該區
進入緊急狀態，並派遣三百名武裝人員進駐。1 月 4 日，阿納塔
羅被捕，政變以失敗收場。

　　因祕魯可能黨在國會是少數，且成員缺乏訓練也沒有能力承接公職，托雷多被迫尋找專業人士組閣。但是這些專業人士不但與執政黨幾乎沒有淵源，也不了解總統在競選時的政綱與承諾。因此，新團隊只得一面研究一面計畫，造成執政行動延遲及民眾的失望，也預示托雷多政府任期的不順遂。再者，內閣成員與執政黨國會議員理念不合，這導致政府的許多法案遭黨內國會議員反對。而總統態度時而偏黨籍國會議員，時而贊同內閣部長。因此，媒體譏諷托雷多的決策或讓步，端賴那方的施壓較強烈。最終，造成托雷多執政時期，內閣改組頻繁。

　　關於修憲問題，國會憲法委員會於 2004 年 11 月，邀集各黨派首領商討修憲，將國會由一院制改成兩院制。但是，預算委員會主席警示，若改成兩院制，國庫每年將多支出秘幣六千萬新索爾 (Nuevo Sol)。此外，國會雖然贊成兩院制，但對兩院該由多少議員組成，意見分歧，最終未能成案。

　　此外，2004 年，秘魯試圖修正與智利間的領海界線。同年 6 月 19 日，托雷多正式宣布此計畫，以挽救低迷的民意支持度。秘魯政府表示，1883 年雙方簽訂《利馬協議》，雙方未定海界，依此，智利竊占秘魯三萬五千平方公里的領海。2005 年 11 月 3 日，秘魯國會以九十八票無異議通過法案並火速公布此決議。隔天，秘魯中止雙方為了深化經濟協議的會談，這代表秘魯與智利雙方關係倒退。

　　再者，2005 年 4 月，國會試圖修憲，將原來的強制性投票改成志願性。該案雖於委員會通過，但在國會全體會議中遭到否決。

另外，行政與司法也出現衝突。司法單位首長於憲法法庭指控行政部門刻意阻撓，未將該部門預算案送交國會審議。後來又指控經濟暨財政部長，將預算草案送交國會時，擅自竄改該單位年度預算從九億九千萬新索爾，削減為三億五千四百萬。

在地方分權方面，2002 年 3 月批准 27680 號法案，將 1993 年通過的現行憲法修改成更明確的區域化，並納入縣級組織。其作法是將目前的二十四省改成二十四區，以及將人口超過八十萬人的卡亞俄港 (Puerto del Callao) 單獨劃成一區，因此全國總共有二十五區。

2. 經濟發展

托雷多政府的特色在於吸引外資及簽訂自由貿易協定，以推動國家經濟發展；同時，投入大量資金，以執行眾多基礎建設及人文計畫。在其執政期間，經濟明顯成長，此成長多元化且集中於出口項目。2001 年至 2005 年，國內生產毛額累積成長 20.6%，出口成長 44.7%，而私人投資則成長 25.2%。

托雷多執政五年期間，通貨膨脹比 2000 年下滑。2001 年至 2005 年，年通膨平均為 1.8%，顯示托雷多執政時期，秘魯物價穩定；這也代表此時期，秘魯總體經濟表現穩固及良好。

表 14：2001 年至 2005 年秘魯通貨膨脹指數

年代	2001	2002	2003	2004	2005	平均
通膨率 (%)	−0.13	1.5	2.5	3.5	1.5	1.8

　　1998 年 ， 秘魯經濟因為同時受到外部危機及聖嬰現象的衝擊，表現不佳。但從 1999 年起，秘魯經濟開始緩慢復甦，2000 年則加速且穩定成長 3%。但是，2001 年，因為藤森總統第三度當選所產生政治危機的影響，使得經濟成長倒退。然而，從 2002 年起，因為總體經濟穩定、外部情勢有利——主要是中國經濟成長，所帶來的原物料出口榮景、稅收增加等因素，國內生產毛額成長 5.2%。2003 年，經濟成長微幅下降為 3.9%，而 2004 年再度成長為 5.2%。2005 年，經濟持續穩定成長達 6.4%。

　　整體而言，2001 年至 2005 年間，秘魯經濟穩定且緩和成長，年平均成長 4.84%。此外，國家管理一百八十度轉變，在托雷多執政時期，秘魯企業家前所未有地併購在秘魯的智利企業。秘魯也與美國、泰國等國簽署自由貿易協定，這有利於秘魯的外貿發展。

表 15：2001 年至 2005 年秘魯經濟成長率

年代	2001	2002	2003	2004	2005	平均
成長率 (%)	3.5	5.2	3.9	5.2	6.4	4.84

圖 34 ：2001 年 6 月，托雷多（圖中左者）當選秘魯歷史上首位土著總統。具有印第安血統的托雷多，1946 年 3 月出生於秘魯安地斯山區卡瓦納 (Cavana) 地區一個有十六個孩子的大家庭裡。

當別的小孩還無憂無慮地享受童年快樂時光的時候，迫於生計，小托雷多已經背上和自己身材極不相稱的鞋箱，每天從早到晚在熙攘的大街上為過往的行人擦皮鞋賺錢。他不但不以為苦，還一直以成長在這樣的家庭而感到自豪。他說：「我有一個博士學位，叫貧窮博士，因為我曾在貧窮中掙扎。」

雖然家中兄弟姊妹眾多，父母忙於賺錢維持家計，根本無暇顧及到孩子的學習，但是天資聰穎的托雷多成績卻一直名列前茅，從來沒有讓父母操心過。在高中畢業前夕，他突然獲得美國舊金山大學提供的獎學金，終於可以實現上大學的夢想。在大學的日子，托雷多求知若渴，盡情遨遊在知識的海洋中。1971 年，他進入美國著名的史丹佛大學攻讀經濟學碩士，後來又攻讀人類資源經濟學博士。經過苦讀，托雷多最後被授予經濟學博士學位。

學成後，年輕的托雷多開始活躍在經濟學領域裡。他曾任聯合國國際勞工組織官員，並擔任過世界銀行顧問。1991 年至 1994 年，托雷多在哈佛大學擔任教授。此外，他也曾在秘魯首都利馬的一家商務學校擔任過主席。

1995 年，托雷多首次代表秘魯可能黨參加總統大選。雖然當時只獲得

4% 的選票，但是他並沒有灰心。2000 年大選，托雷多的支持率不斷上升，與連任兩屆總統的藤森不分軒輊，兩人得票率皆未過半，需進行第二輪投票。為抗議選舉不公，托雷多棄選，選委會公布藤森當選。但後來藤森因醜聞爆發，遭國會以「道德上的不適任」為由革除總統職務，遺缺因第一及第二副總統都已辭職而由國會議長繼任。2001 年，秘魯再次舉行大選，托雷多在第二輪選舉中擊敗前總統賈西亞，當選秘魯總統。

在競選活動中，托雷多的妻子卡爾普為丈夫出謀策劃，她建議托雷多放下知識分子的身段，積極走入群眾參加街頭的拉票活動，最後終於幫助托雷多成為秘魯歷史上首位土著總統。

和許多具有印第安血統的秘魯人一樣，托雷多長著微微捲曲的頭髮，古銅色的皮膚，凸起的顴骨和高高的鼻子。因此，許多人都親切地稱呼他為「喬洛」，即當地對白人與印第安人混血的俗稱。他特有的樸實和溫文爾雅的舉止也讓他在大選中更具親和力。但真正吸引人的是他的競選綱領，他提出實現國家民主化和社會公正，並為貧困居民帶來更多就業機會。他同時承諾政府將給幾百個印第安部落提供免費牛奶和糧食。

托雷多曾驕傲地說：「我是一個夢想家。」他出任秘魯總統，將成為那些和他一樣出身貧困人民的榜樣，並給予他們希望和夢想。

二、賈西亞執政五年的政治、社會及經濟發展 (2006-2011)

在阿普拉黨賈西亞執政期間，雖然在總體經濟方面的制度強化，但民主並未變革，甚至在 2007 年至 2009 年間還發生零星政變。此外，經濟成長、社會不安以及體制脆弱，是 2006 年至 2011 年間秘魯情勢的寫照。

1. 2006 年大選分析

2006 年是秘魯的大選年。4 月 9 日和 11 月 19 日分別舉行總統選舉、國會選舉和地方選舉（二十五位省長、一百九十四位市長和大約二千位區長），並在總統和國會選舉的同時，舉行安第斯議會十五名議員（五名議員、十名候補議員）的選舉。2006 年的選舉是 1980 年以來參選候選人最多的一次，共有二十個政黨或政黨聯盟的候選人角逐秘魯總統寶座。

在第二輪投票中，阿普拉黨 (Partido Aprista Peruano) 候選人賈西亞最終戰勝秘魯聯盟 (Unión por el Perú) 候選人烏馬拉，當選新一屆秘魯總統。在國會選舉中，執政黨阿普拉黨獲得三十六個席位，秘魯聯盟獲得四十五個席位，全國聯盟 (Unidad Nacional) 獲得十七個席位，藤森派的「未來聯盟」(Alianza por el Futuro) 獲得十三個席位。

從 2006 年的秘魯大選來看，不管是在參選政黨數量、席位票數的拉鋸，抑或是兩輪競選中候選人的競爭關係，都比往年的選舉情況來得激烈。

首先，秘魯經濟長勢強勁，已連續多年保持增長，年均增長率接近 5%。然而，時任總統托雷多的民意支持度卻非常低，不到 10%，執政黨秘魯可能黨不僅未推選出總統候選人，而且在議會選舉中一敗塗地。之所以出現這種現象，除腐敗問題的影響外，主要原因是廣大民眾未能享受經濟增長成果，且貧困化程度、就業水準和社會保障並沒有隨經濟增長而獲得相應改善。再者，貧富差距加大，大多數人沒有失業保險和社會保障。

其次，在第一輪中支持弗洛雷斯的中上社會階層選民，在第二輪投票中轉而支持賈西亞，是基於「兩害相權取其輕」的不得已選擇，因為他們不能容忍烏馬拉上臺後所準備實行的激烈變革。因此，投票的分歧，是選民對不同政策與變革方式的選擇。

最後，是拉美地區政治大環境的影響。二十一世紀初期，拉美左翼力量上升強勁，但右翼力量並未放棄努力。拉美地區左翼力量與右翼力量之間，革新勢力與保守勢力之間，在政權爭奪、政策取捨和路線選擇方面相互鬥爭，而且可能會持續相當長的時間。這種鬥爭對各國總統選舉和政權更迭會產生程度不同的影響，在有些國家可能比較平和，而在另一些國家可能會比較激烈。秘魯顯然屬於後者。

2. 政治及社會發展

2006 年，秘魯阿普拉黨主席賈西亞當選總統，這是他第二次執政。1985 年，時年三十六歲的賈西亞曾當選秘魯總統，被稱作「拉美的甘迺迪」。然而，因政策不當、管理不善和腐敗嚴重，在其五年任內，經濟嚴重衰退，通貨膨脹高達四位數，貧困人口增加了五百多萬，而其本人也涉嫌貪汙被迫出國避難。在第二次任期內，賈西亞政府面臨著一系列嚴峻的政治挑戰。

其一，賈西亞雖贏得選舉，但在民眾支持率上仍有超過一半的人支持對方政黨候選人——烏馬拉，可看出傳統政黨與政客在秘魯社會上的負面形象。例如：政府的貪汙腐敗，且無法將政策實施於人民，立法與司法機關的效率低下，執法不公不義，社會問題層出不窮等。因此，賈西亞當務之急，必須取得民眾對政府

的信任，並展現民主體制的威信。

再者，賈西亞能言善道且具有豐富的執政經驗，但在第一次執政期間卻因政績不佳且受到貪汙的控告，成為其政治生涯的陰影。因此，在此次大選下，該如何獲得民眾的信任，並保證選舉政見實現，盡快取得政績，恢復個人與政府的威信，是賈西亞首要面對的問題。

最後，雖賈西亞政府獲得執政的權力，但因阿普拉黨在此次國會選舉失利，只得到三十六席，喪失第一大黨的優勢。反觀對手所屬的秘魯聯盟則獲得四十五個席位，成為第一大黨，這將制約賈西亞的施政。除此之外，阿普拉黨在地方選舉上成績不佳，因此，建立一個穩固的執政政府，並加強中央與各省之間的政策協調與合作，是賈西亞政府的首要任務。

為克服上述挑戰，賈西亞提出下列作法：第一，在政治方面，以穩定和獲得社會信任為第一要務。為此，他慎選內閣成員，組建得到政界和社會輿論認可的內閣。以阿普拉黨領袖卡斯提約(Jorge del Castillo) 為首的部長會議，不僅順利獲得國會大多數議員的信任票，而且還得到反對派相當一部分議員的認可，這有利於新政府展開未來五年的執政。其次，在經濟方面，以保持政策連續性為基本目標。由於賈西亞接手的是一個經濟已持續增長六十二個月的國家。在其接掌政權之後的 8 月份，秘魯經濟比 2005年同期成長 9.2%，超過專家的預測。因此，賈西亞政府在經濟方面最大的挑戰在於保持增長。第三，在社會領域，將解決民眾最關心的切身需要放在中心位置。8 月 6 日和 8 月 24 日賈西亞政府

分別宣布半年施政計畫和未來五年的施政計畫。這兩個計畫都強調加大公共投資力度，展開一系列社會計畫，以幫助民眾解決問題，特別是貧困群體。

賈西亞執政初期，秘魯民眾和社會各界對其實施的政策措施的評價有褒有貶，既肯定成績也指出問題。其政策措施得到多數民眾，特別是企業界的認可。10 月份，賈西亞的支持率為 63%，11 月份受地方選舉失利的影響，其支持率下降為 58%。

在社會方面，2009 年 1 月 9 日，賈西亞發布緊急命令，成立「百年特色公共教育機構復甦國家計畫」，以強化及現代化位於利馬及卡亞俄的二十所，以及其他地區二十一所學校的基礎建設，讓公立學校學生也能獲得優質的教育。然而，此政策遭質疑，在其任期結束時大多未能落實。此外，他也頒布《公立學校教師專業法》以培育優質教師，但仍受到許多教師團體的質疑。

和前任一樣，賈西亞執政期間也必須忍受和窮於處理發生在全國各地的示威抗議活動。規模最大的就是反對礦業開發計畫，這些事件甚至可能危及 2011 年大選第二輪投票的進行。其中最血腥的是 2009 年 6 月 5 日，內政部長下令警察恢復在巴瓜 (Bagua) 地區遭印第安人阻絕的道路，該行動造成三十四位印第安人及二十四名警察喪生。7 月 8 日，賈西亞宣布內閣改組，風波才逐漸平息。

2007 年 8 月 15 日，秘魯發生七·九級大地震，造成五百一十九人死亡。隔日，賈西亞政府迅速採取救援措施，並親赴災區慰問，民意支持度因此提升許多。此外，政府也設立災區重建基

金，惟該計畫執行過程中，出現諸多缺失及貪腐事件。此外，
2007 年 9 月 21 日，智利最高法院同意將在該國遭逮捕的前總統
藤森遣返秘魯審判。2009 年 4 月，因為侵犯人權，藤森被判二十
五年徒刑，成為拉美首位入獄服刑的民主選舉總統。

　　賈西亞當選，代表著重外貿及吸引外國投資的發展模式受人
民肯定，也意味民族主義發展模式崩盤。初期，賈西亞民意支持
度為 63%，這與該政府和美國簽署自由貿易協定有密切關係。此
外，民眾希望內閣主席由獨立派人士出任，這表示 40% 的民眾不
信任新總統。再者，國會及司法的支持度僅分別為 34% 及 44%。
在賈西亞五年執政期間，其民意支持度受到許多事件的影響而起
起伏伏。支持率最高為剛上任時的 63%，最低則為 2008 年的
19%。而不支持率則為 78%。賈西亞任期結束時，因推動許多大
型建設，支持率略為回升至 42%。不過，仍有許多計畫並未完成
或不適宜。

　　政治方面，因赦免販毒者而引發的一連串收賄情事成為賈西
亞政治生涯的一大醜聞。2015 年 9 月 27 日，秘魯美洲電視臺揭
露，在賈西亞政府時期擔任「總統府赦免委員會」主席的秦格爾
(Miguel Facundo Chinguel) 等人接受賄賂。由於事證明確，秦格爾
遭到監禁，後被判刑十七年。不過最後司法院以調查過程有瑕疵
為由，宣布判決無效，事件歸檔於國會，終止調查。雖然調查無
疾而終，但對賈西亞產生許多政治後果，也影響其公眾形象。總
之，此事件造成諸多後果，因為在秘魯販毒向來為嚴重罪行，而
赦免販毒者勢必影響到政府形象。再者，該委員會為此採取的措

施，不僅嚴重干涉政府權力，也違反政府的民主體制。

最後則是石油開發許可醜聞。2008 年 10 月 5 日，記者揭露政府官員在秘魯石油探勘及開採競標時，接受賄賂以圖利特定廠商。事發後，部長會議主席及能源部長辭職，政府啟動調查，法院於 2014 年 5 月宣布，因指控無據且無充足證據，主要涉案者判決無罪。

3.經濟及外交發展

在經濟方面，賈西亞第二個任期大力吸引外資、加速推動秘魯與世界大的市場簽訂自由貿易協定，以及鼓勵國內投資者根留秘魯。因此，賈西亞持續遵循從 1990 年來執行的經濟政策，使得 2006 年經濟成長達 7.6%，2007 年為 9%，2008 年則成長 9.8%；而 2009 年因受到 2008 年爆發的世界經濟危機影響，只成長 1.12%，2010 年，再度成長至 8.78%。賈西亞執政五年，經濟年平均成長 7.2%，比預期的 5.3% 高出甚多，此成長主要是由於全球原物料價格攀升。此外，秘魯的外匯存底也超過四百七十億美元。因為有效推動適宜經濟政策，秘魯經濟發展最終能克服全球經濟危機，超越美國及中國而一枝獨秀。

表 16：2006 年至 2010 年秘魯經濟成長率

年代	2006	2007	2008	2009	2010	平均
成長率 (%)	7.6	9	9.8	1.12	8.78	7.2

在簽訂自由貿易協定方面，賈西亞在前朝奠定的基礎上，持續努力，與美國、中國、智利、加拿大、新加坡、南韓、墨西哥

等重要國家簽署貿易協定。秘魯大部分的外貿榮景都是因積極簽訂自由貿易協定而開啟更大及更多的市場所造成。

在對外方面，賈西亞積極加強外交關係、尋求國際力量的支持、消除國際機構對其過去執政劣跡的疑慮。賈西亞當選後於6月23日訪問巴西，意在打通外交脈絡，鞏固秘巴兩國未來五年在政治和貿易領域的合作關係，爭取讓秘魯成為巴西的貿易戰略夥伴和巴西通往太平洋的橋樑。除此之外，他也進一步推進國家與智利、哥倫比亞之間的外交關係，說服智利返回安地斯共同體，並與智利簽署了經濟互補協議。10月25日，秘智兩國的外交部長在智利首都聖地牙哥重開「二加二」的會談（兩國國防部長和外交部長共同參與的定期會談），聯合簽署合作協議。

11月底，外交部長賈西亞 (José García) 訪問日本，向日本政府表達賈西亞政府恢復秘日兩國友好外交關係的意向，打破秘日兩國五年來因引渡藤森問題而產生的外交僵局。同時，賈西亞向國際貨幣基金組織承諾，為了增加投資，加快經濟的持續增長和減少貧困，將保持謹慎的經濟政策和擴大宏觀經濟改革，並保證未來將與國際貨幣基金組織簽訂新的協議。

第二節　烏馬拉、庫琴斯基總統任內執政 (2011–2018)

一、烏馬拉執政五年的政治、社會及經濟發展 (2011–2016)

2011年6月，烏馬拉於第二輪大選中擊敗藤森慶子，當選總

統。雖然在競選綱領中，烏馬拉預計在社會及體制上做大幅變革，但上任後遵循巴西總統魯拉模式，採行相對溫和的改革。烏馬拉強調社會革新，但民眾的高度期待與政府作為之間仍持續存在落差，這降低秘魯民主體制的正當性。不過，必須強調烏馬拉執政期間，社會政策領域上，特別是教育有重要的進展。

1.記取失敗教訓，捲土重來

烏馬拉是秘魯民族主義黨 (Partido Nacionalista Peruano) 主席，其個人經歷與委內瑞拉總統查維斯頗有相似之處。2005 年退役後，建立了秘魯民族主義黨，因其黨未獲准登記，同年 6 月宣布以秘魯聯盟候選人競選總統。在此之前，除 2000 年領導未遂兵變外，烏馬拉沒有任何執政經歷。2005 年 11 月烏馬拉剛宣布參選時，民調支持率只有 5%。然而，後來卻一路飆升，至 2006 年 3 月中旬時已躍居第一位。

烏馬拉為底層民眾爭取利益，關心窮人的需求，自詡為民族主義者。其中他反對國有企業私有化以及新自由主義的經濟模式與民主制度，主張由國家來掌握自然資源，且反對其資源出口的經濟形式，改以建立國內市場。此外，他認為應拒絕秘魯與美國之間的自由貿易協定，改與外國公司重新簽訂石油合約。

由於上述激進政策，雖然在首輪選舉中，烏馬拉獲得 30.62% 的選票，率先進入第二輪決賽。但在第二輪中卻以 5% 的微弱劣勢敗給賈西亞。競選失敗後，烏馬拉與秘魯聯盟之間開始分歧，雙方關係的惡化，導致兩黨各自獨立參加 2006 年 11 月舉行的地方選舉。在地方選舉中，秘魯聯盟只獲得一席省長職位，而民族

主義黨則無所斬獲。因此,不但反對派的影響有所下降,烏馬拉的政治影響也逐漸減弱。

　　不過,因為賈西亞執政的五年,秘魯沒有進行比較深刻的改革,社會現狀依然沒有得到根本改善,在這樣的條件下,讓烏馬拉有東山再起的機會。2011 年大選第一輪由烏馬拉及藤森慶子勝出。然而在 6 月 5 日第二輪投票中,烏馬拉以 51% 對藤森慶子的48%,不到 3% 的些微差距險勝。隔天,股市以大跌 12.51% 的最高紀錄,回應選舉結果。此下跌顯示投資者憂心忡忡,以及觀望誰會出任經濟部長所造成。為此,烏馬拉特別呼籲企業界及市場安心。

　　勝選後三天,烏馬拉即風塵僕僕出國拜會巴西、烏拉圭、巴拉圭、阿根廷及智利總統,尋求外部支持;同時,前總統托雷多聲明其政黨秘魯可能黨,在行政及國會中都會支持新政府。就任後,他又前往玻利維亞、厄瓜多、哥倫比亞及美國訪問,在美國時,會晤了當時的國務卿希拉蕊及歐巴馬總統。

　　在 7 月初上任前,媒體爆料其弟阿雷西斯以私人身分現身莫斯科,與俄羅斯政府洽談天然氣、漁業及觀光等雙邊的合作協議。烏馬拉對此並無特別回應,同時前往委內瑞拉會晤查維斯,洽談雙邊合作議題。然而在返國後,民調陡降 29%。不過,他隨即與前總統托雷多會談,托雷多提供秘魯可能黨的技術官僚及合作夥伴,協助烏馬拉組成執政團隊。

　　烏馬拉在就職演說中表示,其政府遵循的是 1979 年頒布的憲法,而非 1993 年公布的新憲法,此舉被許多分析家認為是錯誤的

政治決定,至少是一種挑釁。雖然一般認為其首次內閣任命適宜,但他任命許多親信軍官出任政府要職,遭到強烈批評。

2.政治、社會及經濟發展與評估

2001 年至 2005 年 , 秘魯國內生產毛額年均成長 4.84%;2006 年至 2010 年則平均成長 7.2%,而烏馬拉執政期間經濟平均只成長 4.4%,比托雷多及賈西亞執政時低。經濟成長較少將導致投資減少、就業機會減少以及脫貧機會降低。

在減少貧窮指數方面,2001 年至 2006 年,貧窮指數從 54% 降為 49%;2006 年至 2011 年,從 49% 大幅降低為 28%;而在烏馬拉執政期間,指數只從 28% 微幅降至 22%。在這方面,賈西亞政府表現最佳,烏馬拉次之,托雷多殿後。

其次在教育方面,賈西亞執政初期,教育經費占國內生產毛額的 2.6%,任期快結束時則提升到占 3%;而烏馬拉則將教育經費提升到占 3.6%。不過,不只經費需要增加,教育質量的提升也非常重要。從 2007 年起,秘魯教育部普查學生學習成效,2007 年學生在閱讀及數學學習表現滿意度分別是 15.9% 及 7.2%;在賈西亞時期則分別提高至 29.8% 及 13.2%,而烏馬拉時期則大幅提升至 49.8% 及 26.6%,在教育方面,烏馬拉表現最佳。

在衡量民眾社會福利方面,基礎服務如可飲用水的取得,是非常重要的項目。賈西亞時代,自來水網絡從 72.1% 增加至 77.3%,成長 5.2%;烏馬拉時期則提高至 87.9%,成長 10.6%,烏馬拉再度勝出。此外,因非正規經濟比率高,因此就業不足也是秘魯面臨的嚴重問題。賈西亞將此比率從 56.6% 降為 42.4%,而烏馬拉

政府則降至 35.1%。而在創造就業方面，因為經濟成長不如賈西亞時期，所以烏馬拉表現無法超前。而非正規經濟充斥也導致醫療服務不足，2006 年時，只有 38.3% 的民眾擁有醫療保險，2011年比率上升為 64.5%；2015 年烏馬拉時代增加為 73.3%，此項目，烏馬拉表現較佳。

在財政方面，烏馬拉上任時接收的財政盈餘，約占國內生產毛額 2%，而卸任時留下的財政赤字約占 2.5%（3% 是國家信用風險評估的上限）。同時，外匯存底，從 2011 年的四百七十七億美元增加到 2016 年的六百零七億，占國內生產毛額比例從 28% 成長至 32%。但很可惜，在烏馬拉執政後三年，資金外逃比流入多。至於年通膨則略高於 3%，但有下滑趨勢。

在幸福指數方面，烏馬拉政府無法改善司法體系、國家警察、國會及行政部門的敗壞形象。烏馬拉任期結束時，民意支持度只剩 25%，低於賈西亞及托雷多的 42% 及 33%。上述政府體制的支持度也持續衰退，烏馬拉任期結束時，對警察滿意度為 38.5%，略低於托雷多的 39%，但高於賈西亞時期的 24%。此外，民眾覺得不安全感的比例也上升，從 2011 年的 11%，至 2014 年烏馬拉執政時期增加為 47%。

2005 年至 2011 年間，烏馬拉大談劇烈變革，這嚇壞眾多投資者。雖然上任後，他將企業所得稅從 30% 降為 28%、尊重合約、支持大型私人計畫，但他之前的錯誤決策，仍讓企業對政府沒有足夠信心，以致於政府無法提高私人投資、經濟成長率以及減少貧窮。再者，國際環境也不利其施政。雖然在烏馬拉執政的

五年期間，秘魯經濟成長高於智利、哥倫比亞及其他南美國家，但是在 2001 年至 2011 年期間，秘魯已達成此目標。筆者認為，如果烏馬拉政府給民眾有更多的信任感，也許在執政期間，每年經濟可多成長 1%。

此外，值得稱許的是，烏馬拉改善教育、醫療及減少極端貧窮等許多重要社會指數。再者，政府也創造就業、尊重與私人企業簽訂的合約、改善國家信任風險指數與貧窮，以及政府能民主輪替。

不過，烏馬拉也非好的政府，他所承接的是經濟年成長超過 6% 的國家，總體經濟表現亮眼、經濟措施深受投資者信賴、貧窮快速減少等。如果他的政府能獲得投資者信賴，一定會有更好的表現，這些都是烏馬拉必須承擔的責任。因為秘魯貧窮率仍高，因此烏馬拉無法奢言進行劇烈變革，也無法高談闊論要改變新自由主義的發展模式。雖然他只是逞口舌之快，最後並未真正落實，但已嚇壞眾多私人投資者，使得受害者永遠是最貧窮的民眾。

或許，烏馬拉無法改變全球成長遲緩、原物料價格下跌、美國成長疲軟、英國脫歐以及伊斯蘭國的恐怖主義等國際大環境，但他未能洞察大環境，也不知道如何吸引更多投資，以維持經濟年成長率超過 4% 也是事實。

整體而言，從其資歷、演說內容及作為等多面觀察與評估，烏馬拉只是一位普通的總統。此外，他未能堅持執行 2006 年競選時所標榜的查維斯政策 ; 2011 年上任後， 也沒有落實大變革 (Gran Transformación)。不過值得慶幸的是，他沒有讓秘魯破產，也沒釀成大災難。

　　雖然烏馬拉剛上任時民意支持度高達 65%，但是由於貪腐醜聞頻仍以及第一夫人對政府政策影響太大，而引發憲政危機。任期最後幾個月，民意支持度大幅滑落至 13%。卸任前一個月，宣布調高最低薪資以及禁止第一夫人出境後，支持率回升至 25%。烏馬拉雖以此支持度卸任，但有可能要面對新的貪腐指控，而且其政黨在新國會選舉中全軍覆沒。專家表示，烏馬拉民意支持度低主要是政策推行緩慢、人民缺乏安全感以及政府管理能力脆弱所造成。

　　烏馬拉在任期間，因政策方向錯誤，人民貧困與薪資所得分配不均、政府腐敗、經濟成長率下降等問題無法解決。再者，內閣更迭頻繁，甚至執政政府與反對黨之間的關係緊張，使得人民對政府的信任逐漸降低，甚至普遍對秘魯政黨感到失望。

　　總結 2001 年至 2016 年，分析托雷多、賈西亞及烏馬拉三位執政者，可以發現他們有許多共同點。首先，他們沒有任何人能推出繼任總統候選人；其次，雖然他們執政期間經濟成長指數為他國所稱羨，但民意支持度都很低；第三，他們都沒有進行改革或改革速度非常緩慢，因此被戲稱其執政是「自動駕駛」，毫無作為。不過，他們的經濟策略成效良好。貧窮指數從 2004 年的 48.6% 下降為 20.1%，而極端貧窮則從 16.1% 降低至 3.8%，雖然收入不均的指數有下降但仍偏高。然而，民眾卻對這些數據無感，資源的管理與分配，即如何創造更多財富以及如何將財富分配給所有民眾才是關鍵。

圖 35：在秘魯，烏馬拉
是頗具爭議的政治人物，
他一度被秘魯人認為是
「翻版的查維斯」。烏馬
拉性格堅強，為人坦率，
敢於直言，深得中下階層
平民，特別是南部牧民、
農民及礦工的擁護。
烏馬拉，1962 年 6 月 26

日出生於中產階級的原住民家庭，曾就讀喬里奧斯軍官學校，1980 年
進入秘魯軍隊服役。2000 年，烏馬拉指控藤森政府非法操縱大選，而
在塔克納發動兵變，卻失敗被捕。最終，藤森政府倒臺後，得到赦免
並賦予中校軍階，之後更擔任秘魯駐法國及韓國的武官，直至 2004 年
退役。
由於從小深受父親的秘魯共產黨的思想影響，烏馬拉在 2005 年創建秘
魯民族黨。隔年，便以候選人之姿競選總統，在第一次投票獲得 47%
的支持率，幾乎勝利。但在第二輪投票中，因和委內瑞拉查維斯總統
關係密切，以及其左翼思想也令企業主憂心，最後敗給前總統賈西亞。
2011 年，烏馬拉第二度競選總統。他記取 2006 年的失敗經驗，並學
習巴西總統魯拉的溫和左派路線。因此，他調整左翼政策，降低激進
言論並和查維斯劃清界線。此外，他承諾要為秘魯帶來巨變，重新分
配財富，積極發展經濟，保護外國投資，減少貧困人口，以及擴大對
教育和醫療的投資。最終，他以 51% 的得票率擊敗前總統藤森之女藤
森慶子的 48%，成為秘魯近年來最年輕的總統，也是唯一軍人出身的
總統。
烏馬拉與妻子埃雷迪亞因涉嫌洗錢等罪名，在 2017 年 7 月 13 日被判
十八個月的預防性監禁，以防止出逃。除此之外，兩人還牽涉巴西建
築公司歐德布雷茲的非法利益，直至 2018 年 4 月 26 日才解除監禁的
刑罰。

　　筆者認為，秘魯的問題在政治。執政者不了解人民的需求，民眾無感，且越來越不信任執政者。這三位總統在選舉時，信口開河，滿口承諾，但選後卻忘得一乾二淨。因此，選民覺得選誰都一樣。這讓我們必須思索，好的秘魯總統要具備那些條件？

二、庫琴斯基及畢斯卡拉執政的政治、社會及經濟發展 (2016-)

　　2016 年大選第二輪投票時，藤森慶子再度敗選，由庫琴斯基以極小差距當選總統。在一年半的任期中，他試圖以解決經濟問題為首務，特別是非正規經濟現象。同時，其政府面臨的是由藤森慶子所領導的反對黨——人民力量黨，其組織完善且在國會占居多數。此外，因爆發與巴西歐德布雷茲公司有關的貪腐醜聞，以及在 2017 年 12 月，赦免因侵犯人權入獄的前總統藤森，造成嚴重憲政危機，最終導致庫琴斯基於 2018 年 3 月辭職下野，由第一副總統畢斯卡拉繼位。不過值得一提的是，2016 年的選舉是秘魯史上首次連續第四次的民主選舉，創新紀錄。

圖 36：藤森慶子，1975 年 5 月 25 日出生於利馬，是秘魯前總統藤森的女兒。而因藤森總統與其妻子離異後，藤森慶子成為了「第一夫人」，並與其父親一同出席政治活動，從此開始便累積許多政治經驗，也

成為秘魯最年輕的第一夫人。

藤森慶子在 1997 年畢業於美國波士頓大學。在大學時期，便開始致力於社會福利計畫，包括：慈善事業、幫助低收入者、修建孤兒院等，皆是藤森慶子在社會計畫上所做的努力，並期望國際能夠給予秘魯關注與協助。

藤森總統辭職後，她繼續留在秘魯。2004 年，藤森慶子赴美國哥倫比亞大學攻讀企管碩士，但於 2005 年中斷學業，返回秘魯領導藤森主義政黨。2006 年，當藤森在智利被捕時，她以秘魯史上最高的七十萬票當選國會議員。

2009 年，藤森慶子成立右派政黨「力量 2011」(Fuerza 2011)，並宣布參加 2011 年總統大選。她成功進入第二輪決選，但最後以不到 3% 的些微差距敗給烏馬拉。2016 年，藤森慶子捲土重來，積極備戰，民調一路領先。2016 年 3 月，秘魯國家選舉管理院以程序瑕疵為由，取消其最大對手古斯曼的參選資格，其支持度更是無人匹敵。5 月底封關民調，她領先對手庫琴斯基六個百分點，總統寶座唾手可得，但最後開票結果，她以 0.24% 極小差距敗選。

藤森慶子為何兩度功敗垂成，答案很簡單：成也父親，敗也父親。其從政生涯，驗證了名言：「人的命運，當然要靠自我奮鬥，但是也要考慮歷史因素」。2005 年，流亡日本的前總統藤森決定取道智利，回國參加 2006 年大選，但秘魯政府將其從智利引渡回國受審。因此，藤森慶子中斷在美學業，火速返國，承襲父親的政治衣缽，成為藤森派的掌門人，迅速崛起，成為秘魯政壇重量級人物。

藤森總統是毀譽兩極的爭議性人物，一方面在部分選民中仍有崇高地位，讓藤森慶子能享受其光環的庇蔭。但是，其專制政府對人權的迫害和貪腐政治的橫行，始終讓人們擔心其威權復辟。雖然藤森慶子試圖擺脫父親執政的陰影，但總是事與願違。因此，藤森慶子的對手總是在第二輪大選中，團結一致，成功將其淘汰。總而言之，藤森慶子在兩次大選中失之毫釐，與其說輸給對手，不如說是輸給了自己。

1.庫琴斯基執政

　　2016 年秘魯大選，前總統之女藤森慶子與庫琴斯基展開激烈的選戰 。 庫琴斯基雖在第一輪投票中以 16% 的差距落後藤森慶子，但在第二輪選戰中他以前總統藤森的威權統治做為打擊藤森慶子的宣傳口號 ， 其效果顯著 。 選舉結果使得庫琴斯基從落後 16% 轉為險勝 0.24%，庫琴斯基最終擊敗藤森慶子，成為總統。兩人雖在此次選舉中是敵對關係，但事實上，在 2011 年總統選舉中，庫琴斯基在第一輪選舉落敗後曾公開支持藤森慶子，但最終藤森慶子仍不敵烏馬拉。

　　庫琴斯基雖險勝藤森慶子成為總統，但國會一百三十個席位中，其所屬的政黨只擁有十八個席位，反觀藤森慶子的「人民力量黨」，則有超過一半的席位，共七十三席成為國會的第一大黨，使得庫琴斯基在執政上非常不利。

　　此外，秘魯雖持續經歷近二十年的經濟成長，然而五分之一的民眾仍生活貧困 ， 加上自 2011 年以來經濟成長率從 6.5% 趨緩，而且秘魯盛產的銅、鋅與金礦價格走跌，讓經濟成為庫琴斯基的艱鉅挑戰。不過他表示，將擴大支出、降低營業稅並投資新基礎建設以提振經濟。

　　藤森慶子雖角逐總統之位失敗，但其人民力量黨仍推舉其弟，也是國會議員的藤森健次，競爭下任總統選舉，可看出藤森家族在秘魯政治圈的地位。

　　庫琴斯基在內閣團隊的組成以及市場資歷都是具有優勢的，但前文曾提到庫琴斯基因微小的票數險勝，再加上所屬政黨席位

弱勢，使得執政合法性不足。在政策推動上也受到國會的阻擋。經濟上，礦業的投資逐年減少，甚至因社會反對新的礦業開採項目，造成經濟停滯，無法帶來利益。國家財政上，不管是公共債務或是國內生產毛額等政策的改善，都受到否決。

2. 2018——動盪不安的一年

在 2018 年十二個月中，秘魯出現過兩位總統、四十五位以上的部長、三次的選舉、三位主要反對黨領袖遭起訴，政治極度動盪不安。另一方面，第一副總統畢斯卡拉異軍突起，接任總統，民意支持度超過 60%。

這動盪不安的一年肇始於 2017 年 12 月 25 日，當時的總統庫琴斯基宣布赦免因貪腐而侵害人權入獄的前總統藤森。主因為在第一輪選舉中，藤森慶子所領導的政黨在國會選舉中囊括七十三個席次，超過半數，而藤森健次身為藤森慶子之弟、國會議員，具有舉足輕重的地位，但他一再否認赦免藤森是為了得到藤森建次的支持。另外，庫琴斯基將面臨曾是巴西歐德布雷茲公司顧問的質疑以及國會的彈劾。

三個月後，庫琴斯基再度面臨彈劾，且事證顯示，他賄賂國會議員以避免被彈劾。最後，庫琴斯基被迫辭職，由第一副總統接任總統。不過各方憂心在國會勢力強大的藤森慶子，將把畢斯卡拉當作傀儡，在幕後操縱。所幸 6 月份因秘魯在睽違三十六年後，再次參加世界盃足球賽，比賽盛事轉移民眾的目光。至此，畢斯卡拉似乎已準備和藤森主義派協商，成立治理平臺，以分配權力。

　　隔月，情勢逆轉。記者調查揭露，卡亞俄地區司法部門集體受賄，法官、檢察官、司法高官、企業家及眾多重要政治人物牽連在內。這是形單力薄的畢斯卡拉千載難逢的良機。他善用 7 月 28 日獨立紀念日，宣布將帶頭對抗貪汙，並匯集民眾拒絕國會的力量，順勢推動修憲公投，以剷除藤森主義勢力在國會對其施政的掣肘。同時，在汎美人權委員會的要求下，取消對前總統藤森的赦免。但更令人震驚的是一週後，洗錢 (Lava Jato) 事件調查出爐，藤森慶子被控在黨內領導有組織犯罪，向在秘魯投資的巴西歐德布雷茲公司索賄，以便在當選總統後分配這些不法所得。事件爆發後，藤森慶子遭到逮捕，後被監禁三十六個月。而前總統賈西亞也因涉嫌貪腐，躲進烏拉圭駐秘魯大使館，並聲明遭政治迫害，要求庇護。烏拉圭政府拒絕賈西亞的要求，這造成賈西亞信用破產，滿意度只剩 4%，不滿意度高達 93%。

　　2018 年 12 月，畢斯卡拉政府捷報頻傳。憲法修正案的四項子題：成立國家司法委員會、規範政黨資金、國會議員不得連任以及國會不要兩院制，都獲得約 80% 民眾的支持。同時，憲法法庭宣布許多爭議性法案違憲，例如禁止國會議員脫黨以加入新政黨或自組政黨。此決定改變國會生態及勢力分配，一般認為將使藤森主義派更加脆弱。民調顯示，38% 民眾認為藤森主義派將在下次大選中消失，45% 的民眾認為賈西亞所領導的阿普拉黨，將在下次大選中銷聲匿跡。巴西媒體甚至預言，歐德布雷茲公司賄賂事件將嚴重摧毀秘魯政治階層。

　　此外，司法改革進展顯著，政府也成立高級委員會，進行政

治改革。未來該委員會將負責評估並提出政黨、政府及選舉制度方案，以便將來落實為法案。在社會方面，將持續重視婦女被殺害及受虐情事。2018 年前十一個月中，有一百三十二位婦女被謀殺，比 2017 年增加 9%。此外有四萬二千位婦女遭受性暴力。再者，由於委內瑞拉情勢動盪，2018 年往秘魯移民人數成長 500%。移民局估計，在秘魯的委內瑞拉人已達六十三萬，至 2019 年年底，可能達到一百萬人。此情況造成秘魯出現歧視、欺凌以及非正規工作攀升。

　　畢斯卡拉在確保持續執政、執政獨立性以及贏得 2000 年以來前所未有的政治資本後，將面臨另一重大挑戰，即如何以其精明的政治手腕，解決 2018 年所積累的眾多棘手問題。不過，一般認為 2019 年秘魯經濟成長將達 4% 以上，超過國際貨幣基金組織的預測，這當然也須依靠秘魯政府與民眾能否將此長期危機轉變成發展的契機。

圖 37：庫琴斯基，1938 年 10 月 3 日生。他是波蘭猶太人和法國混血後裔，其父親為德裔和波蘭裔的德國醫生，母親則是法籍藝術家，因此庫琴斯基在說話上常帶有不同的口音，因此在秘魯有著「老外」(gringo) 的封號。從小在母親的藝術薰陶下，庫琴斯基在先後在瑞士及英國的音樂學院就讀。此後，更在牛津大學學習哲學、經濟學、政

治學等，為日後政治生涯打下基礎。1961 年，在美國普林斯頓大學完成經濟學碩士的學位。

庫琴斯基的人生經歷非常豐富，除了在世界各地的私營部門工作外，從政的經驗也非常多。在托雷多競選總統期間，他曾擔任編寫《政府計畫》的負責人，之後更擔任托雷多政府的經濟財政部長並與國際貨幣基金組織簽訂相關的協定。雖偶有批評，但庫琴斯基仍持續為秘魯的社會經濟努力。後來因阿雷基帕區電力公司私有化事件，引發社會抗議活動，庫琴斯基被迫辭去經濟財政部長的職務。從 2005 年開始擔任秘魯總理的職位，直至 2006 年卸任。

為了參選秘魯總統，庫琴斯基雖在 1999 年入籍美國，但 2005 年便放棄美國國籍。在 2011 年，琴斯基首度代表變革秘魯人黨參加總統選舉，但未能進入第二輪。2016 年他捲土重來，在第一輪中獲得 20.4% 的選票，與藤森慶子進入第二輪對決。最終，他僅以 0.24% 的些微票數擊敗藤森慶子，當選總統，但上任後卻難以團結分裂的秘魯。

2017 年 12 月 21 日，秘魯國會反對黨曾發動彈劾庫琴斯基，但因未獲三分之二多數贊成而遭到否決。2018 年 3 月 15 日，反對黨再次啟動彈劾程序。不過，3 月 21 日，他以利馬工程決定權行賄反對黨的藤森健次，換取藤森健次反對彈劾案的事情遭到揭發。此外，他因和巴西建築業歐德布雷茲過從甚密飽受抨擊。面臨國會彈劾投票的前一天，庫辛斯基終因醜聞纏身，在全國演說中宣布辭職。他雖否認收賄，但卻說辭職「對國家最好」。3 月 23 日，秘魯國會接受庫琴斯基的辭職，由第一副總統畢斯卡拉接任總統。

第三節　秘魯政治及經濟發展總結

一、政治情勢

　　分析秘魯此時期的政治發展，可以獲得兩項結論。首先是秘魯政治菁英已逐漸尊重體制的運作，2016年大選是秘魯連續第四屆民主選舉即為明證。第二，一般認為秘魯民主化進程略有停滯，而非法暴力以及民主代表體制的缺陷則是威脅秘魯政治變革的中心問題。

　　此外，組織犯罪仍持續且強烈威脅民眾安全。再者，從托雷多執政後，之前影響政治穩定的軍人大多服從文人政府的指揮與領導。現今，結社及言論自由雖被大家所尊重，但政府未能有效保護媒體免於非法組織的威脅與攻擊，因此，記者在報導時都會自我審核。

　　至於秘魯的法治，主要受到民主體系結構缺陷的威脅。秘魯的權力分際不完備，造成行政、立法及司法三權間無法互相制衡，其中司法權最脆弱，也常為行政權服務，而且貪腐嚴重。單在2015年，二千七百位法官中就有七百二十七位因貪汙被起訴。此外，2000年以來，執政者從未對司法做任何改革，其主因是政黨及政治領袖、司法體系人員缺乏改革意願。

　　再者，根據人權展望的報告，秘魯在賈西亞及烏馬拉執政時期，侵犯個人及集體權利的情事明顯增加。2009年至2014年間，

民眾在抗議及示威遊行過程中遭安全單位殺害人數高達八十九人。而 2006 年以來，控訴遭安全單位拷打及濫用權力的人數，每年超過一百件。至於民眾權利遭受侵害的主要問題是政府無法保護民眾免於遭受犯罪集團的攻擊，以及無法將犯罪人員繩之以法。

第三，秘魯的各機關大多能發揮功能，唯常缺乏效率，且因為缺乏專業及貪汙而造成單位間的摩擦。主要問題在於地方政府充斥業餘政治人物及衰弱政黨。因此，政府應加強民主體制。

第四，秘魯的政治與社會整合不足。秘魯政黨缺乏體制化且選舉情況兩極化。因為 2000 年以來，秘魯全國大選，加強首都利馬及內陸省份的分野。再者，秘魯政黨是不穩定的組織且意識形態薄弱。通常它沒有確切的綱領、不太具合法性且成員不多。例如前總統烏馬拉所屬的秘魯民族主義黨曾是秘魯近十年來最有影響力的政黨之一，卻在烏馬拉卸任後缺席 2016 年大選。

最後，另一項影響秘魯民主鞏固的是民眾對民主機關的不信任感日益增加。2002 年以來，民眾受到藤森獨裁政權統治的經驗影響，使得支持民主的比例從 2000 年的 64%，降至 2005 年的 40%，而 2011 年則提高到 59%。最近的報告指出，民主支持度又降至 40%。

二、經濟情勢

秘魯自 2000 年開始，經濟持續成長 6% 左右，甚至比巴西與智利等同區域的其他國家來的高，此成長趨勢為 1980 年代時的經濟動盪打下了基礎。而且這期間其通膨率不高，在通膨普遍嚴重

的拉丁美洲，實屬難能可貴。再者近幾年來秘魯儲蓄率是拉美成長最快的國家。因為儲蓄豐盈，讓秘魯能急速提升投資，不像大多數拉美國家必須向外舉債，其投資金額占國內生產毛額比例近30%。

再者，秘魯在全球貿易與物資市場上都有快速成長，甚至在工業產品出口上都有非常好的成績，使得秘魯的外貿蓬勃發展。除了外貿投資上，秘魯較無公私債務，穩固的銀行體系發揮作用，讓秘魯在經濟投資上的風險不高。因此，秘魯的帳收平穩，雖有轉盈為虧，但都能控制住虧損情況，使赤字低於國內生產毛額的1%。

最後，除了前文所提的幾點外，國家治理的方式與信息公開透明的政策都使得秘魯的經濟穩定成長，但是在拉丁美洲，其經商環境與貪汙都是相當嚴重的，雖然秘魯的情況比其他國家來的良好，但是不能說是沒有風險的。政權更迭後是否對秘魯市場造成影響，仍是一個未知數。

附　錄

大事年表

1100–1500 年	秘魯北方海岸的奇穆文化與印加文明並行發展。以土塊建成的昌昌城為首都。陶器以黑陶為主，並以動植物、農漁業、性生活、神話等為主題，造型豐富。
1200 年	印加帝國開始在秘魯高原建立，歷史不長，只有十三個國王。
1438 年	印加帝國征服秘魯，並將其建為印加帝國的中心。
1471 年	圖帕克・印加即位，年輕有為，到處征戰，領土越來越多。
1493–1525 年	瓦伊納・卡帕克執政，印加帝國領土極盛時期，領土包括今天的厄瓜多、秘魯、玻利維亞、智利的一部分及阿根廷西北部。
1522 年	西班牙殖民者安達戈亞航行到秘魯的聖米格爾灣，但因健康關係未能進一步考察。
1524 年	在巴拿馬督軍佩德拉里亞斯的特許下，皮薩羅一行一百多人從巴拿馬出發對秘魯進行第一次探險活動，遇暴風雨及好戰部族，皮薩羅率殘兵敗將倉皇逃回巴拿馬。
1527 年	瓦伊納・卡帕克因天花去世，兩個兒子為爭奪王位發生長達三年的內戰。
1530 年	印加內戰，弟弟阿塔瓦爾帕獲勝，奪得王位。
1531 年	西班牙征服者在征服墨西哥後，入侵印加帝國。
1532 年	皮薩羅進入秘魯，到達卡哈馬卡，印加國王阿

	塔瓦爾帕被俘。
1533 年	皮薩羅殺害阿塔瓦爾帕，攻占庫斯科，秘魯淪為西班牙殖民地。
1535 年	西班牙殖民者建立利馬城，開始長達三百年的殖民統治。
	印加王曼卡・卡帕克率眾起義，圍困庫斯科達半年之後，退入山區持續作戰。
1542 年	西班牙國王卡洛斯五世設立秘魯總督區，在十六至十七世紀其管轄區幾乎包括整個南美洲。
1545 年	西班牙殖民者在上秘魯，即今天玻利維亞的波托西地區，發現比墨西哥更大的銀礦區。從此，秘魯一直是重要的銀出口國。
1550 年	利馬宗教會議規定，印第安人的命名比照西班牙模式，即男性冠父姓，女性冠母姓，這對印第安社會產生深遠影響。
1551 年	創辦秘魯聖馬科斯大學，以捍衛宗教教義為其最高準則。
1569 年	西班牙王室任命托烈多為秘魯新總督，使秘魯總督區成為西班牙殖民帝國非常重要且不可或缺的一部分。
1570 年	西班牙王室於秘魯設立宗教裁判所，打擊宗教異議人士，箝制人民思想。
	秘魯大量引進來自亞洲及非洲的奴隸，以取代急速減少的印第安土著。
1584 年	印行秘魯史上第一本書《天主教教義》。

1718、1776 年	西班牙在南美洲分別成立新格拉納達及拉不拉他總督區，使秘魯總督區管轄範圍大為縮小，加上金、銀相對減產，秘魯的重要性逐漸降低。
1780–1781 年	圖帕克‧阿馬魯二世領導庫斯科地區印第安人起義，起義軍一度直逼殖民統治中心利馬。這次起義是美洲殖民地中最大規模的起義。
1808 年	拿破崙入侵西班牙，罷黜卡洛斯四世及費南多七世，造成王室權力真空，秘魯及其他拉美殖民地開始獨立運動。
1810–1814 年	在拉美獨立運動初起階段，秘魯的革命者曾先後發動過幾次分散的起義，但卻遭殖民地當局的鎮壓。
1820 年	9 月，聖馬丁率領四千名解放軍遠征秘魯，在秘魯的帕拉卡斯登陸。
1821 年	聖馬丁將軍所率領的革命軍隊解放利馬，並宣布秘魯獨立。但盤據在東部山區的西班牙殖民軍仍在伺機行動。
1822 年	7 月，聖馬丁與玻利華兩位領導南美獨立運動的英雄在厄瓜多的瓜亞基爾會面，這就是史上著名的「雙雄會」，對後來秘魯的完全解放影響深遠。 12 月，秘魯議會頒布第一部憲法。
1823 年	2 月，因革命軍征戰失敗，以聖塔‧克魯斯為首的軍人，要求國會罷黜執政委員，這是秘魯

	共和史上第一次政變。
1824 年	6 月及 12 月， 玻利華率領哥倫比亞遠征軍和秘魯愛國派軍隊，發動著名的胡寧及阿亞庫喬戰役，徹底摧毀西班牙保王軍。
1826 年	西班牙殖民軍向玻利華投降，秘魯全境得到解放，成立獨立的共和國。
1835 年	玻利維亞總統聖塔·克魯斯率軍入侵秘魯，次年建立以他為首的秘魯—玻利維亞聯邦。
1839 年	因智利出兵干預，秘魯—玻利維亞聯邦解體，嘉馬拉出任秘魯總統。
1841 年	嘉馬拉入侵玻利維亞，死於戰役，秘魯再次陷入內戰。
1845–1851 年	卡斯提亞出任總統，實行自由派改革，致力國家安定，並以開發鳥糞及硝石為契機，致力恢復秘魯經濟。
1853 年	西班牙被迫承認秘魯為獨立國家。
1860 年代	秘魯鳥糞開採的高峰期，龐大的收入讓國庫更為充裕，且有利於秘魯中央集權政府的發展與穩固。
1864 年	西班牙派兵占領欽嘉群島並威脅卡亞俄港，企圖捲土重來。
1866–1871 年	秘魯聯合厄瓜多、智利和玻利維亞共同打敗西班牙遠征軍，維護國家的獨立。
1872 年	秘魯出現了第一個由人民而非寡頭階級所組成的人民黨。

秘魯出現歷史上第一位文人總統帕爾多。

1879-1883 年　秘魯、玻利維亞與智利發生太平洋戰爭，秘魯戰敗，被迫簽訂《安康和約》，將盛產硝石的塔拉帕卡區割讓給智利，並把塔克納、阿里卡兩區租讓給智利十年。

1895-1919 年　彼耶羅拉因受到沿海及山區寡頭階級的支持獲得政權，開啟所謂「貴族共和國」時期。這是秘魯在太平洋戰爭後，經濟成長，政治穩定，相當成功的國家重建期。

1919 年　帕爾多執政後期，秘魯陷入混亂與不安，他採取關閉報社、解散政黨等措施以弭平亂局。
萊吉亞靠軍隊奪取政權，實行長達十一年的獨裁統治。

1924 年　阿亞·德拉托雷在墨西哥成立美洲人民革命聯盟。

1928 年　秘魯社會黨成立，馬里亞特吉任主席，1930 年改稱秘魯共產黨。

1929 年　智利歸還太平洋戰爭後自秘魯所奪走的塔克納硝石產區。
世界經濟危機，對秘魯已衰退的經濟雪上加霜。

1930 年　獨裁統治長達十一年的萊吉亞政府，被桑傑斯·塞羅為首的軍事政變推翻。桑傑斯·塞羅大肆依賴軍隊以鞏固其政權，使得軍隊在往後幾十年的秘魯政治史上，扮演決定性的角色。

	阿亞‧德拉托雷在秘魯成立美洲人民革命聯盟，簡稱為阿普拉黨，並於 1945 年改為人民黨。
1932 年	秘魯與哥倫比亞發生爭奪蕾蒂西亞走廊的戰爭，戰爭延至 1934 年，才經由國際聯盟仲裁得到解決。
1932–1933 年	阿普拉黨陸續在秘魯各地進行暗殺活動，該黨與政府對立，造成秘魯 1930、1940 年代的動盪不安。
1933 年	秘魯通過新憲法，實行至 1979 年。 4 月，桑傑斯‧塞羅被刺，貝納維德斯繼任總統，任期至 1939 年。
1936 年	貝納維德斯用武力制止大選，強迫議會通過決議，再延長他的執政期三年。
1939 年	普拉多‧烏加特切在美國和秘魯反動派支持下當選總統，他的政府繼承貝納維德斯的反動政策，被稱為「四十個家族」的寡頭政府。
1941 年	7 月，秘魯與厄瓜多爆發嚴重的邊界危機，次年結束，厄瓜多戰敗。 12 月，珍珠港事變後，普拉多政府馬上對美國表示，秘魯支持美國的一切政策和措施。
1943 年	秘魯宣布與德、義、日三個軸心國家斷絕外交關係，1945 年戰爭結束前夕，秘魯正式對德、日宣戰。
1945 年	秘魯舉行大選，阿普拉黨與保守派組成全國民

主陣線，支持布斯塔門特當選總統。

1948 年	10 月，在美國策動和支持下，奧德里亞發動軍事政變，推翻布斯塔門特政府，恢復軍人執政。
1950 年	奧德里亞當選秘魯總統。
1951 年	8 月，秘魯與厄瓜多再次發生邊界衝突。
1956 年	貝朗德創建代表中產階級利益的人民行動黨。奧德里亞在國內民眾壓力下被迫下臺，普拉多再次上臺，建立文人政府，恢復軍政府廢除的公民權力和人民黨的合法地位。
1960 年	秘魯宣布與古巴斷絕外交關係，並宣布秘魯共產黨為非法政黨。
1962 年	秘魯舉行大選，阿普拉黨領袖阿亞・德拉托雷領先，但票數仍不足以當選。為阻止國會選他為總統，軍方發動政變組成軍人執政委員會，並於次年舉行大選。
1963 年	人民行動黨領袖貝朗德當選總統，首次執政，進行溫和改革。
1967 年	秘魯基督教民主黨成立。
1968 年	10 月，以貝拉斯科為首的軍人發動政變，推翻貝朗德，建立軍人政府，大力推行經濟國有化、土地改革與社會所有企業制。
1969 年	2 月，秘魯與蘇聯建立外交關係，秘魯接受蘇聯貸款並購買其武器。
	6 月，貝拉斯科政府頒布土改法，廢除大地主

	制，將徵收的股份公司、合營公司、大莊園等超過限額土地分給農民。
1970–1971 年	在利馬召開的拉美海洋法問題會議和保衛海洋權會議上，秘魯積極捍衛二百海里領海權。
1971 年	11 月，秘魯與中共建立外交關係，成為拉美少數率先和中共建交的國家。
1972 年	7 月，秘魯與古巴恢復外交關係。
1975 年	8 月，莫拉雷斯·貝穆德斯發動軍事政變，推翻貝拉斯科政府，結束「秘魯革命」的第一階段。
1977 年	2 月，莫拉雷斯政府頒布「圖帕克·阿馬魯計畫」，該計畫對貝拉斯科政府的各項施政方針，進行重大調整與改變。
1978 年	由於內外因素影響，生產連年下降，秘魯發生嚴重的經濟危機。
1979 年	秘魯人民黨領袖阿亞·德拉托雷當選秘魯立憲議會主席。 7 月，秘魯立憲議會頒布新憲法，為 1980 年代恢復文人政府做準備。 8 月，被美國總統卡特稱為「秘魯歷史」的人民黨領袖阿亞·德拉托雷因病逝世，享年八十四歲。 貝朗德再次當選總統，結束十二年的軍人統治。
1980 年	「光明之路」武裝暴力游擊組織，開始在秘魯

	各地從事武裝游擊活動。
1981 年	3 月，貝朗德政府頒布《反恐怖法》。
1982 年	軍隊首次直接參與掃蕩恐怖活動。
1985 年	三十六歲的人民黨候選人賈西亞當選總統，這是人民黨成立半個多世紀以來首次單獨執政。
1987 年	賈西亞總統簽署法令，決定成立國防部，形成軍事指揮一條鞭，改變陸、海、空三部鼎立局面。
1988 年	經濟出現嚴重危機，國內生產總值下降 8.8%，年通貨膨脹率高達 1722.3%。經濟問題並導致連續發生三次內閣危機。
1990 年	日裔藤森當選總統，被稱為「藤森現象」。
1992 年	秘魯最大的反政府游擊隊「光明之路」和「圖帕克·阿馬魯革命運動」受到重創，主要頭目相繼被捕。 4 月，藤森發動「自我政變」，史稱「四·五事件」，宣布中止憲法、解散國會，徹底改組司法機構。藤森集行政、立法、司法三權於一身。
1995 年	4 月，藤森以 64% 選票再度當選總統。之後，又強迫國會修改憲法，改革以往憲法禁止總統連任的規定，以使他能參加 2000 年大選。 秘魯與厄瓜多再起邊境衝突。
1996 年	藤森親信、國家情報局長蒙迪西諾斯及國家情報局爆發與毒梟掛勾的醜聞，加上經濟衰退，

<table>
<tr><td></td><td>使藤森民意支持度跌破五成。</td></tr>
<tr><td>1997 年</td><td>4 月，藤森成功地解決「圖帕克‧阿馬魯革命
運動」在日本使館劫持人質的事件。
秘魯一度退出安地斯集團。</td></tr>
<tr><td>1998 年</td><td>11 月，秘魯成為亞太經濟合作組織正式成員。</td></tr>
<tr><td>2000 年</td><td>秘魯總統藤森與厄瓜多總統馬瓦德在巴西利
亞簽署《巴西利亞總統條約》，結束兩國近一
個多世紀的邊界衝突和領土爭端。
5 月，藤森第三度當選總統。
藤森總統倉皇逃往日本，其專制政府垮臺。
9 月，藤森親信蒙迪西諾斯賄賂國會反對派議
員醜聞曝光，政局動盪。藤森宣布 2001 年 4
月提前大選。
11 月，秘魯國會通過憲法修正案，規定總統
不得連任。
11 月 22 日，國會議長帕尼亞瓜代理總統。</td></tr>
<tr><td>2001 年</td><td>6 月，托雷多在第二輪選舉中擊敗前總統賈西
亞當選總統，成為秘魯史上第一位土著總統。
6 月 23 日，秘魯發生八‧四級大地震，嚴重
影響南部的阿雷基帕及塔卡納等省。
6 月 26 日，托雷多訪問歐洲諸國，尋求外國
投資及洽談雙邊協議。
7 月，托雷多上任，開啟秘魯新的民主時期。
7 月 28 日，托雷多宣誓就職，主張全國和解，
致力於解決貧困等社會問題，開始實行「恢復</td></tr>
</table>

經濟政策」，但未取得明顯成效。隨著宏觀經
濟持續發展，貧富分化加劇，民眾不滿情緒增
多，全國性罷工時有發生，社會持續動盪。

2002 年　　　　3 月，美國總統布希對秘魯進行十七小時的訪
問。在布希訪問前幾小時，秘魯首都利馬舉行
了反美遊行，並發生六起爆炸事件。

6 月，阿雷基帕地區示威遊行，抗議政府欲將
艾加沙電廠出售給跨國公司。

7 月 10 日，托雷多公開道歉，宣布中止電廠
私有化，內閣總辭。

2003 年　　　　祕日關係因藤森的引渡問題而陷入暫時停滯。

5 月，烏卡雅里省古柯農遊行，抗議政府受美
國施壓，要求削減種植古柯葉。

教師、農民及醫護人員群起罷工，要求改善勞
動條件與薪資，托雷多宣布全國進入緊急狀
態。

9 月，因阿根廷口蹄疫疫情嚴重，秘魯禁止從
阿根廷進口牛肉，以防止口蹄疫入侵。

2004 年　　　　1 月，托雷多總統出席美洲國家首腦會議期間
分別會見玻利維亞總統梅薩山和智利總統拉
戈斯。

2 月，祕日就引渡藤森事進行首次談判。日本
政府宣布將通過政治途徑解決藤森問題，秘魯
政府斷然拒絕。

3 月，秘魯表示，如日本政府拒絕引渡藤森，

秘魯將向海牙國際法庭提起訴訟。

4 月，秘魯、哥倫比亞和厄瓜多三國與美國因自由貿易談判問題在利馬舉行第二輪會談，在提出三國一致的貿易條款方面取得一些進展。

4 月 26 日，普諾地區民眾對盜用公款市長動用私刑，造成市長及兩位議員喪生以及十七位民眾失蹤。

5 月，祕美兩國簽署一份食品援助協定，據此協定，美將向秘魯貧困地區提供三萬噸以上、總價值兩千萬美元的食品援助。

8 月，玻利維亞總統梅薩山訪秘魯，兩國簽署祕玻經濟社會合作與一體化條約，和玻取道祕海港出口天然氣的意向書；秘魯、玻利維亞和巴西三國正式啟動橫跨三國連通兩大洋的南美公路「大陸橋」。

11 月，包括首都利馬在內的許多個城市爆發大規模示威遊行，抗議政府現行的經濟政策和托雷多總統無法兌現競選諾言。

2001–2005 年	秘魯經濟穩定且緩和成長，年平均成長 4.84%。
2005 年	1 月 1 日，阿納塔羅・烏馬拉率眾占領警察局，欲圖發動政變。
	1 月 4 日，阿納塔羅被捕，政變失敗收場。
	3 月，國會通過憲法修正案，正式賦予軍人和員警投票權。

4 月，國會試圖修憲，將強制性投票改成志願性，最後遭否決。

8 月，爆發內閣危機，托雷多被迫重組內閣。

11 月 3 日，秘魯國會以九十八票無異議通過法案，修正與智利間的領海界線。

2006 年　　6 月，前總統賈西亞於二十年後，再度當選總統。

10 月，賈西亞的支持率為 63%，11 月份受地方選舉失利影響，支持率下降為 58%。

10 月 25 日，秘智兩國外交部長在智利首都聖地牙哥重開「二加二」的會談，聯合簽署合作協議。

11 月底，外交部長賈西亞訪問日本，打破秘日兩國五年來因引渡藤森問題而產生的外交僵局。

2007 年　　8 月 15 日，秘魯發生七・九級大地震，造成五百一十九人死亡。

9 月 21 日，智利最高法院同意將前總統藤森遣返秘魯審判。

2008 年　　賈西亞民意支持度跌至最低的 19%。

10 月 5 日，記者揭露政府官員在秘魯石油探勘及開採競標時，接受賄賂。事發後，部長會議主席及能源部長辭職，政府啟動調查。

2009 年　　1 月 9 日，賈西亞發布緊急命令，成立「百年特色公共教育機構復甦國家計畫」，強化及現

代化學校的基礎建設。

4 月，藤森被判二十五年徒刑，成為拉美首位入獄服刑的民主選舉總統。

6 月 5 日，內政部長下令警察恢復在巴瓜地區遭印第安人阻絕的道路，造成三十四位印第安人及二十四名警察喪生。

7 月 8 日，賈西亞宣布內閣改組，風波逐漸平息。

2006–2011 年	賈西亞執政五年，經濟年平均成長 7.2%。
2011 年	6 月 5 日，烏馬拉當選總統。
	6 月 6 日，大選揭曉隔天，股市大跌 12.51%，以史上最高紀錄，回應選舉結果。
2014 年	5 月，法院宣布 2008 年爆發的石油開發許可醜聞，因指控無據且無充足證據，主要涉案者都無罪開釋。
2015 年	9 月 27 日，秘魯美洲電視臺揭露，賈西亞時期的「總統府赦免委員會」主席秦格爾等人接受賄賂，秦格爾先遭監禁，後被判刑十七年。在二千七百位法官中，有七百二十七位因貪汙被起訴。
2011–2016 年	秘魯國內生產毛額年均成長 4.84%。
2016 年	6 月，庫琴斯基當選總統。
2017 年	12 月 21 日，秘魯國會發動彈劾庫琴斯基，未獲三分之二多數贊成遭到否決。
	12 月 25 日，庫琴斯基赦免因侵犯人權入獄的

前總統藤森，造成嚴重憲政危機。

2000–2018 年	秘魯經濟年均成長 6% 以上。
2018 年	3 月 20 日，在國會二度彈劾前，庫琴斯基宣布辭職。第一副總統畢斯卡拉接任總統。

6 月，秘魯在睽違三十六年後，再次參加世界盃足球賽。

7 月，在汎美人權委員會的要求下，畢斯卡拉取消對前總統藤森的赦免。

7 月 28 日，獨立紀念日，畢斯卡拉宣布將對抗貪汙，匯集民眾拒絕國會的力量，順勢推動修憲公投，以剷除藤森主義勢力在國會對其施政的掣肘。

8 月，洗錢 (Lava Jato) 事件調查出爐，藤森慶子被控在黨內領導有組織犯罪，向在秘魯投資的巴西歐德布雷茲公司索賄。事件爆發後，藤森慶子先遭逮捕，後被監禁三十六個月。而前總統賈西亞也因涉嫌貪腐，躲進烏拉圭駐秘魯大使館。

12 月，畢斯卡拉政府捷報頻傳，通過憲法修正案公投。

十二個月中，秘魯出現過兩位總統、四十五位以上的部長、三次的選舉、三位主要反對黨領袖遭起訴，政治極度動盪不安。

參考書目

中文部分

江時學主編,《拉美國家的經濟改革》,北京,經濟管理出版社,1998。

巫英臣、唐圓順,《中南美洲新興市場調查(委內瑞拉、秘魯、哥倫比亞)》,臺北,外貿協會,2001。

李明德主編,《簡明拉丁美洲百科全書(含加勒比地區)》,北京,中國社會科學院,2001。

李建忠,《簡明拉丁美洲文化辭典》,北京,旅遊教育出版社,1997。

李春輝,《拉丁美洲史稿》上、下冊,北京,商務印書館,1983。

李春輝、蘇振興、徐世澄主編,《拉丁美洲史稿》第三卷,北京,商務印書館,1993。

沈小榆,《印加的智慧》,臺北,林鬱文化,2000。

洪育沂,《拉美國際關係史綱》,北京,外語教學與研究出版社,1998。

袁頌安,《秘魯華僑概況》,臺北,正中,1988。

郝名瑋、徐世澄,《拉丁美洲文明》,北京,中國社會科學院,2000。

高放等編著,《萬國博覽:美洲大洋洲卷》,北京,新華,1999。

張家哲著,齊世榮主編,《拉丁美洲:從印第安文明到現代化》,北京,中國青年,1999。

陳芝芸等著,《拉丁美洲對外經濟關係》,北京,世界知識,1991。

復旦大學拉丁美洲研究室,《拉丁美洲經濟》,上海,上海人民出版社,

1986。

普雷斯科特、周葉謙等著,《秘魯征服史》,北京,商務印書館,1996。

萊斯利‧貝瑟爾主編,中國社會科學院拉丁美洲研究所編譯,《劍橋拉丁美洲史》,北京,經濟管理出版社,1996。

馮秀文等著,《拉丁美洲農業的發展》,北京,社會科學文獻出版社,2002。

楊宗元,《拉丁美洲史》,臺北,華岡,1977。

詹全友,《印第安文明沉浮錄》,四川,四川人民出版社,1999。

維克托‧布爾默—托馬斯著,張凡、吳洪英、韓琦譯,《獨立以來拉丁美洲經濟的發展》,北京,中國經濟,2002。

藍凡文化工作室,《黃金之國——失落的印加帝國》,上海,上海文化出版社,2002。

蘇振興、徐文淵主編,《拉丁美洲國家經濟發展戰略研究》,北京,北京大學出版社,1987。

外文部分

Alcántara, Manuel, "Sistema políticos de América Latina", *Volumen II México, América Central y el Caribe*, Editorial Tecnos, S. A., Madrid, 1999.

Becerril, Sandra, *Guía de un paseo por el Perú*, Difusión, Barcelona, 2001.

Camerón, Maxwell A.; Mauceri, *The Peruvian labyrinth: polity, society, economy*, Pa.: Pennsylvania State University Press, University Park, 1997.

Díaz-Trechuelo Spinola, Maria Lourdes, *Francisco Pizarro: el conquistador del fabuloso Perú*, Anaya, Madrid, 1988.

Johnson, William Weber, *The Andean republics: Bolivia, Chile, Ecuador, Peru*, Time, New York, 1965.

Kattán-Ibarra, Juan, *Perspectivas culturas de Hispanoamérica*, National Textbook Company, Lincolnwood, Illinois USA, 1995.

León Naveiro, Omar de, *Crisis económica y estado de derecho en el Perú*, Editorial Fundamentos, Madrid, 1995.

Lizarraga, Reginaldo de, *Descripción del Perú, Tucumán, Río de la Plata y Chile*, Historia 16, Madrid, 1987.

Murua, Martín de, *Historia general del Perú*, Historia 16, Madrid, 1987.

Palma, R., *Tradiciones peruanas*, Edelsa, Madrid, 1997.

Palma, Ricardo, *Cien tradiciones peruanas*, Biblioteca Ayacucho, Caracas, 1985.

Palma, Ricardo, *Tradiciones peruanas: tercera selección*, Espasa-Calpe Argentina, Buenos Aires, 1956.

Pease G. Y., Franklin, *Breve historia contemporánea del Perú*, D.F.: Fondo de Cultura Económica, México, 1995.

Perrottet, Tony, *Peru*, APA Publications, Hong Kong, 1994.

Prescott, William Hickling, *History of the conquest of Mexico: and, History of the conquest of Peru*, Modern Library, New York, 198?.

Prescott, William Hickling, *Peru*, P. F. Collier, New York, 1898.

Rachowiecki, Rob, *Peru: a travel survival kit*, Australia; Lonely Planet Publications, South Yarra, Vic, 1987.

Ramirez, Susan; Manso de Zuniga, Nellie; Alianza Editorial, *Patriarcas provinciales: la tenencia de la tierra y la economía del poder en Perú colonial*, Alianza Editorial, Madrid, 1991.

Rubio Romero, Patricio, *Perú*, Anaya, Madrid, 1988.

Sanz, Javier, *La Guía del Trotamundos: Perú*, Gaesa, Madrid, 1995.

Spence, Lewis, *Incas, mayas y aztecas*, Edimat Libros, Madrid, 2000.

Stanish, Charles, *Ancient Titicaca: the evolution of complex society in southern Peru and northern Bolivia*, Calif.: University of California Press, Berkeley, 2003.

Stern, Steve J., *Los pueblos indígenas del Perú y el desafío de la conquista española Huamanga hasta 1640*, Alianza Editorial, Madrid, 1986.

Xerez, Francisco de, *Verdadera relación de la Conquista del Perú*, Historia 16, Madrid, 1988.

圖片出處：*3, 4, 6, 10, 11, 12, 15:* 畢遠月 ；*5: Luciano Napolitano; 7, 13, 19, 33: Eduardo Gil; 14:* 林少雯 ；*20, 30: Bettmann/CORBIS; 21, 22, 26, 28, 34: Getty; 23: Robert Harding Picture Ltd; 25:*

http://www.yachay.com.pe/especiales/mariategui/BDM/Icono/index.htm; 27, 29, Lima Times; 31: Mireille Vautier; 32: Reuters

35: Flicker, Ministerio de la Producción, Presidente Ollanta Humala y Ministro Piero Ghezzi inauguraron CITEagroindustrial Chavimochic

36: Flicker, Congreso de la República del Perú, Sesión del Pleno 07/10/2010 La legisladora Keiko Fujimori fija su posición en el debate parlamentario realizado esta tarde por el Pleno.

37: Flicker, Unión Europea en Perú, Meeting with the President of Peru, Pedro Pablo Kuczynski

在字裡行間旅行，
實現您 周遊列國 的夢想

德國史——中歐強權的起伏

自統一建國,至主導歐洲外交,甚而挑起世界大戰,在近現代的歐洲舞臺,德國絕對是凝聚焦點的主角,在一次次的蟄伏和崛起中,顯現超凡的毅力與韌性。

美國史——移民之邦的夢想與現實

「五月花號」迎風揚帆,帶來了追求自由的移民,獨立戰爭的槍響,締造了美利堅合眾國。西進運動、大陸領土擴張、南北戰爭,乃至進步主義與新政改革,一幕幕扣人心弦的歷史大戲在北美廣袤的大地上競相演出。

以色列史——改變西亞局勢的國家

本書聚焦於古代與現代以色列兩大階段的歷史發展,除了以不同角度呈現《聖經》中猶太人的歷史及耶穌行跡之外,也對現代以色列建國之後的阿以關係,有著細膩而深入的探討。

印尼史——異中求同的海上神鷹

印尼是一個多元、複雜的國家——不論在地理或人文上都是如此。印尼國徽中,神鷹腳下牢牢地抓住 "Bhinneka Tunggal Ika" 一句古爪哇用語,意為「形體雖異,本質卻一」,也就是「異中求同」的意思。它似乎是這個國家最佳的寫照:掙扎在求同與存異之間,以期鞏固這個民族國家。

國別史叢書

南非史——彩虹之國

南非經歷了長久的帝國殖民與種族隔離後，終於在1990
年代終結不平等制度，完成民主轉型。雖然南非一路走
來如同好望角的舊稱「風暴角」般充滿狂風暴雨，但南
非人期待雨後天晴的日子到來，用自由平等照耀出曼德
拉、屠圖等人所祈願的「彩虹之國」。

匈牙利史——一個來自於亞洲的民族

北匈奴在竇憲的追擊下，是「逃亡不知所在」？抑或成
為導致蠻族入侵歐洲的「匈人」？匈牙利人是否真的是
匈奴人的後裔？這一連串的問題，本書將告訴您答案。